KB267782

도道와 덕德

도道와 덕德

지은이 금장태

1판 1쇄 인쇄 2004년 4월 3일
1판 2쇄 발행 2006년 12월 8일

펴낸이 김영곤
펴낸곳 (주)이끌리오
기획편집 김민아 김남철 조지혜
영업마케팅 정성진 이종률 최창규 한경일 김용환

등록번호 제 16-1646호
등록일자 2000년 4월 10일

주소 경기도 파주시 교하읍 문발리 파주출판문화정보산업단지 518-3(413-756)
전화 031-955-2400(대표) / 031-955-2100(영업)
팩스 031-955-2151
이메일 eclio@book21.co.kr
홈페이지 http://www.eclio.co.kr

값 16,000원
ISBN 89-88295-83-8 93140

도와덕

道德

다산과 오규 소라이의 《중용》·《대학》 해석 ㅣ 금장태 지음

이끌리오

정자程子와 주자朱子를 통해 정립된 송대宋代 도학道學은 사서四書의 틀을 정립함으로써 경학經學의 새로운 시대를 열었으며, '사서'는 《대학》과 《중용》을 끌어냄으로써 도학의 경학 체계에 생동하는 생명을 불어넣어 주었다고 할 수 있다. 그 이후 도학의 사유 체계를 비판하고 극복하기 위한 시도가 명대明代의 양명학陽明學이나 청대淸代의 고증학考證學에서 다양하게 제기되었지만, 《대학》과 《중용》이 차지하고 있는 자리를 배제시키기는 어려웠던 것이 사실이다. 바로 이 점에서 다산은 18세기 말에서 19세기 초에 조선 후기 실학을 정립하면서 도학의 형이상학적 사유 체계를 전면적으로 비판했는데, 그 비판의 출발점은 바로 《대학》과 《중용》을 새롭게 해석하는 데서 시작하고 있는 것이다.

다산은 《중용》에서 '도道' 개념을 새롭게 해석하면서 초월적 근원으로서의 '천天' 과 인격적 기준으로서의 '성性' 을 재인식하고 '중용中庸' 과 '성誠' 을 실현 원리로 하여 현실의 치도治道까지 이끌어내고 있다. 또한 《대학》에서 '덕德' 의 개념을 새롭게 해석하면서 인격적 내면의 주체와 인간관계의 사회적 구성체를 하나의 도덕적 질서로 일관하는 세계를 획립하고자 시도하고 있다. 이처럼 다산은 《중용》과 《대학》의 해석을 통해 주자의 본체론적이고 관념적인 인간과 세계 인식을 벗어나서 정감과 의지가 살아 있는 실천적이고 현실적인 실학의 인간 이해와 세계 이해를 도모했던 것이다. '도道'와 '덕德'이란 바로 다산이 《중용》과 《대학》의 해석을 통해 인간과 세계의 새로운 질서와 실체를 드러내기 위한 중심 개념이라고 할 수 있다.

다산은 주자의 도학적 이념 체계를 그 근본부터 극복하고자 했지만, 그렇다고 현실의 실용적 관심에만 몰두한 것은 아니다. 바로 이 점에서 다산의 실학적 사유가 주자의 도학적 사유와 구별되는 점을 좀더 선명하게 부각시키기 위해서는, 다산이 관심을 가졌던 인물인 일본의 고학파古學派 유학자 오규 소라이荻生徂徠와 비교·이해하는 것이 도움이 될 것이다. 실제로 다산은 일본 고학파에 대해 《논어》 해석에서만 인용하고 있지만, 《중용》·《대학》의 해석에서 그 공통점과 차이점을 비교해 보면 주자와 다산과 오규 소라이의 차이가 더욱 선명하게 드러나고, 그만큼 다산의 특징적 양상을 쉽게 확인할 수 있을 것이다. 한마디로 주자가 심성心性 내면의 본체론적 세계를 기준으로 확립하는 데 주력하고 있다면, 오규 소라이는 예법禮法의 사회 제도적 통치 질서의 확립에 기준을 두고 있는 양극적 대조를 이루고 있다. 이에 비해 다산은 심성 내면의 근거를 정감적·주체적으로 확립하면서도 그것을 사회적 인간관계와 예법의 제도적 질서 실현까지 일관시킴으로써 전체의 조화와 균형을 추구하고 있다. 우리는 바로 이 점을 주목함으로써 다산 실학이 지닌 사유의 폭과 깊이를 점검할 수 있으며, 어느 한쪽에 극단적으로 치우치지 않는 안정된 균형 감각을 확인할 수 있다.

다산은 〈일본론日本論〉을 지어 우리가 더 이상 일본의 침략을 우려할 필요가 없다고 확신하고 있다. 그는 "이세는 일본에 대해 걱정할 것이 없다. 내가 이른바 고학古學 선생 이토 진사이伊藤仁齋가 지은 글과 오규 소라이 선생과 타자이 슌太宰純 등이 논한 경의經義를 읽어보니, 모두 문채가 찬란하여, 이로써 일본은 이제 걱정할 것이 없음을 알겠다"《여전與全》[1], 권12, 3-4,〈日本論一〉)고 언급했다. 그는 일본 유학자 몇 사람의 경학 저술을 읽어보고 매우 높은 수준에 올라온 사실을 확인한 후, 더 이상 일본이 야만적 침략 국가가 아니라 예법으로 순치된 문화 국가임을 강조했던 것이다. 다산의 이러한 일본 인식이 한편으로는 설득력이 있다 해도 여전히 충분한 타당성을 지닌 통찰이라고 보기 어려운 까닭은, 뒤따라 서양 열강이 제국주의적 침략 세력으로 돌변하고 일본이 그 선봉으로 우리를 침략한 역사적 사실이 이를 반증해 주기 때문이다. 그러나 다산이 이토 진사이→오규 소라이→타자이 슌으로 이어지는 일본 고학파에 깊은 관심을 기울였다는 사실은 매우 중요한 의미가 있다.

당시 거의 모든 조선 학자들이 중국을 향해서만 눈을 열어두고 일본에 대해서는 철저히 무관심했던 반면에, 다산은 일본의 고학파 유학자들에게서 자신의 입장과 소통할 수 있는 학풍을 발견하고 높이 평가하며, 이에 근거하여 일본의 사회적 체질과 성격이 변한 사실까지 주목했다는 사실은 매우 중요한 의미가 있는 대목이다. 다산의 《중용》·《대학》 해석에서는 오규 소라이의 견해가 직접 소개되고 있지 않는만큼 다산이 오규 소라이의《중용》·《대학》에 대한 주석서를 읽었다고 보기는 어렵다. 그러나 다산과 오규 소라이의 비교 이해는 다산의 사상적 특성을 이해하는 데 유용할 뿐만 아니라, 조선과 일본의 유교 문화가 지닌 차이점이나 사회체제의 차이점까지 확인하는 데 의미 있는 과제가 될 수 있을 것이다. 이러한 차이점과 특성의 이해는 다산이 오규 소라이를 직접 인용하고 있는《논어》해석에서 좀더 구체적으로 시도될 수 있기를 기대해 본다.

이 책을 저술하는 과정에서 오규 소라이 사상의 전체적 이해나 나아가 일본 유학 사상의 이해가 거의 부족한 상태에서 오직《대학》·《중용》을 주석한 문헌에 밀착하고자 한 것은 일차적으로 저자의 역량과 지식의 한계 때문이다. 이런 의미에서 이 책은 다산의 경학 사상을 이해하는 과제로서 오규 소라이를 끌어들이고 있는 수준에 그치는 것임을 인정하지 않을 수 없다. 따라서 앞으로 공부하는 과정에서 오규 소라이에 대한 이해의 폭이 넓어지고 다산과의 비교 해석도 더욱 정확하고 깊이 있게 다듬어갈 수 있기를 희망한다.

이 책이 나오기까지 원고의 전부를 꼼꼼하게 읽어 주고 고쳐 준 한신대학교 강사 박종천 선생의 정성스러운 노고에 깊은 고마움을 밝혀 둔다.

2004년 3월

관악산 그늘 잠연재潛研齋에서

금 장 태

차례 | 도道와 덕德

제1장

《중용》의 체제와 도道의 구조

1. 성인聖人의 도道를 찾아들어가는 길

다산茶山 정약용丁若鏞(1762-1836)과 오규 소라이荻生徂徠(1666-1728)의 경학적 세계를 해명하는 작업으로《중용》해석에 대한 견해를 비교하는 일은 중요한 의미가 있다. 사실 오규 소라이는 다산보다 거의 100년 앞서 살았던 인물이요, 다산이 오규 소라이의《논어징論語徵》을 여러 곳 인용하여 언급했지만《중용》해석에서는 오규 소라이의 견해에 전혀 관심을 보이지 않았다. 그럼에도 불구하고 《중용》해석에 대한 다산과 오규 소라이의 비교는 무엇보다 두 사상가의 경학 체계 안에서《중용》이 지닌 비중과 의미가 크다는 점에서 주목되어야 할 것이다.

또한 다산과 오규 소라이의《중용》에 대한 해석은 핵심 용어의 개념적 인식이나 해석 체계의 일관성에서 각각의 독자적 성격이 선명하게 드러나고 있다. 따라서 두 사상가의 경학적 세계관 사이에 유사성과 차별성을 확인하고 비교함으로써 각각의 사상적 특성을 가장 극명하게 확인할 수 있다는 점이 중요하다. 나아가 《중용》 해석을 통해 다산의 실학實學과 오규 소라이의 고학古學이 주자의 해석 체계로부터 벗어나는 양상에서도 각각의 특징적 성격을 잘 드러내 주고 있다는 사실이 주목할 만하다. 그만큼 《중용》 해석에서 드러나는 두 사상가의 사유 방법과 문제 의식의 특성을 대비함으로써 두 사상가의 사유 체계 전반이 지닌 성격을 파악하는 기초를 확보할 수 있을 것이다.

다산의 실학 사상을 지탱하는 방대한 경학 체계는 《중용》의 해석에서 출발하였다는 점을 가장 먼저 지적할 필요가 있다. 곧 다산은 《중용》 해석을 통해 자신의 철학적 사유의 기본틀을 구성하고 정립했으며, 이를 자신의 경학 체계와 실학적 사유의 전반에 관철했던 것이다. 그는 태학생 시절인 23세 때(1784) 여름, 정조正祖가 태학생에게 제시한 '중용의문中庸疑問' 70조목의 답안을 작성하면서, 당시 31세이던 친우 광암曠菴 이벽李檗과 《중용》 전반에 걸쳐 정밀한 토론을 벌였다.[1] 이때 이루어진 《중용강의中庸講義》가 바로 다산이 경전을 해석한 최초의 저술이었다.

그후 다산은 강진에서 유배 생활을 하는 동안 육경六經과 사서四書에 대한 본격적 연구에 몰두했으며, 방대한 주석 작업을 대부분 마치고 나서 마무리 단계에 이르렀을 때인 53세 때(1814) 《중용자잠中

---

1) 《여유당전서與猶堂全書》, 제2집, 제4권, 1, '중용강의보中庸講義補'(이하 《여전與全》(2), 권4, 1, '중용강의보'로 줄임), "甲辰夏, 內降中庸疑問70條, 令太學生條對, 時亡友曠菴李檗在水橋讀書, 就問其所以對, 曠菴樂之爲談討, 相與草創."

庸自箴》2권을 짓고 이어서 30년 전(1784) 그 자신의 경학에 관한 첫 저술인 《중용강의》를 수정하고 보완하여 《중용강의보中庸講義補》6권을 완성했다. 이러한 과정을 보면 다산은 《중용》 해석으로 자신의 경학 체계를 정립하기 시작하였고, 또 그 경학 체계의 정립을 완성했다고 할 수 있다.

여기서 다산이 1784년 《중용강의》를 저술하면서 이벽과 토론했다는 사실은, 그 당시 이벽이 천주교 교리에 깊이 젖어들었고, 다산 자신도 이벽의 영향 아래 천주교 교리에 기울어지기 시작하는 단계였다는 상황과 깊은 연관성이 있음을 유의할 필요가 있다. 그만큼 다산은 《중용》 해석의 과정에서 이벽을 통해 서학西學의 세계관을 받아들임으로써 주자의 견고한 《중용》 해석 체계와 주자학의 확고한 권위를 탈피하여 독자적 경전 해석의 시야를 확보할 수 있었던 것이다. 그러나 다산의 《중용》 해석 속에서 서학의 영향이라는 문제가 다산 경학을 성립시켜 가는 데 중요한 계기의 하나라 해도, 다산이 유교 경전으로서 《중용》의 근원성과 일관성을 철저히 확인하고 있는만큼, 다산의 《중용》 해석을 단순히 서학이나 어떤 사유 체계로 환원할 수는 없는 것이다. 이러한 맥락에서 실학적 경학으로서 다산 경학의 성격은 《중용》 해석을 통해 그 특징을 가장 선명하게 확인할 수 있다는 사실에 유의하고자 한다.

오규 소라이는 경전 해석에서 옛 언어의 본래 의미, 곧 '고의古義' 내지 '고문사古文辭'를 밝힘으로써 경전의 올바른 해석을 확보할 것을 강조했다. 우선 그는 "후세에는 옛 말(古語)에 밝지 못하여 문장은 그 뜻을 잃었고, 여기에다 더하여 불교와 노장老莊의 학설이 눈과 귀에 젖어들어 어지럽혀서, 그 이해를 더욱 불가능하게 했다. 나는 이미《논어징》을 저술할 때 그 글을 다듬으면서 한결같이 옛 말에 의거하여 옛 뜻(古義)을 바로잡았으니, 이로 인해 자사子思가 말한 것을 거의 알 수 있게 되었다"[2]고 언급하고 있는 점을 주목할 필요가 있다. 그것은《논어》해석에서 적용하였던 '옛 말'의 '옛 뜻'을 밝히는 고문사의 해명이라는 고학적古學的 방법이《중용》해석에서도 관철되고 있음을 지적한 것이다.

이러한 오규 소라이의《중용》해석은 한편으로는 고문사古文辭-고의古義를 밝히는 것이요, 다른 한편으로는 불교와 노장老莊의 학설에 빠져들고 말았던 정주程朱의 해석에서 벗어나는 것임을 의미한다. 따라서 그는 "《중용》을 읽고자 하는 사람은 반드시 먼저 육경六經을 읽어서 성인의 도를 알아야 한다. 그런 다음에야 자사가 (《중용》을) 저술한 뜻을 알 수 있다. 그렇지 않고 그 글(《중용》)에만 의거하여 성인의 도를 알고자 하는 것은 바로 정주학자程朱學子들의 어리석음이다"[3]라고 하여,《중용》을 그 언어에서 천착하는 정주학의 오류를 지적하고, 육경의 정신을 통해《중용》을 읽어야 작자인 자사의 올바른 의도를 파악할 수 있을 것임을 강조한다.

《중용》의 해석을 통해 송대 성리학이 불교의 관념적 사유에 빠져드는 병통이 있음을 지적하여 공자의 정신(洙泗之舊論)을 재발견하고자 하는 다산의 관심이나[4] 육경에서 드러나는 고의古義를 통해

2)《중용해中庸解》, 동양도서간행회, 동경, 1923, 3쪽, "大氐後世古言不明, 文失其義, 加以佛老之說浸淫耳目, 所以益不得其解也, 茂卿旣爲論語徵, 因脩其書, 一據古言, 釐以古義, 子思之所以言之, 庶其可知已."
3)《중용해》, 5쪽, "欲讀中庸者, 必先讀六經而知聖人之道, 然後可以知子思著書之意, 不爾徒據其書, 欲以知聖人之道, 是程朱諸家之戀也."
4)《여전與全》[2], 권4, 2, '중용강의보', "蓋宋賢論性, 多犯此病, …… 而其與洙泗之舊論, 或相牴牾者, 不敢盡從."

'옛 성인의 도'를 밝히고자 하는 오규 소라이의 방법이나, 주자의 경전 해석을 벗어나 《중용》 자체로 돌아가 재해석하고자 하는 의도는 기본적으로 일치한다고 할 수 있다. 그러나 두 사람 사이에는 그 관심의 방향과 접근하는 방법의 차이에 따른 인식 내용의 특징을 다양한 쟁점에서 확인할 수 있다.

다산과 오규 소라이의 《중용》 해석에 대한 비교 연구는 두 단계로 나누어 진행하고자 한다. 여기서는 먼저 《중용》의 성격에 대한 전체적 견해와 《중용》의 분절分節·편장篇章 체제에 대한 다산과 오규 소라이의 이해 내용을 개괄적으로 해명하고, 나아가 《중용》 첫머리에서 제시된 '천天(命)·성性·도道·교敎'를 도의 구조를 이루는 기본 개념으로 보아, 이 네 가지 개념을 중심으로 다산과 오규 소라이의 해석을 비교·검토해 보고자 한다. 《중용》의 도에 대한 인식은 '천天(命)·성性·도道·교敎'의 개념과 상호 관계에 대한 이해를 통해 가장 집약적으로 확인될 수 있는 것이기 때문이다. 이러한 도의 기본 구조에 대한 이해를 기초로 확보하고 나서, 그 다음 단계로 《중용》 해석에서 드러나는 도의 실천 원리로서 중화中和·중용中庸·성誠의 개념과 구체적 실천 방법에 대한 두 사상가의 입장을 비교·해명해 가고자 한다.

2. 《중용》의 성립과 성격

다산은 《중용》의 성립에 대해, 《한서漢書》 예문지藝文志에 〈중용설

中庸說〉 2편이 소개되고 있는 사실을 비롯하여, 성호星湖가 정자程子 이전에도 《중용》·《대학》을 표출시킨 인물로서 양梁의 간문제簡文帝와 당唐의 이고李翶, 송宋의 범문정范文正을 열거하고 있는 사실을 인용하여, 한漢나라 때부터 《중용》과 《대학》을 전문적으로 연구하기 시작했다고 지적한다. 그러나 《중용》이 별도로 하나의 경서가 되고 과거 시험에 사용되기 시작했던 것은, 원元나라 인종仁宗 때 주자朱子의 장구章句로 선비를 뽑으면서 비롯되었다고 확인한다.[5]

나아가 다산은 《중용》이 지닌 위치와 성격에 대해 〈향당鄕黨〉 편 (《논어》)과 《중용》의 대비나 《대학》과 《중용》의 대비를 통해 더욱 분명하게 제시해 주고 있다. 먼저 다산은 《중용》을 '성인의 도덕이 속으로 충만한 것'에 대해 말한 것이라고 지적하고, 〈향당〉 편을 '성인의 문장이 겉으로 드러난 것'이라고 언급했다. 따라서 그는 《중용》이 속에 축적된 것이요 〈향당〉 편이 겉으로 드러나는 것이라고 대조시킴으로써, 이 두 편이 표리 관계를 이루는 것으로 규정한다. 여기서 다산은 "성인이 마음속에 쌓은 것을 알고자 한다면 이 글(《중용》)을 버려두고 어찌할 수 있겠는가?"[6]라고 하여, 《중용》을 통해 성인의 마음속에 쌓인 도덕을 알 수 있다고 강조한다. 그만큼 《중용》을 성인의 마음에 온축한 도덕으로서 도와 덕德의 기준이 되는 것임을 확인하고 있는 것이다.

다산은 특히 《중용》과 《대학》의 긴밀한 연관성에 대해 주목하고

5) 《여전》[2], 권3, 1, '중용자잠', "鏞案中庸大學, 已自西京以來, 有專治其義者, 然其別爲一書, 用之科擧者, 自元仁宗始也. 元仁宗刱八比汰, 始用朱子章句取士."
6) 《여전》, 1-8, 27, '중용책', "中庸一書, 與鄕黨篇, 實相表裏, 何者. 鄕黨就聖人文章之著於外者而言之, 中庸就聖人道德之充乎內者而言之, 欲知聖人之內溫者, 舍是書何以哉."

있다. 여기서 그는 《중용》에서 말한 '예즉립豫則立'(미리 하면 성립한다)'의 세 글자를 《중용》과 《대학》의 전체적 의미(總義)를 담고 있는 것이라고 지적함으로써, '성誠'이 《대학》과 《중용》의 공통적 핵심 개념임을 밝히고 있다. 즉, 《대학》에서 제시한 방법적 순서는 성誠→정正→수修→제齊→치治→평平(誠意·正心·修身·齊家·治國·平天下)이요, 《중용》에서 제시한 방법적 순서는 성誠→순順→신信→획獲'(誠身·順親·信朋友·獲上)으로서, 양쪽의 경우 '성誠'이 모든 일을 예비하는 것이요, 양쪽이 모두 '성誠' 자를 첫머리의 공부로 삼는 점에서 일치한다는 것이다.[7] 다만 《대학》에서 '성의誠意'를 하고자 하면 먼저 '격치格致'로서 하고, 《중용》에서 '성신誠身'을 하고자 하면 먼저 '명선明善'으로서 하는데, '격물치지格物致知'는 사물의 근본(本)과 말단(末)을 아는 것에 불과하지만, '명선明善'은 반드시 하늘을 알아야 하고, '하늘을 아는 것'(知天)이 신독愼獨의 근본이 된다는 점에서 《대학》과 《중용》 사이에 차이가 있다는 것이다.[8] 곧 《대학》과 《중용》이 공통적으로 '성誠'을 실현의 출발점이자 근거로 삼고 있지만, 《대학》에서는 사물의 바른 인식을 통해 '성誠'을 실현하고자 한다면, 《중용》에서는 하늘을 앎으로써 신독愼獨하여 '성'을 실현하고자 하는 방법적 차이가 있음을 지적한다. 그만큼 《대학》이 현실 세계에서 접근하는 것이라면, 《중용》은 하늘의 궁극적 근원에 대한 인식에서 접근한다는 차이점을 분명히 제시하고 있는 것이다.

---

7) 《여전》[2], 권3, 21, '중용자잠', "欲平者先治, 欲治者先齊, 欲齊者先修, 欲修者先正, 欲正者先誠, 誠者萬事之所豫也. 欲獲者先信, 欲信者先順, 欲順者先誠, 誠者萬事之所豫也. 大學中庸, 皆以誠字爲首功."

8) 같은 곳, "大學則曰欲誠其意者, 先之以格致, 中庸則曰欲誠其身者, 先之以明善, 亦一例也. 然格物致知, 不過知物之本末而已. 明善則必知天, 知天爲愼獨之本, 此其異也."

이에 비해 오규 소라이는 《중용》의 성립 과정에 대해 "(공자의) 70 제자들이 세상을 떠나자 공자의 학문이 점점 그 진실함을 잃어가게 되었을 때, 노장의 도(老氏之道)가 그 틈에 싹이 터서 천天을 말하고 성性을 말하여 선왕先王의 도를 거짓된 것이라 하니, 배우는 사람들이 미혹되었다. 이것이 자사가 《중용》을 지은 까닭이다"[9]라고 하여, 자사가 《중용》을 짓게 된 가장 큰 동기로서 노장이 선왕先王(聖人)의 도를 어지럽히는 것을 막기 위해서라고 확인한다. 바로 이 점에서 주자는 자사가 《중용》을 지은 이유로서, "도道와 학學이 그 전승을 잃을까 염려하여 지었다"[10]고 언급하였던 사실을 유의할 필요가 있다. 이에 대해 오규 소라이는 "반드시 이 글(《중용》)을 기다린 다음에 도가 전승된다면 《시詩》·《서書》·《예禮》·《악樂》은 흙이나 풀더미에 널려 있게 될 것이니, 이것이 어찌 노장의 견해가 아니겠는가. ……공자가 육경六經을 전한 것은 선왕의 도를 전한 것이니, 어찌 별도로 도를 전하는 글이 있겠는가?"[11]라고 반박하여, 공자의 육경이 선왕의 도를 전승하는 경전임을 강조함으로써, 《중용》에서 비로소 도를 전하는 경전이 이루어진 것이 아님을 확인하고 있다. 그만큼 오규 소라이는 자사가 《중용》을 지은 동기가 노장에 대항하여 선왕의 도를 밝히고자 하는 것으로 인식하였던 것이다.

오규 소라이의 관심은 《중용》의 성립 배경보다는 그 기본 성격을 인식하는 데 치중하고 있다. 그는 '중용'이란 덕행의 명칭이라 규정

---

9) 《중용해》, 1쪽, "七十子旣歿, 鄒魯之學稍稍有失其眞者, 而老氏之道萌蘗於其間, 乃語天語性, 以先王之道爲僞, 學者惑焉, 是子思所以作中庸也."

10) 주희(朱熹), 《중용장구(中庸章句)》, 序, "中庸何爲而作也, 子思子憂道學之失其傳而作也."

11) 《중용해》, 3쪽, "必待此書而後道有傳焉, 則詩書禮樂土苴陳迹, 是豈非老莊之見邪……故孔子傳六經, 所以傳先王之道也, 豈別有傳道之書哉."

하고, 《주례周禮》 대사악大司樂에서 국자國子를 가르치는 육덕六德으로서 '중中·화和·기祇·용庸·효孝·우友'가 이에 해당하는 것이라고 한다. 여기서 그는 '중용'이라 결합시켜 말한 것은 《논어》에서 시작되는 것임을 확인한다. 그러나 그는 공자가 "서술하되 창작하지 않는다"(述而不作) 하고, "선왕의 법언이 아니면 감히 말하지 않는다"(非先王之法言, 不敢道)고 언급한 사실을 들어, '중용'이란 말이 옛날의 법언임이 틀림없으며 공자가 창안한 말이 아니라고 지적한다. 또한 그는 "시詩·서書·예禮·악樂이란 배워서 덕을 이루는 것이니, 옛날의 가르침이 그렇게 한다. 그러나 반드시 '중용'에 의거하여 이끌어간 다음에 그 덕을 얻어 자기를 이룰 수 있다"고 밝힌다.[12] 그만큼 '중용'이 덕을 이루는 근본 조건임을 밝히고 있는 것이다.

오규 소라이는 "그 글(《중용》)은 오로지 배워서 덕을 이루는 것을 말하며, '중용'으로 (가까운 데서부터) 멀리 가고 (낮은 데서부터) 높이 오르는 기초로 삼는 것이 공자의 가법家法이다"[13]라고 하여, 《중용》이 덕을 이루는 '성덕成德'의 방법을 제시하는 것이라고 밝히고 있다. 그러나 그는 자사가 공자와 다른 차이점으로서, "예악을 떠나서 그 의미를 말하니, 반드시 그 말하고자 하는 것을 다한 다음에 그친다"고 하여, 공자처럼 직접 예악의 법도로 가르치는 것이 아니라 예악의 의미를 말로 설명한다는 사실을 제시한다. 이에 따라 자사 이

---

12) 《중용해》, 1쪽, "中庸者, 德行之名也. 周官大司樂以樂六德教國子, 中和祇庸孝友是也, 以中庸連言者, 乃自論語始. 然孔子曰, 述而不作, 又曰, 非先王之法言不敢道, 則亦必古之法言, 而非孔子所剙矣. 蓋詩書禮樂, 學以成德, 古之教爲爾. 然必依於中庸以道之, 而後其德可得而成已."
13) 《중용해》, 1쪽, "其書專言學以成德, 而以中庸爲行遠登高之基, 則孔子之家法也."

후의 유자儒者들은 "자기 의사로 성인의 도를 말하는 데 힘써서 의논은 날로 융성해지지만 옛 도리는 거의 숨겨지게 되었고, 맹자·순자와 제자백가의 학설이 일어나게 되었으니 도가 타락하고 융성함이 이에 달려 있다"[14]고 지적한다. 오규 소라이는 자사가 《중용》을 지어 공자의 가법인 성덕의 방법을 밝히고자 했지만, 언어로 그 의미를 극진하게 설명하려는 태도는 오히려 그 후로 성인의 도를 자기 의사로 설명하려는 풍조를 일으키는 단서를 열어 주었다고 밝히고 있다.

따라서 《중용》에 대한 기본적 인식 태도를 보면, 먼저 다산은 《중용》에서 '성인의 마음속에 쌓인 도덕'을 파악할 것을 제시함으로써, 내면적 도덕성을 강조하는 긍정적 접근에 치중하고 있다고 볼 수 있다. 이에 비해 오규 소라이는 《중용》이 노장에 의해 어지럽혀진 성인의 도를 방어하는 것으로 규정하면서, "선왕의 도는 천하를 편안하게 하는 것이다"(夫先王之道, 所以安天下也)라는 도 개념의 기본적 인식에 따라 천하를 다스리는 치도治道를 중시하고, 동시에 이러한 성인의 도를 제도보다 의미로 설명하는 데 따른 개념적 인식 태도의 문제점을 지적하고 있다. 이러한 《중용》의 기본 성격에 대한 인식의 차이는 다산과 오규 소라이의 《중용》 해석의 전반에서 다양하게 드러나고 있다는 사실을 주목해야 할 것이다.

---

14) 《중용해》, 2쪽, "所以異乎孔子者, 乃離禮樂而言其義, 必盡其所欲言而後已, 自此其後, 儒者務以己意語聖人之道, 議論日盛, 而古道幾乎隱, 孟荀百家之說所以興, 道之汚隆繫焉."

3.《중용》의 분절分節·편장篇章 체제

주자는《중용장구中庸章句》에서《중용》을 33장의 체제로 구분했는데, 이후《중용》의 편장篇章을 나누는 기준이 되었다. 그러나《중용장구》33장의 체제에 이견을 제기하여 독자적인 편장 체제를 제시하는 경우가 적지 않았다. 다산은 33장의 편장 체제를 받아들이지는 않았으며 단지 59절로 세분하였을 뿐, 새로 편장을 나누어 제시하지는 않았다. 이에 앞서 오규 소라이는 31장으로 나누고 있다.[15] 다음은 주자의《중용장구》33장을 기준삼아, 다산의《중용자잠中庸自箴》59절과 오규 소라이의《중용해中庸解》31장의 편장 체제를 대비해 놓은 것이다.

주자《중용장구》33장	다산	오규 소라이
01① /天命之謂性……脩道之謂敎.	01	
01② /道也者 不可須臾離也……可離 非道也.	02	
01③ /是故君子戒愼乎……恐懼乎其所不聞.	03	01
01④ /莫見乎隱 莫顯乎微 故君子愼其獨也.	04	
01⑤ /喜怒哀樂之未發……天地位焉 萬物育焉.	05	02
02⑥ /仲尼曰 君子中庸 小人反中庸.	06	
02⑦ /君子之中庸也……小人而無忌憚也.	07	03

15) 백호白湖 윤휴尹鑴가《독서기讀書記(중용)》에서《중용》을 10장 28절로 나누고 있는 사실도 좋은 대조가 될 수 있다. 금장태,〈백호 윤휴의 성리설과 경학〉,《조선후기의 유학사상》, 서울대 출판부, 1998, 102쪽 참조.

다산은 《중용》의 체제에 대해 주자가 〈중용독법〉에서는 6대절大節로 나누고 《중용장구》에서는 4대절大節로 나누었으며, 또 5절節로 나눈 경우도 있어 의견이 나뉘고 있는 사실에 대해, 《중용》 전편을 합당하게 절로 나누는 것이 어려운 일이며, 자신도 몇 절로 나누어야 지은이의 본래 뜻을 얻는 것인지 알지 못한다는 입장을 밝혔다. 아울러 "글을 보는 것은 대〔竹〕를 보는 것과 같으니, 비록 여러 마디〔節〕가 있지만 대를 전체로 보는 것이 좋다"[16]고 하며, 《중용》에서 분절의 중요성보다는 전체의 일관적 통일성을 중시하는 입장을 밝히고 있다.

그러나 다산 자신은 《중용》을 해석하면서 59절로 나누어 가장 많

---

16) 《여전》〔2〕, 권4, 66, '중용강의보', "看書如看竹, 雖有累節, 全竹看好也."

이 분절을 하고 있음을 보여준다. 다산은 자신의 분절에 확고히 결정된 장절章節의 체제를 확인하고 있는 것은 아니지만, 자신의 분절이 주자의 장구長句와 달라지는 대목에서는 왜 주자의 장구와 달리 분절해야만 하는지를 명확히 밝히고 있다. 이에 비해 오규 소라이는 31장으로 나누어 주자의 33장 체제를 대치하는 독자적《중용》편장 체제를 확립하고 있는 것이 사실이다.

다산과 오규 소라이의《중용》분절 내지 편장 체제가 지닌 성격을 대비시켜 보기 위해서는《중용장구》(이하《장구》로 줄임)를 기준으로 대강 다음의 네 단계로 나누어 해명해 볼 수 있다.

(1)《장구》제1-12장에 대한 분절 · 편장 체제

먼저《장구》제1장을 다산은 5절로 구분했는데, 오규 소라이는 2장으로 나누고 있다. 다산은 분절한 이유를 설명하지 않았지만 핵심적 개념이나 문제를 중심으로 나누어 해석했다. 이에 비해 오규 소라이는《중용해》제1장(天命之謂性……故君子愼其獨也)을《중용》전체의 대의大意를 갖춘 것이라 하고,《중용해》제2장(喜怒哀樂之未發……天地位焉 萬物育焉)을 제1장에서 제시된 '솔성지위도率性之謂道'의 뜻을 밝힌 것이라고 구분하고 있다.

다산은《장구》제4-9장을 7절로 나누면서 그 구조를 3층으로 구분하여《장구》제4장 1절(道之不行……道之不明)을 1층으로, 제4장 2절(鮮能知味)과 제5장(道其不行)을 2층으로 제6장(舜其大知) · 제7장(人皆曰予知)이 '지知'를 말하고, 제8장(回之……擇乎中庸) · 제9장(白刃可蹈)이 '행行'을 말하여 3층을 이루는 것으로 단계적 연관성을 지녔다고 지적하고 있다.《장구》12장에서 우愚·불초不肖를 말한 것도 지知·행行에 속하는 것으로 이와 서로 밝혀 주는 관계로 제시한다.[17] 이에 비해 오규 소라이는《장구》제3-5장을 한 장으로 묶었고,《장구》제3장에서 제12장 1절(君子之道費而隱)까지를 '중용'에 대해 공자가 한 말씀을 분류하여 수집한 것이라 파악히고 있다.[18] 그만큼 다산은 여기서 '중용'의 도를 지知·행行 구조로 파악하는 데 관심을 보여주고 있다면, 오규 소라이는 '중용'에 관한 공자의 말씀을 수집한 것으로 보는 정도의 차이가 있다.

(2)《장구》제13-19장에 대한 분절·편장 체제

다산은《장구》제17장 이하에 주의를 기울여 제17장은 격천자格天者(하늘에 이르는 사람)의 수명受命을 말하고, 제18장은 격천자의 수명을 말한 데 이어서 예禮를 말하고, 제19장은 예를 말하여 사천事天으로 끝내는 것이라 하여, 서술을 확장시켜 가는 논리적 연속성을 제시한다.[19] 오규 소라이는《장구》제12장까지는 공자가 '중용'을 말한 것을 수록하면서도 '중용'이 무엇인지를 말하지 않았지만, 제13장 이하에서 공자가 '중용'이 효제충신孝弟忠信임을 밝힌 것이라고 구분하고 있다.[20]

---

17)《여전》[2], 권3, 10, '중용자잠', "不明者, 不知也, 不知故不行, 不行故不明, 此所以互言之, 此第一層也. 鮮能知味者, 所以不行也, 道其不行者, 不知味之故也, 此第二層也. 舜其大知也·人皆曰予知二節, 承上文而言知也, 回之擇乎中庸·白刃可蹈也二節, 承上文而言行也, 此第三層也. 費隱章以智愚屬知, 以賢不肖屬行, 則此節之爲互言明矣."
18)《중용해》, 16쪽, "第三章以下, 類聚孔子之言及於中庸者, 而以此終焉."
19)《여전》[2], 권3, 17, '중용자잠', "舜受命一節, 言格天者必受命. 文王受命一節, 言格大者必受命, 而繼言禮. 春秋修其朝廟一節, 備言禮終之以事天."

다산은 《장구》 제18장과 제19장①(子曰 武王周公其達孝矣乎……
善述人之事者也)을 결합시켜 하나의 장으로 삼아야 한다고 밝히고
있다. 곧 제19장② 이하에서 언급하고 있는 종묘지례宗廟之禮나 교사
지례郊社之禮는 무왕·주공이 창제한 것이 아니므로 장을 달리해야
한다는 이유를 밝힘으로써, 《장구》의 편장 체제가 잘못되었다고 지
적하고 있다.[21] 또한 다산은 《장구》 제19장을 5절로 세밀하게 나누
어 해석하면서, 《장구》 제16장에서는 교사지례郊社之禮를 가리키고,
제19장②~④에서는 종묘지례宗廟之禮를 말한 것으로 제19장⑤에서
교사지례郊社之禮와 종묘지례宗廟之禮를 동시에 제시하며 치국의 원
리로 밝히고 있는 것은 《중용》 전체의 큰 결국結局을 이루는 것으로
밝히며, 특히 여기서 제시한 '치국治國' 두 글자는 《중용》의 상단과
하단 사이에 연결고리(樞紐)의 역할을 하는 것으로 강조하고 있다.[22]

오규 소라이는 《장구》 제13장과 제14장의 1절은 효제충신孝弟忠信
의 비근한 것을 언급하고, 제14장 2절과 제15장①은 효제충신의 고
원高遠한 것을 언급하는 것으로 파악하면서 독자적인 분장을 보여주
었으며, 특히 《장구》 제15장②와 제16장을 하나의 장으로 묶고 있
다. 이른바 '귀신장鬼神章'으로 일컬어지는 《장구》 제16장이 《중용》
전체 속에서 차지하는 위치에 대해 다산은 매우 중시하는 입장이지
만, 오규 소라이는 상대적으로 '귀신' 개념에는 큰 관심을 보이지

---

20) 《중용해》, 21쪽, "前諸章皆載孔子言中庸者, 而未明中庸之爲何, 故此章引孔子言孝弟忠信者,
　以明其物也."
21) 《여전》[2], 권3, 17, '중용자잠', "武王周公其達孝矣一節, 當與此節連爲一章, 章句屬之下章,
　則宗廟之禮·郊社之禮, 豈武王周公之所抓乎."
22) 《여전》[2], 권3, 19, '중용자잠', "齊明盛服, 以承祭祀, 郊社之禮也. 修其祖廟, 陳其宗器, 宗廟
　之禮也. 此節於經文爲大結局. 治國二字, 承上起下, 爲之樞紐."

않는 반면에 여기서 처음으로 '성誠'이 언급되었다는 사실을 주목하며, '성誠'은 '솔성지위도率性之謂道'에 근본하는 것으로 제시하여 그 중요성을 강조하고 있다.[23]

이처럼 '중용'의 도를 실현하는 과제에서 다산은 성왕聖王의 '수명受命'과 '예제禮制'의 중요성을 강조하는 데 비하여, 오규 소라이는 '효제충신'의 규범을 강조하는 점에서 뚜렷한 차이를 보여준다.

(3) 《장구》 제20-21장에 대한 분절·편장 체제

다산은 주자의 《장구》 제20장을 9절로 나누고 ①(哀公問政……夫政也者 蒲盧也)이 ② 이하와 별도의 장을 이루어야 합당하다고 강조하며, 이와 달리 《공자가어孔子家語》에서는 《중용》의 여러 절을 이어 놓고 애공哀公과의 문답으로 만들었음을 지적한다.[24] 곧 주자가 《공자가어》를 근거로 삼아 《장구》 제20장으로 하나의 장을 만든 것은 잘못이라고 제시한 것이다. 여기서 그는 《장구》 제20장의 ①과 ②-④를 묶어서 '애공문정哀公問政'의 절로 삼고, 이 절에서는 정치를 하는 것은 수신修身을 근본으로 삼고 수신修身은 지천知天을 근본으로 삼는 것을 말하는 것이라고 제시하기도 한다. 이어서 ⑤-⑥(天下之達道)은 세 번 '성誠'으로 맺었으며 수신修身을 근본으로 삼고 있음을 지적한다. 또한 ⑦-⑧(凡爲天下國家有九經)은 나라를 다스리는 방법을 말하고 있으며 성誠으로 맺고 있는 것이라고 언급한다.

---

23) 《중용해》, 26쪽, "此章始言誠, 蓋本於篇首率性之謂道焉."
24) 《여전》[2], 권3, 19, '중용자잠', "此下當別爲一章, 必與哀公問相連, 家語竊取中庸連下九經章, 都作與哀公問答."

그리고 ⑨(凡事豫則立)는 수신修身의 방법을 말하고 있으며, 성誠으로 맺고 있다고 언급한다.[25] 그만큼 정치를 하는 데는 수신修身이 근본되는 것이요, 성誠에 근거하여야 함을 확고하게 밝혀 주고 있는 것이다.

오규 소라이도 주자가 《공자가어》에 의거하여 편장을 잘못 결합시킨 것이라고 지적한다. 그는 《장구》 제20장을 ①~④(哀公問政), ⑤~⑦(天下之達道), ⑧~⑨(凡事豫則立 · 誠者天之道)의 3장으로 구분하고 있지만, 다산과는 처음부터 편장 체제에 중요한 차이를 드러내고 있다. 곧 오규 소라이는 ①~④에서 제시된 치국治國이 사친事親과 천天에 근본하는 것으로서 제1장과 상응하는 것임을 말하고, ⑤~⑦은 앞에서 말한 지인知人 · 지천知天을 계승하여 덕에 힘써야 함을 말하고, ⑧~⑨는 학문의 도를 말하여 제1장의 성性 · 도道 · 교敎에 상응하는 것으로 규정한다.

여기서 치도에 대해 다산이 수신修身과 성誠을 중심 개념으로 파악하는 데 비하여 오규 소라이는 사친事親과 무덕務德을 강조하는 관심의 차이를 드러내고 있다. 그러나 다산은 《장구》 제21장(自誠明 謂之性)을 제20장⑨(誠者 天之道也)에 붙여 한 절로 삼고, 오규 소라이는 《장구》 제21장을 제20장⑧~⑨에 붙여 한 장으로 삼고 있는 점에서 일치함을 보이기도 한다.

---

25) 《여전》[2], 권3, 17, '중용자잠', "哀公問政一節, 言爲政以修身爲本, 修身以知天爲本. 天下之達道一節, 三結之以誠, 又以修身爲本. 凡爲天下國家有九經一節, 言爲國之法, 而結之以誠, 凡事豫則立一節, 言修身之法, 而結之以誠."

(4) 《장구》 제22-33장에 대한 분절 · 편장 체제

다산은 《장구》 제26 · 27장을 각각 3절로 나누고, 제28장 2절과 제29장 1절을 하나의 절로 삼으며, 제33장을 7절로 나누고 있는 것 이외에는 대체로 《장구》와 별 차이가 없다. 오규 소라이의 경우도 《장구》 제29장을 두 장으로 나누고, 제31-31장을 한 장으로 묶고 있는 것 이외에는 《장구》의 편장을 그대로 따르고 있다.

다만 다산은 주자가 《장구》의 제21장이 천도天道 · 인도人道를 함께 말하면서, 제22 · 24 · 26 · 30 · 31 · 32장은 천도天道를 말하고, 제23 · 25 · 27 · 28 · 29장은 인도人道를 말한 것이라 규정하고 있는 데 대해, "《중용》 한 책은 비록 천명天命에 근본하지만 그 도는 모두 인도人道다. ……하물며 여러 장에서 말한 것은 모두 천명에 근본하여 인도를 밝힌 것으로 혼융하여 문장을 이루고 화합하여 설명한 것이다"[26]라고 하여, 장마다 천도와 인도를 구별하는 주자의 견해를 거부하는 입장을 분명히 밝히고 있다.

오규 소라이는 이 단계에 주의를 기울이면서, 《장구》 제20장 8-9절과 제21장(《중용해》 제20장)에서 '성誠'이 제기되고, 《장구》 제22-26장은 오로지 '성誠'을 언급하고 있는 것이라고 제시한다.[27] 또한 그는 《장구》 제29장 2절(《중용해》 제28장)의 성격을 규정하면서, 앞 장에서 언급된 '징徵'을 이 장에서 '본저신本諸身, 징저서민徵諸庶民' (자신에 근본하고 서민에 징험한다)으로 해명함으로써, 《중용》의 뜻을

---

26) 《여전》[2], 권4, 60, '중용강의보', "中庸一書, 雖本之天命, 而其道則皆人道也, ……況諸章所言, 皆本之天命, 而明此人道, 渾融成文, 和合爲說."
27) 《중용해》, 50쪽, "自第二十一章至此, 專言誠, 以發第二十章之意."

전체적으로 결론지어 공자에 귀결시키고 있는 것이라 하여, 그 중요성을 강조한다.[28] 즉, 오규 소라이는《장구》제30-33장을《중용》의 끝에 공자의 덕을 밝히고 찬미하는 부록과 같은 성격이라고 파악하는 것이다.

다산과 오규 소라이 사이에서 드러나는《중용》의 분절-편장 체제가 지닌 차이는《중용》해석에서 보여준 두 인물의 개념 인식이나 이론 체계의 차이와 특성을 드러낸다. 그뿐만 아니라 주자학의 틀을 벗어난다는 공통 기반 위에서 각자가 지닌 관심의 지향과 세계관의 차이도 이해할 수 있게 한다는 점에서, 그것을《중용》해석의 구체적 문제에서도 지속적으로 연관시켜 볼 필요가 있다.

4. 도道의 근원으로서 천명天命과 성性

다산은《중용》첫머리의 "천명지위성天命之謂性"에서 '천명天命'과 '성性'의 개념에 대한 인식에서 자신의 경학적 기반을 확보하는 전환점을 확립하고 있다. 그는《중용》의 '성性' 자를 〈서백감려西伯戡黎〉 편(《서경》)에서 언급한 "불우천성不虞天性"(천성을 헤아리지 않다)의 '천성'에 근원하는 것이라 하고,《역전易傳》의 '진성盡性'이나《맹자》의 '지성知性'도 그 뒤에 나온 말이라 하며, 이에 비해 〈탕고湯誥〉편에서 "강충하민降衷下民 약유항성若有恒性"(백성에게 속마음을 내려주시

<hr>

28)《중용해》, 57쪽, "承上章徵字意, 因以總結一篇之義, 邐迤歸諸孔子也."

니, 좋아서 떳떳한 성성性을 가지고 있다)은 위작僞作이라고 지적한다.[29]
곧 '성性' 개념을 근원적으로 하늘이 부여한 '천성天性'임을 전제로
확인하고 있는 것이다.

여기서 다산은 '성性'을 근원인 하늘로부터 인간이 부여받은 마음
의 기호嗜好로 확인한다. 곧 "'성性' 자의 본래 뜻에 의거하여 말하면,
'성性' 은 '심心' 이 기호하는 것이다. ……인간이 잉태되면 하늘은 영
명靈明하고 무형한 실체를 부여하며, 이것은 선을 좋아하고 악을 미
워하며 덕을 좋아하고 오욕을 부끄러워하니, 이것을 '성性' 이라 하
고, 이것을 '성선性善' 이라 한다"[30]고 정의하여, 하늘이 인간에게 부
여한 영명하고 무형한 실체인 '심心' 이 지닌 성질로서, 선을 좋아하
고 악을 미워하며(好善惡惡) 덕을 좋아하고 오욕을 부끄러워하는(好
德恥汚) 성향의 기호를 '성性' 으로 밝히고 있다. 또한 마음이 좋아하
고 싫어하는 기호가 선이나 덕을 지향하므로 '성선性善' 이라 한다는
것이다. 따라서 그는 '성性' 을 이기理氣로 해석하는 성리학의 견해처
럼 기호를 버려 두고 성性을 논하는 것은 공맹의 옛 견해(洙泗之舊)
가 아님을 분명히 지적했다.[31] 이처럼 다산은 '성性' 개념을 천명이
자 마음의 기호로서 적극적으로 강조했던 것이다.

이에 비해 오규 소라이는《중용》 첫머리에서 성性 · 도道 · 교教를

---

29)《여전》[2], 권3, 2, '중용자잠', "天性二字, 始發於西伯戡黎不虞天性一語, 易傳盡性之句, 孟
　　子知性之訓, 皆後於是也(湯誥云降衷下民, 若有恒性, 僞也), 此經天命之性, 卽祖伊所言之天
　　性也."
30) 같은 곳, "據性字本義而言之, 則性者心之所嗜好也. ……蓋人之胚胎旣成, 天則賦之以靈明
　　無形之體, 而其爲物也, 樂善而惡惡(余有先諱每云樂善), 好德而恥汚, 斯之謂性也, 斯之謂性
　　善也."
31)《여전》[2], 권3, 3, '중용자잠', "舍嗜好而言性者, 非洙泗之舊也."

말한 것에 대해, "성性이란 성질이요, 사람의 성질은 하늘이 내려 주셨으니, 그래서 '하늘이 명한 것을 성性이라 한다' 고 말한다"[32]고 하여, '성性' 을 '성질', 특히 '사람의 성질' 로 규정하며, 그것이 하늘로부터 받은 것임을 확인한다. 그러나 그는 "도가 성에 근본함을 말한 것이다. 사람마다 성질이 비슷하니, 어찌 지나치게 높고 지극히 먼 도이겠는가? 이것은 다음 장에서 말하는 중용의 장본張本이 된다"[33]고 하여, 도가 근본하고 있는 '성性' 은 사람마다 비슷한 성질로 고원한 도가 아님을 역설하고, '중용' 도 바로 이러한 도에 근거하는 것임을 지적함으로써, '도' 의 해명에 초점을 맞추고 있다. 다산이 성性을 '기호' 라 규정한 것과 오규 소라이가 성性을 '성질' 이라 규정한 것은 상당한 친밀성을 보여준다. 주자처럼 성을 이理라 규정하지 않은 점에서 공통될 뿐만 아니라, 실체가 아닌 '성질' 이요 더욱 구체적으로 그 성질의 내용이 '기호' 라고 인식한 것이라 할 수 있다.

그런데 오규 소라이는 《중용》에서 천天과 성性을 언급하고 있는 사실에 대해 매우 소극적인 태도를 보이고 있다. 곧 "천天에 근본하고 성性에 근본한다는 것은 '중용' 의 덕德이 인정人情에서 멀리 떨어진 것이 아님을 말하여 거짓되지 않음을 밝히는 것이며, 덕을 이룬 자가 정성스러울 수 있음을 말하여 예악禮樂 역시 거짓되지 않음을 밝히는 것이요, 공자의 덕이 극진하게 이름을 찬탄하는 것이니, 모두 노자에 대항하는 것이다"[34]라고 언급한다. 이에 따라 오규 소라

32) 《중용해》, 3쪽, "性者, 性質也, 人之性質, 上天所卑, 故曰天命之謂性."
33) 《중용해》, 5쪽, "語道本諸性. 人人性質所近, 豈過高至遠之道哉. 是爲下章言中庸之張本焉."
34) 《중용해》, 1-2쪽, "祇本天本性, 言中庸之德不遠人情, 以明其非僞, 言成德者之能誠, 以明其
　禮樂亦非僞, 又贊孔子之德極其至, 皆所以抗老氏也."

이는 《중용》에서 '천에 근본하고 성에 근본한다'(本天本性)는 언급
이 '중용'과 '성誠'과 '예악禮樂'의 진실함을 확인하고 공자의 극진
한 덕을 찬미하는 것이지만, 사실은 노장에 항거하여 공자의 도를
지키기 위한 것이라는 의도와 한계임을 지적하고 있다.

오규 소라이는 옛 성인이 도를 세울 때 천명을 받들어 행하였지만
성性에 근본하거나 천天에 미루어가지 않았음을 지적한다. 그 역사
적 변천 과정을 네 단계로 제시된다. 그 첫 단계로 옛 성인이 천자의
지위에서 천하를 질그릇틀(陶鈞) 속에 넣고 주물러 만드니 권유하기
를 기다리지 않았다고 한다. 다음으로 공자의 시대에 이르러서도 백
성들은 성인이 존중하고 믿을 수 있음을 알기에 그대로 따랐으니 권
유하는 말이 없었다고 한다. 그 다음으로 노장의 무리가 나온 뒤로
는 성인에 대한 백성들의 믿음이 쇠퇴하였으며, 노장이 성性과 천天
을 말하여 승세를 잡은 이후에 백성들이 미혹하기 시작했다는 것이
다. 네번째 단계로 자사子思가 부득이 성性에 근본하고 천天에 미루
어 도를 설명한 것은 노장에 항거하여 세상을 권유하기 위한 것이었
다고 한다.[35] 그것은 옛날에는 성인이 천명을 받들고 인성人性을 따
라서 도를 제시하면 사람들은 설명을 들을 필요 없이 믿고 따르는
시대였지만, 후세에 성인에 대한 믿음이 쇠퇴하고 노장이 성性과 천
天을 말하여 성인을 거부하자, 자사가 성인의 도를 변호하고 대중을
이끌어가기 위해 성性과 천天을 말하게 되었다는 것이다. 곧 그는

---

35) 《중용해》, 5쪽, "古者聖人之建道, 奉天命以行之, 然未嘗本諸性而推諸天, 何則. 聖人居天子
之位, 置天下於陶鈞之中也, 不待勸焉. 至於孔子之時, 民猶知聖人之可尊信, 是其所以無勸諭
之言也. 及於老氏之徒出, 而後民信聖人者衰矣, 老氏又語性語天以勝之, 而後民始惑焉. 故子
思不得已, 亦本諸性而推諸天, 所以抗老氏而勸世也."

"노장의 무리가 천天과 성性을 말하자 성인의 도가 거짓된 것이라고 비난하니, 자사가 성性과 천天에 근본하여 성인의 도가 거짓이 아님을 밝혔다"[36]고 언급하여,《중용》에서 성性과 천天이 근본으로 제시된 것은 오로지 성인의 도를 거짓된 것으로 비난하는 노장의 논리를 반박하여 성인의 도를 변호하기 위한 것이었음을 역설하고 있다.

여기서 오규 소라이는 "세상을 권유하는 말은 한 가지 실체에 밝지만 두루 미치지 못하고, 이치가 두루 미치면 그 말이 엄격하고 간결할 수가 없다. 엄격하고 간결하지 못한 말은 대중이 듣도록 권장하기에 부족하다. 이것은 그 말이 한쪽으로 치우침을 면치 못하는 것이니 순자의 비난을 불러 왔다"[37]고 하여, 세상을 권유하는 말이란 처음부터 한쪽으로 치우쳐 두루 미칠 수 없다는 한계가 있음을 지적한다. 오규 소라이는 자사가 성인의 도를 변호하기 위해 부득이 성性과 천天에 근본하여 세상을 권유하는 말을 하지만, 그것은 처음부터 한계가 있는 것임을 밝히고 있는 것이다.

이처럼 오규 소라이는 자사가 노장과 맞서서 논변하면서 공자와 달리 '예악禮樂'을 떠나 의리를 말하게 되는 사실을 지적했다. 아울러 "논쟁이 있으면서 변론이 있게 되고, 이에 공자가 말하지 않은 것을 말하게 된다. 그러므로 '성性'을 말하는 폐단과 내외를 나누는 분변이 여기서 나오게 되니, 유자儒者는 드디어 선왕先王의 도가 천하를 편안하게 하기 위해서 베풀어졌다는 것을 잃게 되었다. 어찌 자사의

---

36)《중용해》, 3쪽, "老氏之徒, 動言天言性, 而譏聖人之道爲僞也, 故子思本性本天, 以明聖人之道非僞也."
37)《중용해》, 5쪽, "勸世之言, 晰乎一體而未周焉, 理周者其言不峻潔焉, 不峻潔者不足以聳衆聽焉. 此其言所以未免失乎一偏, 而來荀子之譏也."

마음이겠는가?"[38]라고 하여, 자사가 부득이 변론하였던 의도와는 달리 논쟁과 변론이 계속되면서 '성性'을 논의하는 폐단이 일어나 선왕先王의 도가 제시된 본래의 정신이 천하를 편하게 한다는 현실 문제에 있음을 망각하고 관념적 분석에 빠져들게 되었음을 지적했다.

오규 소라이가 성性과 천天을 논의하는 문제점을 강조하면서 '선왕의 도'를 천하를 편안하게 하고자 하는 현실적 관심에서 강조하는 것에 비해, 다산은 성性이 하늘에 근원하고 선을 좋아하는 인간 마음의 기호로서 적극적으로 긍정하는 중요한 시각의 차이를 보여준다. 이처럼 다산은 성性에 대한 적극적인 관심을 가지고 성性에 대한 성리학의 인식과 차이점을 분명히 짚어 밝힘으로써 자신의 '성性' 개념 인식을 통한 인간의 이해와《중용》의 이해를 위한 토대를 확립하고자 했다. 여기서 다산은 성리학적 인식을 비판하며 자신의 입장과 차별화하는 중요한 쟁점으로, 첫째 인성人性과 물성物性이 같은지 다른지의 동이同異 문제와 둘째, 천天이 만물을 화생化生하는 근거로 음양·오행을 제시하는 문제를 검토하고 있다.

먼저 다산은 "초목·금수는 하늘이 화생하는 처음에 낳아가는 이치(生生之理)를 부여하여 종種으로 종을 전하는 것으로 각각 그 성명性命을 온전히 할 뿐이지만, 인간은 그렇지 않으니, 천하의 만민은 각각 잉태되는 처음에 영명靈明을 부여받아 만류萬類를 초월하며 만물을 향유한다"[39]고 하여, 사물과 인간은 그 부여받는 것부터 다른

---

38)《중용해》, 2쪽, "有所爭, 斯有所辨, 乃言孔子之所未言以發之, 故語性之弊, 內外之辨, 於是乎出, 儒者遂忘夫先王之道爲安天下而設焉, 豈子思之心哉."
39)《여전》[2], 권4, 2, '중용강의보', "草木禽獸, 天於化生之初, 賦以生生之理, 以種傳種, 各全性命而已. 人則不然, 天下萬民, 各於胚胎之初, 賦此靈明, 超越萬類, 享用萬物."

존재라는 사실을 역설한다. 즉, 인간의 능력이 자신의 의지로 변할 수 있으며, 활발히 움직이는 것이라면 금수의 능력은 본능에 의해 결정된 일정한 것으로서 인간과 사물의 차별은 기질적 차이를 넘어서는 근원적인 것임을 확인한다. 따라서 주자가 건순健順·오상五常의 덕을 인간과 만물이 같이 얻었다고 말하는 것은 인간과 사물 사이의 주종 관계의 위계 질서를 분별하지 못하는 것이요, 등급을 없애는 것이라 하며, 하늘이 만물을 낳는 이치가 본래 이렇게 차별성이 없는 것이 아니라고 강조한다.

또한 다산은 "인仁·의義·예禮·지智의 명목은 본래 인간이 일을 행함에서 일어나는 것이다. ……하늘이 인·의·예·지라는 네 알맹이를 인성 속에 부여했다고 말하면 실지가 아니다. 사람도 그러한데 하물며 오상五常의 덕을 사물이 같이 얻었겠는가?"[40]라고 언급한다. 이처럼 사덕四德이나 오상五常은 인간이 행위를 함으로써 성취할 수 있는 것이요, 처음부터 하늘에서 부여받은 것이 아님을 강조한다. 따라서 사물이 인간과 같이 사덕四德·오상五常을 부여받았다는 주자의 견해는 성립할 수 없는 것임을 분명히 밝혔다. 다산은 인간과 사물의 성性이 같다는 것은 불교의 윤회설에서 볼 수 있는 견해라 하고, 송대 성리학자들의 인물성동론人物性同論은 바로 불교의 영향을 받은 것으로서 공맹孔孟의 옛 견해(洙泗之舊論)와 충돌하는 것으로 따를 수 없음을 분명히 밝히고 있다.

다음으로 하늘이 음양·오행으로 만물을 화생한다는 주자의 언급

---

40) 같은 곳, "仁義禮智之名, 本起於吾人行事. ……若云上天以仁義禮智四顆, 賦之於人性之中, 則非其實矣. 人猶然矣, 況云五常之德, 物亦同得乎."

에 대해 다산은 "음·양의 명칭은 햇빛의 비추고 가려짐에서 일어나는 것이니…… 본래 실체도 성질도 없는 것이며 단지 밝고 어두움만 있으니 원래 만물의 부모가 될 수 없다…… 하늘 위나 하늘 아래의 수화토석水火土石과 일월성신一月星辰도 오히려 만물의 대열에 있는데, 하물며 동철銅鐵이나 초목으로 나아가 만물의 어미가 된다고 할 수 있겠는가?"[41]라고 하여, 음양은 실체가 없는 것이요 오행은 사물의 몇 가지 종류일 뿐으로 만물을 생성하는 근원이 될 수 없는 것임을 확인함으로써, 성리설의 자연 철학이 기반으로 삼는 음양 오행설을 전면적으로 거부했다.

또한 다산은 사덕四德을 건건健·순순順(음·양)에 분배하는 주자의 견해에 반대하고 있다.[42] 이러한 사실도 사덕四德 혹은 오상五常의 덕이 자연 현상을 설명하는 형식인 음·양에 수렴될 수 없는 인간의 고유한 것임을 강조함으로써, 인간의 덕성과 자연의 형식을 엄격히 분별하는 입장을 확인하고 있는 것이다.

따라서 다산은 성性이 기질 속에 깃들여 있는 것은 가능하다고 인정하지만, 천명으로서 형질形質이 없는 성性이므로, 성리학자들이 말하는 '기질지성氣質之性'이란 근거가 없는 것이라고 밝힌다. 곧 그는 인간 존재가 정신(神)과 신체(形)의 오묘한 결합인만큼 성이 기氣(氣質)를 떠날 수는 없겠지만, 《중용》에서 말하는 '따라야 할 성性'은 선하며 악이 없는 성性이요, 기질지성氣質之性일 수 없음을 강조한다.[43]

---

41) 《여전》[2], 권4, 1-2, '중용강의보', "陰陽之名, 起於日光之照掩. ……本無體質, 只有明闇, 原不可以爲萬物之父母. ……上天下天, 水火土石, 日月星辰, 猶在萬物之列, 況可以銅鐵草木, 進之爲萬物之母乎."
42) 《여전》[2], 권4, 2, '중용강의보', "仁義禮智, 分配健順(朱子云仁禮健而義智順), 亦不必然."

5. 도道의 기준과 구현 — 성性 · 도道 · 교敎

(1) 도의 기준으로서 성性:솔성率性의 도

'성性을 따른다', 즉 솔성率性이라는 개념에 대해서도 다산은 성性이 내 마음의 기호嗜好로서 나에게 있는 것이지만 그 근원이 하늘에서 부여된 것이라는 사실을 강조함으로써 성性을 따라야 할 근거로 확인하고 있다. 곧 "하늘은 나에게 성性을 부여하여 선을 좋아하는 감정과 선을 선택할 수 있는 능력을 주었다. 이것은(性) 비록 나에게 있지만 그 근본은 하늘이 명령한 것이다. 무릇 사람들이 자기의 본성이라 인식하여 태만하게 하지만, 한번 미루어 궁구하면 이 성이 본래 하늘이 부여함에 달려 있음을 인식할 수 있으니, 이것이 밝게 빛나는 천명天命이다. 이 성性이 하고자 하는 것을 어기고 이 성性이 부끄러워하는 것을 행하는 것은 천명을 태만히 하고 천명을 거스르는 것이니, 죄가 하늘에 통한다"[44]고 하여, 솔성率性의 근거로 성性이 천명이라는 사실을 강조하고 있는 것이다. 그만큼 다산은 성性을 따르지 않는 것은 바로 천명을 무시하는 것이요 천명을 거역하는 것으로서 하늘에 죄를 짓는 것이라 하여, 성性을 통해 하늘에 순응할 수 있는 길을 확고하게 정립하도록 요구하고 있다. 즉, 성性을 하늘과

---

43) 《여전》[2], 권4, 3, '중용강의보', "性之爲物, 無形無質, 若云性寓於質則可, 若於天命之外, 別立氣質之性, 則在古無徵. ……神形妙合, 性不離氣, 然此經所論, 卽有善無惡之性, 故使之率性, 氣質之性, 豈可率乎."
44) 《여전》[2], 권3, 4, '중용자잠', "天賦我性, 授之以好德(讀作善)之情, 畀之以擇善之能, 此雖在我, 其本天命也. 凡人認作自己本性, 所以慢之(不遵道心之所告戒), 一番推究, 認得此性本係天賦, 茲乃赫赫天命. 違此性之所欲, 行此性之所愧, 此是慢天命逆天命, 罪通于天矣."

인간의 연결 고리로서 중시하고 있는 것이다.

따라서 다산은 ‘성性’을 따라가야 하기 때문에 ‘도’라고 일컬을 수 있는 것이라 하고, 성性이 선하지 않다면 따라갈 수 없다는 점에서 순자가 말한 ‘성악性惡’이나 양웅揚雄이 말한 ‘선악혼善惡渾’을 거부하고, ‘성선性善’을 정당한 것이라고 확인한다.[45] 여기서 그는 주자가 ‘솔성率性’의 ‘솔率’을 ‘순循’(따르다)으로 해석하면서도 《중용혹문中庸或問》에서 ‘솔率’이 ‘수위修爲(實行)를 가리켜 말한 것이 아니라 밝힌 데 대해 반대의 입장을 분명하게 제시하고 있다. 곧, 다산은 “성性이란 본래 순선純善하지만 인욕人慾이 항상 악에 빠져들고자 하므로, 반드시 십분 노력하여 본성을 따른 다음에라야 도에 적합할 수 있는 것이니, 솔성率性에는 공부가 있다”라고 하고, 주자가 성性을 논의하면서 사람과 사물을 겸하여 말하기 때문에, 주자는 “만물의 자연지성自然之性을 따르는 것을 도라고 한다”고 말함으로써, 주자가 말하는 ‘솔率’자는 노력하는 것이 아니라고 지적했다.[46] 또한 주자가 ‘솔성率性’을 성명性命의 이理를 따르는 것이라 언급하고 있는 사실에 대해, “주자의 견해에 따르면 ‘솔성率性’이란 자연에 맡기는 것에 불과하며, 옛 성인이 말하는 ‘극기복례克己復禮의 학學’과 서로 부합하지 않으며 들어도 아득하기만 하고 배워도 의거할 수가 없다”[47]고 하여, 주자의 ‘솔성率性’에 대한 해석을 실천의 구체적 방법

---

45) 《여전》[2], 권3, 3, ‘중용자잠’, “性若不善, 安得率之, 若善惡渾, 安得率之, 必其物純善無惡, 故可以率之循之.”
46) 《여전》[2], 권4, 3, ‘중용강의보’, “性本純善, 而人慾恒欲陷惡, 必十分用力, 循其本性, 然後方可適道, 則率性有工夫也, 朱子雖訓率爲循, 然朱子論性, 本兼人物之性而言之, 故朱子曰循萬物自然之性之謂道, 此率字不是用力字(見小註).”
47) 같은 곳, “又曰或以率性爲順性命之理, 則却是道因人有(見小註), 由是觀之, 所謂率性, 不過

이 없는 것이라고 하여 거부한다. 그것은 '성性' 개념에 대한 주자의 해석이 추상화되면서 실천하는 노력이 없는 것으로 빠져들게 되었음을 비판하는 것이다.

오규 소라이는 '솔성率性'을 해석하면서, 다산과는 상당히 다른 문제에 관심을 보이고 있다. 그는 성인聖人의 단계와 자사子思의 단계에서 '솔성率性'의 성격을 구별하는 데 주의를 기울임으로써, 솔성率性과 도의 관계를 주목하고 있다. 곧 그는 성인의 경우 솔성率性하여 도를 이룬다면(造道), 자사는 '솔率'(따를 것)을 말하지만 '조造'(이룰 것)를 말하지 않았다고 구별한다. 여기서 자사의 입장이 더 나가면 맹자가 '성선性善'을 말하는 데에서 그 극치에 이르게 된다고 한다. 그 반대로 순자는 이룸(造)에 본 것이 있어서 '성악性惡'을 말하는 것이라 하여, 맹자는 '솔率'에 치우치고 순자는 '조造'에 치우쳐 각각 한쪽으로 치우쳐 말하고 있는 것이라고 제시한다.[48] 그만큼 오규 소라이는 성인이 솔率과 조造를 아울러 실현하고 있는 것과는 달리 맹자나 순자가 각각 한쪽으로 치우치고 있는 사실을 분별하고 있는 것이다.

여기서 오규 소라이는 "자사가 주장하는 바는 성誠과 위僞의 구분에 있고, 내內와 외外를 분변하는 데 있지 않다. 그러므로 그 뜻함은 도를 말함이 성인의 이룬 바를 미루어가는 것이 아니겠는가? 그러나 성性을 따라서 이룸이 연습하여 익숙하게 하는 데 이르니, 곧 성誠할 수 있어서 성性과 다르지 않다"[49]는 것이라고 한다. 성誠과 위僞

任其自然. 恐與古聖人克己復禮之學, 不相符合, 聞之似覺滉洋, 學之無可依據."
48) 《중용해》, 5쪽, "夫聖人率性而造道, 子思言率而不言造, 其流至孟子言性善而極矣. 荀子乃有
睹乎造, 故曰性惡, 豈不皆一偏之言乎."

의 구분이 실지의 진실성 여부를 가리는 것이라면, 내內와 외外의 분변은 개념 구조의 관념적 인식에 따른 것이라고 할 수 있다. 그리하여 그는 자사가 솔率만 말하고 조造를 말하지 않았지만, 실제로는 성인이 조造한 바의 도를 말함으로써 솔성率性과 조도造道를 아우르며 성誠과 성性을 일치시키는 데 이르렀음을 강조한다. 오규 소라이는 자사가 공자를 직접 보았고, 공자의 70제자에게서 수업을 받았으므로 '조造'를 말하지 않아도 말하는 것과 같은 것이며, 바로 이 점에서 맹자가 자사에 미칠 수 없다고 한다.[50] 그만큼 오규 소라이는 자사를 성인인 공자에 근접하는 자리로 그 위치를 확인하고, 이에 비해 맹자를 자사보다 한 차원 낮은 단계로 보는 입장을 밝힌 것이다.

다산은 '성性' 개념을 해석하면서 '도심道心'의 개념을 끌어들이고 있다. 곧 "성性을 따르는 것을 도라고 하니, 그러므로 성性이 발현된 것을 도심道心이라 한다"고 하여 성性과 도심道心을 연결시켜 파악하고 있다. 또한 그는 "도심道心은 항상 선善을 하고자 하며 또한 선을 선택할 수 있다. 도심道心이 하고자 하는 것을 한결같이 따르는 것이 성性을 따르는 것이요, 성性을 따르는 것이 천명天命을 따르는 것이다"[51]라고 하여, 솔성率性을 '도심道心이 하고자 하는 것을 따르는 것'(聽道心之所欲爲)이라 하여, 정감적 마음으로 구체화시키고 있으며, 동시에 '천명을 따르는 것'(循天命)이라 하여 초월적 하늘

---

49) 같은 곳, "子思所主, 在誠僞之分, 而不在內外之辨, 故其意蓋言道雖聖人所造乎. 然率性而造之, 至於習而熟之, 則亦能誠而莫殊乎性焉."

50) 같은 곳, "子思親見孔子, 受業七十子, 而學不失其眞, 是以雖不言造, 而猶言之. 乃所以其言之有所顧慮, 而大非孟子之所能及也."

51) 《여전》[2], 권3, 3, '중용자잠', "率性之謂道, 故性之所發, 謂之道心(性生於心, 故從心從生). 道心常欲爲善, 又能擇善, 一聽道心之所欲爲(循其欲), 茲之謂率性, 率性者, 循天命也."

에서 확인하는 근원적 인식을 병행시키고 있다. 이에 따라 도심道心과 천명天命이 어떻게 연결되는지를 설명할 필요가 제기된다.

다산은 하늘이 태어나는 인간에게 처음에 이 명命을 부여하고, 살아가는 날마다 시시각각으로 이 명命이 계속된다고 한다. 여기서 그는 하늘이 친절하게 타일러 명령할 수는 없지만, 그것은 명령할 수 없는 것이 아니라 명령하는 방법이 다른 것이라고 한다. 곧 "하늘의 목구멍과 혀가 도심道心에 깃들여 있으니 도심道心이 경계하여 알려주는 것이 바로 황천皇天이 명령하여 경계하는 것이다"[52]라고 하여, 도심道心을 통해 하늘의 명령하는 목소리를 들을 수 있다고 지적한다. 따라서 그는 천명天命을 따르고 성性을 따르는 방법은 도심道心에 귀를 기울이는 것이라고 강조한다. "천명을 도록圖籙에서 찾는 것은 이단의 황당한 술법이요, 천명을 본심本心에서 찾는 것은 성인이 하늘을 밝게 섬기는 학문이다"[53]라고 밝혀, 비결秘訣의 도상화圖象化된 글에서 천명을 해석하려는 이단과 달리 성인의 정학正學은 성性을 따라 일어나는 도심道心에서 천명을 찾고 하늘을 섬길 수 있어야 함을 역설하여 심성의 내재적 근거를 중시하고 있다. 여기서 '성인이 하늘을 밝게 섬기는 학문'(聖人昭事之學)이란 성性을 통해 그 근원인 하늘을 발견하고 그 하늘의 목소리를 도심道心의 생생하고 구체적인 정감을 통해 듣는 신앙이라 할 수 있으며, 이러한 유교적 신앙의 발견이 '솔성率性'을 해석하는 다산의 독특한 입장을 가장 선명

52) 같은 곳, "天不能諄諄然命之, 非不能也, 天之喉舌寄在道心, 道心之所儆告, 皇天之所命戒也."
53) 《여전》〔2〕, 권3, 4, '중용자잠', "求天命於圖籙者, 異端荒誕之術也, 求天命於本心者, 聖人昭事之學也."

하게 드러내 준다고 할 수 있을 것이다.

(2) 도道의 구현 방법으로서 교教 : 수도修道의 교教

다산은 '도道'를 여기서부터 저기까지 가는 길이라 하고, 도심道心을 따라 앞으로 나가는 것이 '도'요, 태어난 뒤 시작하여 죽은 뒤에 도달하는 것을 '도'라고 하며, 천하의 사람으로 하여금 성性을 따르는 도를 모두 준수하게 하는 것을 '행도行道'라 했다.[54] 이처럼 다산은 도란 천명을 따르는 것이요 성性을 따르는 것으로 도심道心을 따라 실행하여 나가는 길임을 주목한다.

이에 비해 오규 소라이는 "성인은 인성의 마땅함에 순응하여 도를 세우니, 천하 후세가 이로 말미암아 행하게 한다. 육경六經에서 수록하고 있는 예악형정禮樂刑政 따위는 모두 이것이다"[55]라고 하여, 솔성率性의 도를 예악형정 등으로 제시하고 있다. 또한 오규 소라이는 노장老莊이 선왕先王의 펼친 자취인 예악형정을 쓰지 않고 자신의 독자적 견해인 근원적이요 추상적인 정수精粹한 관념을 도라고 이름짓고 있는 데 대해 자사가 《중용》을 지어 이에 항거하였음을 지적하면서, 도는 성인의 도가 노장의 도와 다른 것임을 통괄하여 말하는 것이라고 한다.[56] 따라서 오규 소라이는 성인聖人(先王)의 도를 '천하

----

54) 같은 곳, "道者自此至彼之路也, 率道心而前進, ……謂之道也. 斯道也, 生而起程, 死而後到. ……令天下之人, 咸遵率性之道, 方可謂之行道."
55) 《중용해》, 3쪽, "聖人順人性之所宜以建道, 使天下後世由是行焉, 六經所載禮樂刑政之類 皆是也."
56) 《중용해》, 4쪽, "老氏貴精賤粗之見, 以禮樂刑政之類, 爲先王陳迹而不用之, 獨見夫精粹者, 以命之爲道, 子思著書抗之. ……道者, 統言也, 統而言之, 以形容夫聖人之道所以殊乎老氏

를 편안하게 하는 것'(所以安天下)임을 역설하여 사회적 실천에 관심을 기울이며, "옛 군자가 천하에 (도를) 시행하고자 하면 문·무(성인)의 정치가 방책에 펼쳐져 있으니, (도를) 얻고자 하면 '시詩·서書·예禮·악樂'(육경)에 갖추어 있으니 널리 배운 다음에 아는 것이 있을 것이다. 이제 그 일을 익히지 않고 갑자기 그 전체를 알고자 하면, 이것은 과연 무엇에 쓰겠는가. 이것은 다른 것이 아니라 선왕先王의 도가 떨어져 유자儒者의 도가 되는 것이다"[57]라고 밝힌다. 말하자면 도는 선왕(성인)이 실제로 정치를 베푼 행적에서 드러나는 것이며, 그것은 경전 속에 구체적으로 기록되어 있는 것이므로 이를 배워 익혀야 한다고 강조하는 것이다. 이와 달리 도를 전체의 원리로 파악하려고 하는 것은 선왕先王의 도에서 격이 떨어지는 유자儒者의 도가 되고 마는 것임을 경계하고 있다.

여기서 오규 소라이는 "송유宋儒들의 시대는 불교나 노장이 바위굴에 들어앉아 '홀로 자기 한 몸을 선하게 하는 가르침'(獨善其身之敎)에 그 골수까지 빠져들어 성인의 도가 천하를 편안하게 하기 위해 베풀어졌다는 것을 잊어버렸다. 또한 입에 올리는 데 힘써서 말할 수 있는 것을 취해 말하기만 하고 다시 그 실행이 어떠한지 돌아보지 않는다"[58]고 언급하면서, 도가 천하를 편안하게 하는 사회적 실현을 지향하는 것이요, 실제의 행위가 언어로 개념화하는 것에

者爾."
57) 《중용해》, 2-3쪽, "古之君子, 欲施諸天下, 則文武之政布在方策, 欲得之已, 則詩書禮樂具存, 博學之而後有以知之. 今欲不習其事而遽知其全, 是果何用歟, 是無它, 先王之道降爲儒者之道."
58) 《중용해》, 8쪽, "宋儒之時, 佛老岩棲獨善其身之敎, 淪於其骨髓, 而忘夫聖人之道爲安天下而設焉, 又務颺之口舌, 取其可言以言之, 不復顧其行之如何也."

앞서는 것임을 강조하고 있다. 그만큼 오규 소라이의 '도'는 선왕의 정치적 실천에서 확인될 수 있는 것이며, 마음의 내면적 기반이나 하늘의 근원적 근거를 확인하는 다산의 입장과도 상당한 차이가 있다.

나아가 다산은 "도란 잠시도 떠날 수 없는 것이다"(道也者, 不可須臾離也)라는 《중용》의 언급에 대해서도 도가 성性을 따르는 것이요 성性이 천명天命이기 때문에 떠날 수 없는 것이라고 한다. 곧 물고기가 물을 떠나서는 숨을 쉴 수 없듯이 천명을 떠날 수 없는 것이요, 왕명을 받들고 진秦나라에서 초楚나라로 가는 사신은 그 걸음마다 왕명을 따르는 것이요 저절로 그 걸음마다 길(道)을 따르는 것으로 그 길을 벗어날 수 없듯이 천명을 떠날 수 없는 것임을 역설한다.[59] 이 점에서는 오규 소라이도 "사람이 혹시 (도를) 떠날 수 있어서 떠난다면 하늘을 어기고 성性에 어그러질 것이니 군자가 될 수 없다. 그러므로 떠나고자 하여도 할 수 없다"[60]고 하여, 도를 떠날 수 없는 근거로서 '도를 떠나는 것은 천天과 성性에 어긋나는 것이 되기 때문'임을 강조하는 점에서는 다산과 일치하는 입장에 서고 있다.

또한 다산은 주자가 도를 "일용사물의 마땅히 행하여야 할 이理요, 모두 성性의 덕德으로 마음에 갖추어 있는 것"(道者, 日用事物當行之理, 皆性之德而具於心)이라고 언급한 데 대해, "만약 본성의 덕이 내 마음에 갖추어 있는 것으로 본다면, 성性도 도요, 심心도 도가

---

59) 《여전》[2], 권3, 4, '중용자잠', "秦人奉君命以適楚, 其自秦至楚, 步步皆此道也, 步步皆君命也, 夫焉得離此道, 夫焉得違此命乎."
60) 《중용해》, 4쪽, "人或可離焉, 而離焉, 則違乎天·悖乎性, 不得爲君子, 故欲離而不能也."

되어 혼잡하여 분별이 없으며 지향하는 바도 없게 된다"[61]고 하여, 도를 규범적 원리로서 이理라고 인식하거나 내재된 덕德으로 인식한다면 도와 심心·성性이 분별되지 못하는 개념의 혼동에 빠지며 추구해야 할 실천의 방향을 상실하게 된다고 비판한다. 또한 다산은 주자가 "(도를) 가지고 있지 않은 것이 없다"(無物不有)고 말하는 것에 대해서도, "금수나 초목도 모두 도를 가지고 있는 것이 되니, 《중용》이라는 책은 사람을 가르치기만 하는 것이 아니라 금수도 가르치고 초목도 가르친 다음에라야 도의 전체가 비로소 온전히 갖추어지게 될 것이다. 어찌 실정에 멀리 떨어진 것이 아니겠는가?"[62]라고 하여, 《중용》의 '도道'와 '교敎'는 초목·금수와 인간의 엄격한 분별을 전제로 인간에게 적용되는 인도人道임을 분명히 밝히고 있다.

이 점에서 오규 소라이도 "정주학의 학자들이 '천天은 이理다' 라고 하고, '성性은 이理다' 라고 하고, '도는 마땅히 행해야 할 이理다'라 하며, …… '도는 가지고 있지 않은 것이 없고, 그러하지 않은 때가 없다' 고 하는 것은 노장의 견해와 무엇이 다르겠는가?"[63]라고 반문하고 있다. 사실상 성리학의 견해와 노장의 견해를 일치시킴으로써 거부의 입장을 명확히 밝히고 있는 것이다. 오규 소라이는 성性과 도가 인간과 사물을 포괄하는 것으로 보는 주자의 견해에 대해 인간과 사물을 분별하는 것임을 다산처럼 강조하여 언급하지는 않

---

61) 《여전》[2], 권4, 4, '중용강의보', "若以爲本性之德, 具於吾心者, 則是性亦道也, 心亦道也, 渾雜無分, 靡所指向."

62) 같은 곳, "況云無物不有, 則禽獸草木, 亦皆有道, 中庸一書, 不唯敎人, 以敎禽獸, 以敎草木, 然後道之全體, 始皆全備, 豈不遠於情乎."

63) 《중용해》, 5-6쪽, "程朱諸家又以天爲理, 以性爲理, 以道爲當行之理, ……道無物不有, 無時不然, 是何殊於老氏所見哉."

았지만, 그 자신도 성인의 도가 천하를 편안하게 하는 것이라는 치
도治道로 제시하는만큼 인간의 도를 의미하는 것은 분명하다고 할
수 있다.

'수도修道'의 '수修(脩)' 자에 대해서도, 다산은 주자가 말하는 '품
절品節'이라는 뜻이 본래 없으며, '수修'는 다스리다(治·理) 혹은 꾸
미다(飾·飭)의 뜻이라고 설명했다. 여기서 다산은 주자가 성性과 도
道의 개념을 사람과 사물을 아울러 말하는 것으로 보기 때문에 초목
이나 금수에 '수修' 자를 적용시킬 수 없어서 별도로 '품절品節'이라
는 말을 쓰게 된 것이라고 주장했다.[64]

이에 비해 오규 소라이는 '수脩'는 본래 '수포脩脯'(고기를 저며 말
린 것)로 생강과 계피를 가미하여 손질한 것이 '수脩'요, 생강과 계
피를 넣지 않고 소금을 뿌려 말린 것이 '포脯'라는 글자의 옛 뜻을
끌어들여, '수脩'는 다스리고 바꾸어 쓸 수 있게 하는 것을 의미한다
고 해석한다. 곧 "선왕의 도는 광대함과 정미함과 고명함과 중용을
모두 갖추고 있어서 아름답지 않은 것이 없다. 그러나 사람을 가르
치는 데 이르러서는 절도를 세우고 방법을 베풀어서, 배우는 사람이
분수에 따라 자신에 써서 덕을 이루게 하는 데 적합하게 하는 것이
다"[65]라고 하여, '수脩'에 다스리고 바꾸어 쓸 수 있게 하는 뜻이 있
음을 밝히고 있다. 여기서 오규 소라이는 주자가 '수脩'를 품절品節

---

64) 《여전》[2], 권4, 3, '중용강의보', "修之爲字, 本無品節之義, 修者治也理也飾也飭也, ……朱
子於性道二字, 本兼人物而言, 則於草木禽獸, 下修字不得, 故別言品節也."
65) 《중용해》, 3-4쪽, "脩, 本脩脯之脩, 加姜桂而鍛治之謂脩, 不加姜桂而鹽乾之謂脯, 故脩者, 治
而易之俾可用之義也. 先王之道, 有廣大者·精微者·高明者·中庸者, 悉備莫不美也. 然至於
教之人, 則立之節度, 設之方法, 以適於學者, 俾隨分得用諸其躬而成德焉."

로 해석하는 데 대해서도, "성性을 따르는 도가 지나침(過)이나 못
미침(不及)으로 상실함이 있어서 반드시 성인이 품절品節하기를 기
다려야 하게 되니, 이른바 성性을 따르는 도를 말하는 의미가 성립하
지 못한다"[66]고 지적하여, 주자의 해석이 논리적으로 모순이 된다고
밝히고 있다.

　다산과 오규 소라이는 '수修'를 '품절品節'로 해석하는 주자의 견해
를 거부하는 점에서는 같지만 거부의 논거에서는 차이를 보인다. 그
러나 성性에 과·불급의 차이를 설정할 수 없다는 오규 소라이의 지
적과 주자가 인성人性과 물성物性을 아울러 적용시키기 위해 무리하게
품절品節의 차별화를 시켰다는 다산의 지적은 성性을 인간이 따라야
할 도의 기준으로 확인한다는 점에서 서로 근접할 수 있는 것이다.

　다산은 수도修道로서 '교教'를 '길을 다스리는 것'이라고 해석한
다. 곧 "길이라는 것은 다스리지 않으면 무성한 잡초로 막혀 갈 수가
없게 되니, 반드시 길을 수리하는 관리를 두어 다스리고 고쳐서 열
어가게 해야 나그네가 방향을 잃지 않게 되고, 그러한 다음에 갈 곳
에 도달할 수 있다. 성인이 대중을 인도하고 이끌어가니, 그 일이 서
로 유사하여 '교教'라고 한다"[67]고 해명했다. 이처럼 '교教'는 '수도
修道'요, 길을 수리하는 현실의 구체적 사실로 비유되고 있는 것이
다. 또한 그는 '교教'를 사람을 가르치는 것(教人)이라 하고, 스스로
닦는 공부가 아니라 스스로 닦는 공부를 사람에게 가르치는 것이라

---

66) 《중용해》, 6쪽, "訓脩爲品節, 是率性之道未免有過不及之失, 而必待聖人品節之, 則其所謂率
　　性之道, 其義不成矣."
67) 《여전》[2], 권3, 2, '중용자잠', "道路爲物, 舍之不治則蓁莽阻塞, 莫適所向, 必有亭堠之官, 爲
　　之治之繕之開之導之, 使行旅弗迷其方, 然後方可以達其所往, 聖人之牖導衆人, 其事相類, 斯
　　之謂教也."

하며, 이런 의미에서《중용》도 교敎를 수립하는 글로 보았다.[68]

또한 다산은 '교敎'를《중용》에서 말하는 '오달도(五達道)'의 오교五敎라고 제시하기도 한다. 곧 "사람이 부자·군신·부부·곤제昆弟·붕우朋友의 사이에서 그 마음의 중화中和를 다하는 것이 수도修道다"[69]라고 하여, 구체적 인간관계에서 마음의 참됨을 실현하는 것이 바로 수도修道요 교敎라는 것이다. 바로 이 점에서 다산은 주자가 명命·성性·도道·교敎를 말하면서 언제나 사람과 사물을 겸하여 말하는 것이 잘못임을 거듭 강조하면서, "천명天命의 성性은 인성人性이요, 솔성率性의 도道는 인도人道요, 수도修道의 교敎는 인교人敎다"라고 역설한다. 이처럼 성性·도道·교敎가 인간이 주체가 되고 인간을 대상으로 하는 것임을 분명히 밝히고, 나아가 "인성人性이 이미 순하면 물성物性도 모두 순하게 되고, 인도人道가 이미 밝아지면 (천지만물의) 화육化育을 도울 수 있는 것이다"[70]라고 하여, 인간의 성性·도道·교敎를 확립함으로써 사물에까지 미칠 수 있다고 주장한다. 여기서 오규 소라이는 주자가 '예악형정禮樂刑政'을 교敎라 하고서도 교敎를 사람과 사물을 겸하는 것이라고 하는 것은 억지로 끌어다 붙인 것이라고 분명히 지적하여, 사람과 사물을 아울러 해명하는 주자의 견해가 잘못된 것이라는 다산의 견해와 일치된 입장을 보여주고 있다.[71]

---

68)《여전》〔2〕, 권4, 3, '중용강의보', "敎者敎人也, 旣曰修道之謂敎, 則修道非自修之工, 乃敎人以自修也. 中庸者, 立敎之書也."
69)《여전》〔2〕, 권3, 3-4, '중용자잠', "敎者五敎也, ……下文所謂五達道, 卽修道之敎也, 人能於父子君臣夫婦昆弟朋友之際, 盡其心之中和, 則修道者也."
70)《여전》〔2〕, 권4, 4, '중용강의보', "天命之性, 是人性也, 率性之道, 是人道也, 修道之敎, 是人敎也, 人性旣順則物性咸若, 人道旣明則化育可贊."

6. 도道의 근원과 구조를 인식하는 관심

다산과 오규 소라이의 《중용》에 대한 이해는 《중용》의 성격에 대한 전반적 인식에서도 상당한 차이를 보여준다. 먼저 다산은 자사子思가 공자의 제자들도 쉽게 들을 수 없었던 성性과 천도天道에 대한 공자의 말씀을 《중용》에서 소개하고 있는 것은, 공자의 문인들이 공자의 위의威儀나 동작을 보는 정도를 넘어서 자사는 가학家學에 근본을 두고 종통宗統을 이어서 공자의 정밀하고 온축된 깊은 뜻을 얻어 알 수 있었기 때문이라고 본다.[72] 이에 비해 오규 소라이는 자사가 노장이 천天과 성性을 말하여 어지럽히는 성인의 도를 지키기 위해 성인이 좀처럼 말씀하지 않았던 천天과 성性을 말하지 않을 수 없었다고 본다. 다산은 성인의 도가 천天·성性의 근원에서 가장 깊은 세계를 드러내고 있다고 보는 것에 반하여, 오규 소라이는 성인의 도는 천天·성性에 근원을 두고 있다 해도 이를 말로 하는 것이 아니라 그 법도로써 대중을 직접 이끌어가는 것이라고 보는 것이다. 이처럼 다산이 도의 근원으로서 천天·성性의 중요성을 적극적으로 강조하는 데 비해, 오규 소라이는 도의 구체화된 실천 방법을 중시하는 것으로 차이를 드러내고 있다.

이에 따라 다산은 〈향당鄕黨〉편과 대비시키면서, 《중용》을 "성인의 도덕이 속으로 충만한 것이다"라고 언명하고, 오규 소라이는 《중용》에서 제시되고 있는 '도'를 해명하면서, "선왕先王의 도는 천하를

---

71) 《중용해》, 6쪽, "至謂禮樂刑政爲教, 教兼人物, ……則牽强之甚."
72) 《여전》〔1〕, 권8, 27, '중용책', "蓋門人之所得而見者, 不過威儀動作之間, 若子思, 則本之家庭之學, 接乎宗嫡之統, 其所得而知之者, 乃其精粹蘊奧之祕."

편안하게 하는 것이다"라고 언명하여, 같은 《중용》의 도를 성인-선왕의 도로 받아들이고 있지만, 다산의 눈길은 마음속의 도덕으로 향하고, 오규 소라이의 눈길은 바깥으로 천하가 편안하게 다스려짐을 향하고 있는 상반된 관심을 보여준다. 다산의 실학 정신과 오규 소라이의 고학古學 정신은 모두 주자 성리학의 본체론적 관념적 세계를 벗어나 현실의 구체적 세계로 관심을 돌리고 있는 점에서 공통된 성격을 지녔음에도 불구하고, 그 관심의 차이와 사유 방법의 차이는 분명하게 드러나고 있으며, 그만큼 양자의 특징적 성격을 엿볼 수 있다.

다산은 성인의 내면적 도덕을 중시하는 입장에서 도의 근원으로서 천天·성性을 중시하고, 천天·성性이 실제에서 드러나는 구체적 현상으로서 하늘이 그 목소리를 들려 주는 '도심道心'을 제시하고 있다. 바로 이런 점은 오규 소라이처럼 도를 바깥으로 실현되는 현상을 중시하는 입장에서 소홀히 취급하기 쉬운 도의 내면적 근거와 초월적 근원에 대한 다산의 정밀한 관심이 특징적으로 드러나는 것이다.

다산은 초월적 존재인 천天이 도심道心을 통해 인간에게 순간순간 명령하는 사실을 강조하며, 이것을 '성인이 하늘을 밝게 섬기는 학문'(聖人昭事之學)이라고 제시하기도 한다. 이처럼 다산은 《중용》을 통해 성인의 신앙적 세계를 확인하고 있는 것이다. 이러한 사실에서 주자 성리학의 관념적 세계를 벗어나면서도 정감적 심성의 근원을 중시하는 다산과 치도治道의 사회적 실현을 중시하는 오규 소라이가 서로 다른 방향으로 이탈하여, 주자·다산·오규 소라이가 삼각형의 세 정점을 차지하고 있는 형세를 보여주고 있다고 할 수 있다.

　다산이 실학적 현실 문제에 대한 관심을 놓치지 않으면서도 천天 · 성性의 근원에 대한 신앙적 각성을 중시하고 있는 것은, 그가 《중용강의》를 처음 저술하던 23세 때의 사상 형성 과정에서 천주교 교리의 영향을 깊이 받았던 사실을 외면할 수 없다. 바로 이 점에서 주자를 벗어나 공자에게 돌아가려는 다산의 수사학적洙泗學的 관심이나 오규 소라이의 고학적古學的 관심이 여러 면에서 일치점과 유사상을 지니고 있으면서도 내면의 근원성을 중시하는 다산과 외면의 법도를 중시하는 오규 소라이의 관심이 다를 수밖에 없었던 것으로 보인다. 이에 따라 도의 구조를 인식하는 입장에서도 '천명天命 · 성性'←'도道'→'교敎'에서 다산은 도의 근원으로서 '천명天命 · 성性'에 큰 비중을 두고 있다면 오규 소라이는 도의 구현으로서 '교敎'에 상대적으로 훨씬 큰 비중을 두고 있다는 차이를 드러내게 되는 것이다.

　또한 '천명天命 · 성性'의 인식에서도 다산과 오규 소라이는 '천즉리天卽理' · '성즉리性卽理'라는 주자의 성리학적 기본 정의를 거부하는 점에서 일치한다. 그러나 다산은 이理 · 기氣 개념으로 인식하는 주자의 입장을 거부하고 인人 · 물物을 포괄하여 설명하는 견해를 철저히 비판하면서, '천명天命 · 성性 · 도道 · 교敎'가 사람을 주체로 하는 것임을 확인하고, 음양 오행설에 기초를 두고 있는 주자의 기氣 개념도 엄격하게 비판한다. 다산이 이렇게 주자의 천天 · 성性을 해명하는 형이상학적 이론 기반을 철저히 비판하는 것은 바로 주자와 다른 자신의 입장에서 천天 · 성性의 신앙적 근원성을 확보하기 위한 요구 때문이라고 보인다. 바로 이 점에서 오규 소라이는 인人 · 물物을 포괄하여 해석하는 주자의 견해에 반대하고 인간을 주체로 파악하고 있으면서도 정밀한 논변에 별다른 관심을 보이지 않고 있다. 그것은 오규 소라이가 천명天命·성性이 도의 근원임을 인정하지만 그 근원을 밝혀야 한다는 요구가 거의 없고 밖으로 예악형정의 제도에 관심의 초점을 두었기 때문이라고 할 수 있다.

중용의 원리와 성誠의 실현

1. 도道의 해명을 위한 기본 원리

《중용》은 '성인聖人의 도'를 밝혀 주는 경전으로서, 일반적으로 그 주제의 일관성을 인정받고 있는 것이 사실이다. 여기서《중용》을 통해 성인의 도를 파악하고자 한다면, 먼저《중용》에서 제시하고 있는 도의 기준이 되는 핵심 원리를 파악할 필요가 있다. 즉,《중용》의 도를 인식하기 위한 기본 과제로서, 도를 실현하기 위해 기준이 되는 원리 내지 준칙을 확인하고, 그 실현 방법을 분석하여 해명하는 것이 중요한 일이라 할 수 있을 것이다.

《중용》의 도는 표준으로 삼아 따라야 할 원칙으로서 그 준칙을 '중화中和-중용中庸'과 '성誠'이라는 두 축으로 확인할 수 있다.《중용》에서는 그 첫머리에서 도의 근원으로 '천天(命)'과 '성性'을 제시하고 있으며, 이어서 그 실현 원리요 준칙을 이루는 기본 개념으로

'중화-중용'과 '성誠'을 제시하고 있다. 여기서 '천天(命)'·'성性'의 근원과 '중화-중용'·'성誠'의 준칙 사이에 어떠한 연결 관계가 성립하는지를 확인하는 것이 출발점이 된다. 또한 '중화-중용'과 '성誠'을 준칙의 두 축이라 한다면, 양자 사이의 연관 관계를 해명하는 것도 중요한 과제다. 특히 도를 실현하는 과정에서 신독愼獨의 조건이 '중용-중화'나 '성誠'의 준칙과 어떻게 연결되는지 이해하는 것도 의미 있는 과제가 될 것이다.

다산은 경전을 해석함에 있어서 여러 다른 경전과 많은 선행 경학의 업적을 매우 광범위하게 검토하여 수용하거나 비판함으로써 자신의 경학적 입장을 논증해 가고 있다. 여기서 다산과 오규 소라이의 《중용》 해석을 비교하려는 까닭은, 비록 다산이 오규 소라이의 《중용》 주석인 《중용해》를 전혀 언급한 일이 없지만, 그 사유의 유사성과 차이와 특성이 좋은 대조를 이루기 때문에 두 사상가의 경학적 성격을 해명하는 데 상호 조명해 주는 역할을 할 수 있다고 보기 때문이다. 다산의 실학적 경전 이해와 오규 소라이의 고학적 경전 이해는 《중용》에 대한 해석에서 그 기본 관심의 공통성과 차이점을 양면으로 드러내 주고 있다. 이 두 사상가는 주자학의 해석틀을 비판하여 극복한다는 입장과 현실 속에서 실현 방법을 적극적으로 추구하고 있다는 방향에서 관심의 공통 기반을 폭넓게 지니고 있으면서도, 《중용》의 도를 구성하는 구조의 여러 요소 사이에 상관 관계에 대한 이해 태도에서 상당한 차이를 드러내고 있는데, 이 사실을 주목해 보아야 한다.

특히 다산의 기본 입장은 도의 내면적이고 초월적인 근원을 중시하면서 사회적 실현의 구체적 문제와 연관성을 찾아가는 데 있다.

이에 비해 오규 소라이의 기본 입장은 '천하를 편안하게 하는 것'(安天下)으로 도의 사회적 실현에 초점을 맞추고 있는 데 있다. 이러한 입장의 차이에 따라 도 개념을 구성하는 기본 요소들 사이에 상관 관계의 해석에서 상당한 차이가 드러나지 않을 수 없다.

다산과 오규 소라이의 공통 기반이라 할 수 있는 현실적 관심은 《중용》에서 도의 실현 방법과 도의 실현 양상에 대한 정밀한 해명에 있음을 볼 수 있다. 특히 '성誠'의 근원으로 초월적 존재인 '귀신鬼神'의 의미를 중시하는 다산의 신앙적 입장과, 상대적으로 '귀신'을 초월적 근원으로 보려는 견해가 미약한 오규 소라이의 제도 중시적 입장은《중용》해석의 차이를 드러내고 있으며, 이에 따라 치도治道의 구체적 해석에서도 다양한 차이점을 드러내는 경학적 특성을 보이고 있다.《중용》해석에서 두 사상가 사이에 드러나는 특성을 비교·점검하는 것은 바로 경학적 사유와 세계관의 특성을 확인할 수 있게 하는 핵심적 과제로 주목할 만하다.

2. 중화中和의 실현과 신독愼獨 · 예악禮樂

(1) 중화中和의 실천 조건으로서 신독愼獨 ―다산의 관심

《중용》의 첫머리에서는 '천天 · 성性 · 도道 · 교敎'의 도道 개념 구조를 제시한 데 이어서 그 도를 실현하는 기본 준칙으로서 먼저 '중화中和-중용中庸'의 개념을 제시하고 있다. 또한 '중화-중용'의 개

념에 앞서서 계신戒愼-공구恐懼와 신독愼獨을 그 실현의 조건으로 강
조하고 있다. 그것은 바로 계신-공구와 신독愼獨이 '중화-중용'이
나 '성誠'의 준칙과 어떻게 연결되고 있는지의 문제로 제기되고 있
는 것이다.

다산은 '중화中和'에 대해 "신독愼獨하는 군자가 마음을 간직하고
성품을 배양하는 지극한 공부요, 천하 모든 사람의 성정이 아니다
······미발未發의 '중中'과 이발已發의 '화和'는 오직 신독愼獨하는 사
람이 담당하는 것이다. 신독愼獨할 수 없는 사람은 미발未發한 때에
심술이 먼저 간사해지고, 이발已發한 뒤에도 행사가 또한 치우치니,
어찌 중화 두 글자를 이러한 사람에게 허락할 수 있겠는가?"[1]라고
하여, 신독愼獨이 중화를 실천하는 조건이 되는 것으로 확인하고 있
다. '중화'는 누구나 저절로 이룰 수 있는 것이 아니라 신독愼獨으로
인격적 수양이 갖추어진 경우에서 이룰 수 있는 높은 기준임을 강조
한다. 또한 다산은 신독愼獨이 중화를 이룰 수 있는 이유를 밝히면
서, "미발未發은 희·노·애·락의 감정이 아직 발동하지 않은 것이
지 마음의 지각과 사려가 아직 발동하지 않은 것은 아니다. 이러한
때에는 조심하고 공경하여 상제上帝를 힘써 섬겨야 하니, 항상 신명
이 방 속을 내려와 비쳐보는 듯 경계하고 삼가며 두려워하여 허물이
있을까 두려워할 것이다"[2]라고 하여, 미발未發의 상황이 감정만 발
동하지 않은 것일 뿐이지 지각·사려는 작용하고 있는 때로서 아무

<hr>

1) 《여전》[2], 권3, 6, '중용자잠', "愼獨君子存心養性之極功, 非通論天下人之性情也. ······未發
   之中·已發之和, 惟愼獨者當之, 不能愼獨者, 方其未發之時, 心術先已邪辟, 及其旣發之後, 行
   事又復偏陂, 安得以中和二字許之於此人乎."
2) 같은 곳, "當此之時, 小心翼翼, 昭事上帝, 常若神明照臨屋漏, 戒愼恐懼, 惟恐有過."

도 없이 홀로 있는 자리이지만 상제上帝를 마주하여 공경하고 섬기며 조심하는 자리임을 각성하라고 요구한다.

이처럼 상제 앞에서 두려워하고 신독愼獨하는 신앙적 공경심을 각성함으로써, "과격한 행위나 치우친 감정은 범할까 두려워하며 싹틀까 두려워하여, 그 마음을 지극히 공평하게 지키고 그 마음을 지극히 바르게 머물게 하여 바깥의 사물이 이르기를 기다린다면, 이것이 어찌 천하의 지극한 '중中'이 아니겠는가? 이러한 때에는 기뻐할 것을 보면 기뻐하고 노여워할 것을 보면 노여워하며 슬픔을 당하면 슬퍼하고 즐거움을 당하면 즐거워하여, 신독愼獨의 침잠된 노력으로 말미암아 일을 만나서 (감정의) 발동함이 절도에 맞지 않는 것이 없으니, 이것이 어찌 천하의 지극한 '화和'가 아니겠는가?"[3]라고 하여, 두려운 마음으로 신독愼獨함으로써 마음을 공평하고 정대하게 지키는 것이 '중中'이요, 신독愼獨으로 '중中'을 확립하여 감정이 절도에 맞게 되는 것이 '화和'임을 제시했다.

여기서 다산은 중화의 실현이나 신독愼獨의 실행은 수양된 군자만이 할 수 있는 것이요, 대중이 누구나 할 수 없는 것이라는 차별성을 분명히 지적하고 있다. 곧 그는 중인衆人의 경우 미발未發의 때에는 눈으로 보이지 않으면 경계하고 삼감이 없고 귀로 들리지 않으면 두려워함이 없어서 천도天道를 믿지 않고 천명天命을 두려워하지 않는 것이라고 지적한다. 또한 이러한 대중은 과격한 행위를 하게 되고 치우친 감정에 맡겨두어 희·노·애·락의 감정도 지나치거나 못

---

3) 같은 곳, "矯激之行, 偏倚之情, 惟恐有犯, 惟恐有萌, 持其心至平, 處其心至正, 以待外物之至, 斯豈非天下之至中乎, 當此之時, 見可喜則喜, 見可怒則怒, 當哀而哀, 當樂而樂, 由其有愼獨之潛功, 故遇事而發, 無不中節, 斯豈非天下之至和乎."

미치거나 치우치거나 기울어지는 데 빠져들게 되는 것으로 차별화시킨다. 따라서 "중中을 이루는 것은 신독愼獨이 아니면 불가능하고, 화和를 이루는 것도 신독愼獨이 아니면 불가능하니, 중용의 도는 신독愼獨이 아니면 불가능하다"[4]고 하여, 신독愼獨이 중화를 이루고 중용의 도를 행하는 필수적 조건임을 역설하고 있다.

나아가 다산은 중中·화和가 천하의 대본大本·달도達道라고 할 수 있는 것도 신독愼獨의 공부로 가능하다고 강조한다. 곧 "신독愼獨의 공부는 미발未發의 때에 중정中正을 세울 수 있어서, 천지를 자리잡게 하고 만물을 양육하는 공부의 기틀이 되니 천하의 대본大本이 아니겠는가?"라고 하고, "희·노·애·락의 감정이 발동하여 절도에 맞으면, 안으로 부자·형제의 자리에 있거나 밖으로 군신·붕우의 자리에 있거나, 나의 인仁을 행하지 않음이 없고 나의 의義를 행하지 않음이 없어서, 성대하게 사방으로 이르러 막을 수 없으니 어찌 천하의 달도達道가 아니겠는가?"[5]라고 하여, 신독愼獨의 공부로 중中을 세우면서 대본大本이 확보되고, 대본大本을 세운 위에서 적응함으로써 달도達道가 실현되는 것임을 해명하고 있다.

여기서 다산은 주자가 《중용혹문》에서는 중화를 신독愼獨에서 나오는 것으로 제시하면서, 《중용장구》에서는 이러한 생각이 없다는 차이점을 지적하고, 통속의 학자들이 《중용장구》의 견해를 따르면서 신독愼獨의 공부를 통해 중화가 이루어지는 사실을 모르게 되었

---

4) 《여전》〔2〕, 권3, 7, '중용자잠', "致中非愼獨不能也, 致和非愼獨不能也, 中庸之道, 非愼獨不能也."
5) 같은 곳, "愼獨之功, 能於未發之時, 立其中正, 以基位育之功, 其非天下之大本乎. ……喜怒哀樂, 發而中節, 則內之處父子昆弟, 外之處君臣朋友, 無往而不行吾之仁, 無適而不行吾之義, 沛然四達, 莫之夭閼, 豈非天下之達道乎."

다고 비평한다. 곧 다산은 "천명天命의 성性은 비록 성인과 어리석은 자가 같이 얻지만, '중화'의 두 글자는 덕을 이룸에 대한 아름다운 명칭이니 반드시 노력을 미루어 나간 다음에 내가 갖게 되는 것이다. 어찌 노력하기 전에 먼저 중화의 덕이 사람의 마음에 못박혀 있는 것이겠는가? 성인과 어리석은 자를 통틀어 논하면서 온갖 갈등이 어지럽게 일어나고 마침내 정리된 이치가 없게 되었다"[6]고 밝히고 있다. 그것은 '천명天命-성性'이 근원으로서 성인이나 범우凡愚에 공통적으로 주어지는 것과는 달리 '중화'는 노력으로 성취되는 덕德이라는 차이점을 대비시켜, 중화가 성인·군자의 인격에서 실현되는 준칙임을 밝히고 있는 것이다.

다산은 미발未發(中)·이발已發(和)에 관한 성리학적 해석의 다양한 문제를 비판적으로 검토하면서 자신의 입장을 일관되게 확인하고 있다. 곧 주자가 '미발未發'을《주역》(繫辭上)에서 말하는 '적연부동寂然不動'에 해당시키고, '중절中節'을 '감이수통천하지고感而遂通天下之故'에 해당시켜 체體·용用 구조로 설명하는 것을 거부하여, "《중용》의 미발未發·이발已發은 원래 신독愼獨하는 군자의 지성至誠함을 설명하는 것으로 시괘蓍卦에서 말하는 적寂·감感의 이치와는 비슷한 것이 없다"[7]고 비판하며, '중화'의 덕이 본래 신독愼獨에서 나온다는 것을 주자도《중용혹문》에서 밝혔음을 들어《중용혹문》의 견해

6)《여전》[2], 권3, 8, '중용자잠', "天命之性, 雖聖愚同得, 而中和二字, 乃成德之美名, 必用力推致而後, 乃爲吾有, 豈可於不用力之前, 先有中和之德, 釘著人心者乎, 通論聖愚則百藤千葛, 棼然以興, 卒無以擺理也."
7)《여전》[2], 권4, 6, '중용강의보', "中庸之未發已發, 原係愼獨君子至誠之說, 與蓍卦寂感之理, 無所髣髴."

를 지지하고 있다. 주자가 미발未發의 때에 공부가 있다고 언급하기도 하고 없다고 언급하기도 한 사실에 대해서도, "성인은 신독愼獨으로 마음을 다스려 이미 십분의 자리에 이르렀지만 다만 사물을 만나지 않아서 아직 발용發用하지 않으면, 이런 때를 '중中'이라 한다"[8]고 하여, 성인이 신독愼獨으로 마음을 다스리는 공부가 있지만 마음이 아직 바깥의 사물로부터 자극을 받지 않아서 발동하지 않고 있는 때가 '중中'임을 강조함으로써, 미발未發의 때에도 노력하는 공부가 있음을 밝혔다. 나아가 그는 주자가 미발未發은 물〔水〕이나 거울〔鏡〕의 체體요, 이발已發은 물이나 거울의 용用이라 언급하는 데 대해서도, 명경지수明鏡止水의 이론은 불가佛家에서 나온 것으로 심체心體가 허명虛明하고 정적靜寂함을 말하는 것으로서, 아무 사려도 없고 계신戒愼·공구恐懼도 없는 부동의 상태임을 지적하고, 이와 달리 성인은 미발未發의 때에 계신戒愼·공구恐懼하는 사실을 강조하여 정면으로 거부하였다.

(2) 중화의 실현과 예악禮樂―오규 소라이의 관심

오규 소라이는 정情과 성性의 개념에 대한 인식에서 다산과 관심의 방향이 달라지면서 미발未發-중中과 이발已發-화和에 대한 해석에서도 뚜렷한 차이를 보인다. 먼저 그는 희·노·애·락을 심心으로 말하는 경우와 정情으로 말하는 경우가 있음을 구분하면서,《중

---

8)《여전》〔2〕, 권4, 7, '중용강의보', "聖人以愼獨治心, 已到十分地頭, 特不遇事物, 未有發用, 當此之時, 謂之中也."

용》의 경우는 정情으로 말하는 것이라고 확인한다. 곧 '심心'으로 말하는 것은 한 사람의 마음에서 그 발동하는 것을 가리켜 말하는 것으로, 〈악기樂記〉편에서 말하는 애심哀心·악심樂心·희심喜心·노심怒心·경심敬心·애심愛心 등이라고 한다. 그러나 정情으로 말하는 것은 '정情'은 성性이 발현된 것으로, 사람마다 성性이 다르기 때문에 그 발현되는 것도 혹은 희喜가 많거나, 혹은 노怒나 애哀나 락樂이 많은 등 각각이 다른 것을 '정情'이라 한다고 밝힌다.[9] 오규 소라이는 정情이 성性의 발현이라고 인식하는 점에서는 주자나 다산의 견해와 일치하지만, 성性이 사람마다 달라서 정情의 차이가 드러난다는 성性 개념은 그만의 독자적인 견해를 보이고 있다.

이에 따라 오규 소라이는 "희·노·애·락의 미발未發이란 사람이 태어나는 처음의 어린아이 때를 가리키는 것으로, 그 성질은 다르지만 (그 다름이) 아직 드러나지 않은 것을 말한다"라고 하고, 또한 "사람에게는 성性과 습習이 있는데 성性과 습習은 서로 원인이 되므로 분변하지 않을 수 없으니, 습習으로써 성性을 이루기 때문이다. 그러므로 성性은 반드시 사람이 태어나는 처음에 아직 습習이 있지 않을 때에 논한다"[10]고 하여, 습習으로 성性이 형성되기 이전인 태어나는 처음에 어떤 편향성도 드러나지 않는 성性을 정情이 미발未發한 '중中'으로 파악하고 있다. 또한 "발하여 모두 절도에 맞는다는 것은 이

---

9) 《중용해》, 6쪽, "以心言之者, 就一人之心, 指其所發動以言之, 如樂記所謂哀心·樂心·喜心·怒心·敬心·愛心, 是也. 情者, 性之發見者也, 此篇主性, 故以情言之, 性人人殊, 故其所發見, 或多喜, 或多怒, 或多哀, 或多樂, 亦各不同, 是所謂情也."
10) 같은 곳, "喜怒哀樂之未發者, 指人性之初, 嬰孩之時, 其性質之殊, 未可見以言之, 凡人有性有習, 性與習相因, 不可得而辨焉, 習以成性故也, 故論性必於人生之初未有習之時."

미 자란 다음에 성性의 이품異稟이 이미 드러나 만가지로 차이가 있지만 진실로 배울 수 있으면 모두 예악禮樂의 절도에 맞을 수 있다”[11]고 하여, ‘절도에 맞는다’(中節)는 것은 성性에 차이가 있음에도 불구하고 배워서 제도적으로 주어져 있는 예악의 절도에 맞게 하는 것이라고 제시한다. 그것은 성性을 근원으로 삼아 따르는 것이 아니라 성性의 차이를 절제하여 예악의 법도에 맞추는 것으로서, 다산이 맹자의 입장에 더욱 접근하고 있다면, 오규 소라이는 순자의 입장에 더욱 접근하고 있는 것으로 보인다.

다산과 오규 소라이는 인간과 사물의 성性이 다르다는 견해에서는 일치한다. 그러나 다산은 인간의 성性은 선을 기호하는 것으로 공통의 것이라 보는 반면에 오규 소라이는 인간의 성性도 다양한 차이가 있다는 차별성을 중시한다. 이에 따라 다산이 성性의 근원성을 중시하여 ‘중中’이 천명天命-성性을 따르는 것이라고 보아서 신독愼獨의 공부를 강조하고 있다면, 오규 소라이는 ‘중中’을 성性의 차별성이 드러나지 않는 상태임을 강조한다. 또한 ‘화和’에 대해서도 다산은 천명天命-성性을 실현하기 위해 신독愼獨의 공부를 통해 감정이 절도에 맞게 조화를 이루는 것으로 인식하고 있다면, 오규 소라이는 성性의 차별성에 따라 예악의 제도적 질서와 규범에 일치되기를 요구하고 있다.

오규 소라이는 중中·화和를 합쳐서 ‘중화기中和氣’라 하여, 중中하고 화和한 기氣의 상태로 제시한다. 또한 그는 중中·화和를 나누어

11) 《중용해》, 6-7쪽, “發而皆中節者, 謂旣長之後, 性之異稟旣發, 有萬不同, 苟能學焉, 則皆可以 中禮樂之節也.”

서 '중中'은 사물이 가운데 있어서 옮겨갈 수 있음을 비유한 것이라 하고, '화和'는 화순和順하여 서로 어그러지지 않는 것이라고 정의한다.[12] 여기서 새는 날지만 물에 잠길 수 없고, 물고기는 물에 잠기지만 날 수 없는 것처럼 사물은 모두 제각기 다른 성性(성질)을 부여받았다 하고, 사람은 이와 달리 비록 다른 성性을 타고났더라도 서로 친애하고 서로 돕고 배양하는 공통의 성性이 있다고 하며, 사람의 이러한 공통의 성을 '중기中氣'라 하여 주목한다. 곧 그는 "이 중기中氣가 시키는 바는 어린아이 때에도 이미 드러난다. 성인은 성性이 같은 것을 보고서 '중용'의 덕을 세워 천하의 사람이 모두 힘써서 기틀로 삼게 한다. 그러므로 천하의 대본大本이라 한다" 하고, 또한 "성性은 다르게 타고나지만 이미 발현한 다음에 예악의 절도에 맞을 수 있는 것은 화기和氣가 그렇게 시킨 것이다. 성인은 성性의 다름을 보고서 예악의 도를 세워 천하의 사람이 모두 말미암아 덕德을 이루게 하니, 그러므로 천하의 달도達道라고 한다"[13] 하여, 중中이 천하의 대본이 되고 화和가 천하의 달도達道가 되는 것은 인간의 성性이 서로 같은 점과 다른 점에 따라 실현해야 할 표준으로서 준칙을 이루는 것이라 보고 있다.

나아가 오규 소라이는 치중화致中和를 "예악의 교敎가 천하에 크게 행해지는 것이요 민속民俗이 변하여 이에 화락하니 천지와 중화의 기氣를 감응하여 부른다"[14]고 하여, 중화를 이룬다는 것은 예악의

---

12) 《중용해》, 7쪽, "中, 譬諸物之在中央, 頗可移動. ……和者, 和順而不相悖也."
13) 같은 곳, "是中氣之所使, 旣見之於嬰孩之際, 聖人有睹乎性之同, 而立中庸之德, 俾天下之人 皆務以爲基焉, 故曰天下之大本也. ……性之異稟, 旣發之後, 所以能中禮樂之節者, 和氣之所 使也, 聖人有睹乎性之異, 而立禮樂之道, 俾天下之人皆由以成德焉, 故曰天下之達道也."
14) 같은 곳, "致中和者, 謂禮樂之敎大行於天下, 民俗於變時雍, 以感召天地中和之氣也."

법도가 사회에 시행됨으로써 사회 전체가 화합하여 중화의 기氣를
불러일으키는 것으로 제시한다. 따라서 그는 성인의 도가 천하를 편
안하게 하는 것임을 강조하면서, 송유宋儒들이 불교나 노장에 빠져
한 사람의 마음에서 정밀하고 은미한 이치를 찾아 중화를 해석하는
것은 잘못된 것이라고 지적한다. 곧 그는 성리학에서 '미발未發'을
한 생각이 아직 발동하지 않은 때라고 언급하고 있는 것에 대해, "한
생각이 아직 발동하지 않은 때에 공부하는 것으로 응접하는 근본을
삼는 것은 마음이 죽은 것이 아니므로 어찌 할 수 있는 것이겠는
가?…… 나의 한 생각이 발동함에 지나치거나 못 미침이 없이 절도
에 맞는 것으로 어찌 천하의 달도達道라고 할 수 있겠는가?"[15]라고
하여, 불가능한 일이라고 비판한다.

또한 오규 소라이는 미발未發·중절中節에 대한 송학宋學의 해석은
자신이 행할 수도 없는 것을 입으로 말하여 남에게 강요하는 것이라
고 하며, 중화의 덕을 극도로 미루어나가 자리잡게 하고(位) 양육하
는(育) 공功을 이루려 하는 것도 공허한 담론이요, 계구戒懼를 '천지
위언天地位焉'에 배당하고, 신독愼獨을 '만물육언萬物育焉'에 배당하
는 것도 웃음거리라고 비판한다. 나아가 그는 송학에서 제시하는
중·화 개념의 해석에 대해, "요컨대 아래위가 서로 이어지지 않고
앞뒤가 서로 상응하지 않으며, 별도로 비費·은隱, 대덕大德·소덕小
德, 천도天道·인도人道 등 각종의 명목으로 연결시켜 스스로 맥락이
관통한다고 말하지만, 나는 고서古書에 이러한 것이 있는지 알지 못

---

15) 《중용해》, 8쪽, "用功於一念未發之際, 以爲應接之本, 心非死物, 何以能爲哉. ……我一念之
發, 中於無過不及之節, 何以爲天下之達道也."

하겠다”[16]고 하여, 성리학에서 중·화를 심성 내면적 현상으로 해석하는 것을 단호하게 거부하고 있다. 그만큼 오규 소라이는 송학을 비판하는 점에서 다산과 공통된 입장을 취하고 있지만, 중화를 개인적 내면의 마음으로 인식하는 입장을 정면으로 거부하고, 예악의 교화가 사회적으로 실현되어 조화를 이루는 사회적 질서로 보는 점에서 다산과 뚜렷한 차이를 보이고 있다.

3. 중용의 개념과 실현 양상

(1) 중용의 개념

 '중화中和'와 '중용中庸'의 관계에 대해, 유씨游氏는 성정性情으로 말한 것이 '중화'이고, 덕행으로 말한 것이 '중용'이라고 구분했으며, 주자는 '중용'의 '中'은 실제로 중화의 뜻을 겸한다고 하여 '중용'의 '中'자 속에 '중화'를 포괄했다. 이에 대해 다산은 《주례》(大司樂)에서 중中·화和·지祗·용庸을 사덕四德으로 제시한 사실을 들어, 유씨의 설說처럼 조합할 수 없음을 지적했다. 곧 "'중中'은 중화中和요, '용庸'은 항상함이 있는 것이다. 아직 발동하지 않아서는 '중中'을 붙잡고, 이미 발동하여서는 절도에 맞는 것이니, '중화中和' 두

---

16) 같은 곳, "要之上下不相接, 前後不相應, 則別爲費隱, 大小德, 天道人道, 種種名色, 以連綴之, 自謂是脉絡貫通者, 吾又未知古書有如是者乎否也."

글자는 합하여 '중中' 한 글자가 될 수 있다는 것은 불가하지 않다"[17]고 하여, 다산은 주자의 견해를 받아들이고 있다.

또한 다산은 '중中·용庸'의 개념을 정의하면서, '중中'을 '치우치지도 않고 기울어지지도 않고 지나침과 못 미침도 없는 것'(不偏不倚無過不及)이라고 언급하여 주자의 해석을 그대로 받아들이고 있다. 그러나 '용庸'자에 대해서는 경전에 명확한 해석이 없음을 지적하고, 주자가 '평상지리平常之理'로 해석하는 것은 '지극한 덕'(至德)이 될 수 없으므로 합당하지 않은 것이라고 부정한다.[18]

다산은 '중용中庸'이라는 두 글자가 공자에 의해 창출된 것이 아니라 요순堯舜 이래로 전해 온 것이라고 확인한다. 곧 《서경》(皐陶謨)에서 고요皐陶가 제시한 구덕九德(寬而栗, 柔而立, 愿而恭, 亂而敬, 擾而毅, 直而溫, 簡而廉, 剛而塞, 彊而義)의 조목이 모두 이쪽에 치우친 것이 아니라 저쪽을 겸한다는 의미를 지닌 것으로, 구덕九德이 '中'이요, 구덕九德의 조목을 제시하고 그 끝에 '창궐유상彰厥有常'(그 떳떳함이 있어서 빛난다)이라고 언급한 '상常'(떳떳함)이 바로 '용庸'을 가리키는 것이라고 제시한다.[19] 그만큼 중용은 요가 순에게 전해 주고 순이 우에게 전해 준 '윤집기중允執其中'의 훈계와 고요가 제시한 '중용'의 학문이 탕과 문왕에게 전해지고 주공을 거쳐 공자에 이르렀던 것으로 본다. 여기서 그는 '중中'의 덕德이 반드시 '상常'이 있

---

17) 《여전》[2], 권4, 10, '중용강의보', "中者中和也, 庸者有常也, 未發而執中, 旣發而中節, 則中和二字, 合之爲中一字, 未爲不可."
18) 《여전》[2], 권3, 8, '중용자잠', "惟庸字之義, 未有明解, 若云平常之理, 則聖人以平常之理, 名曰至德, 亦恐未然."
19) 같은 곳, "皐陶陳九德之目, ……要皆不偏於此而兼之如彼之意, 末乃結之曰彰厥有常吉哉, 則九德者中也, 有常者庸也."

는 것을 귀하게 여기는 이유를 밝혀, "사람이 붙잡아 지키는 덕德은 비록 지정至正하고 대중大中한 것이지만, 만약 그 사람이 아침 저녁으로 변하고 달마다 해마다 달라지면 마침내 덕德을 이룬 군자라 할 수 없으니, 반드시 굳게 붙잡고 변함없이 지켜서 영구히 달라지지 않은 다음에라야 바야흐로 그 덕德이 됨을 믿을 수 있다"[20]고 하여, '중中'의 덕을 실현하기 위한 조건으로 항구하게 지키는 '상常' 곧 '용庸'이 요구됨을 강조하고 있다.

나아가 다산은 '상常'에 항상恒常과 경상經常과 평상平常의 세 가지 뜻이 있음을 제시하면서, "불서인《지월록指月錄》에서 조주화상趙州和尙이 남천南泉을 참배하고 '무엇을 도라고 합니까?' 하고 묻자, 남천이 '평상심이 도이다'라고 말하였으나, 옛 경전에는 이러한 설명이 없다. …… '용庸'이란 '항상恒常'이요 '경상經常'이지, 어찌 '평상'을 말한 것이겠는가"[21]라고 하여, '용庸'을 '항상恒常' 또는 '경상經常'의 불변적 지속성으로 강조함으로써, 주자가 '용庸'을 '평상지리平常之理'라고 해석한 것을 불교적 인식에서 근원을 찾은 것으로 비판했다.

특히 다산은《중용》에서 제시한 강강에 주목하여, "'강강'이란 항상함이 있게 하는 방법이요 오랫동안 간직하는 방법이다. '강강'하지 않으면 이미 중립하여 의지함이 없음을 이룰 수 없고 죽음에 이를 때까지 변하지 않음을 이룰 수 없으니, '강강'의 덕은 중용의 지

---

20)《여전》[2], 권3, 9, '중용자잠', "人之秉德, 雖至正大中, 若其人朝變夕改, 月異歲殊, 則卒無以
　　爲成德之君子, 必固執恒守, 永久不淪而後, 方可以信其爲德."
21)《여전》[2], 권4, 10, '중용강의보', "惟佛書指月錄, 稱趙州和尙參于南泉, 問曰如何是道, 泉曰
　　平常心是道, 古經無此說也, …… 庸也者, 恒常也經常也, 豈平常之謂乎."

극한 요령이다"[22]라고 하여, '중용'의 실현 방법에서 '강强'이 있음으로써 항상하게 이룰 수 있음을 강조하여, '강强'을 '항상'의 실천 방법으로 제시하고 있다.

이에 비해 오규 소라이는 '중용'을 정의하여, "중용이란 덕행의 명칭이다. 지나침이나 못 미침이 없는 것을 '중中'이라 하고, '평상平常'하여 백성에게 행할 수 있는 것을 '용庸'이라 한다. 그러나 성인이 명한 것으로부터 나와서 행하는 것이니, 그 실지는 효제충신의 종류를 가리키는 것으로 덕행이 심히 높지 않아서 쉽게 행할 수 있는 것이다"[23]라고 하여, 중용의 덕행을 일상적 기본 덕목으로 언급했다. 또한 오규 소라이는 "'중'은 '도'이고, '중용'은 '덕德'이다"(中者, 道也, 中庸者, 德也)라고 하여, '중中'을 기준으로 삼아 실천하여 이루는 '덕德'으로서 '중용' 개념을 제시하기도 한다. 여기서 오규 소라이가 '용庸'을 '평상平常'으로 해석하는 점에서는 주자의 견해와 같다고 할 수 있지만, 평상平常하여 백성에게 쉽게 행할 수 있는 구체적 실천 규범으로 인식한 점에서는, '평상지리平常之理'라고 하여 '이理'로 해석하는 주자의 견해와는 분명한 차이를 보여준다.

곧 오규 소라이는 '중용'의 본래 의미에 대해, "지나치거나 못 미침이 없고 평상平常하다는 것은 인정人情에 가까워서 사람이 모두 기뻐하는 것이므로, 공자는 앞에서 이미 '중용을 선택한다'는 말이 있었다. 선택한다고 말하는 것은 사람이 한 마디 말을 하고 한 가지 일

---

22) 《여전》[2], 권3, 12, '중용자잠', "强者所以有常也, 所以持久也, 不强則旣不能中立而不倚, 亦不能至死不變, 强之爲德, 乃中庸之至要也."
23) 《중용해》, 9쪽, "中庸者, 德行之名, 以其無過不及謂之中, 以其平常可行於民謂之庸, 然是自聖人命之者爲爾, 其實指孝弟忠信之類, 德行之不甚高而易行者也."

을 행하는데 반드시 남이 이미 말하고 행동한 것에 나아가 그 중용을 선택하는 것이다"라고 하여, '중용'이 누구나 좋아하여 따를 수 있는 평상平常한 것이요, 일상적 말과 행위에서 선택할 수 있는 것임을 강조한다. 이에 따라 그는 후세 유자儒者들의 '중용' 인식에 대해, "'이理'를 귀하게 여겨 근거 없이 여러 억측을 가벼이 취하여, 멋대로 말하고 망령되이 행하고서, 익숙한 것을 '상常'으로 삼는다"[24]고 하여, 인정에 가까워 평상平常한 것으로 누구나 기꺼이 따를 수 있는 '중용'을 옛 성인이 제시한 것이라고 한다. 따라서 그는 이理를 추구하여 억측에 빠진 것을 송유宋儒의 '중용' 개념으로 비판하여 자신의 입장과 대비시키고 있는 것이다.

(2) 중용의 실현 양상

주자는 '시중時中'의 개념을 해석하면서 "때에 따라 '중中'에 머문다"(隨時而處中)고 말했다. 이에 대해 다산은 "시중時中이란 도가 잠시도 떠날 수 없는 것이다. 군자는 계신戒愼·공구恐懼하여 신독愼獨의 노력을 변함없이 행하니, 그러므로 마음에 머물면 중정中正하지 않음이 없고 일에 머물면 화평和平하지 않음이 없어서 때에 따라 '중中'을 얻고 '중中'하지 않은 때가 없다"[25]고 하여, '때에 따라 중中에 머무는 것'이 아니라 '마음에 머물어서 중中하지 않음이 없는 것'으

---

24) 같은 곳, "蓋無過不及而平常, 是人情所近而人皆喜之, 故孔子而前, 已有擇中庸之言. 擇云者, 人欲發一言行一事, 則必就人之所已言已行者, 擇其中庸者也, ……後世儒者, 貴乎理而無稽, 率取諸臆, 而肆言妄行, 習以爲常."
25)《여전》〔2〕, 권3, 9, '중용자잠', "時中者, 道不可須臾離也, 君子戒愼恐懼, 常行愼獨之工, 故處心不敢不中正, 處事不敢不和平, 隨時得中, 無時不中."

로 제시한다. 또한 다산은 '시중時中'을 군자의 때에 따른 '중中'을 통론統論한 것이라 하고, '집중執中'은 군자가 때마다 노력하는 방법이라고 대비해 설명한다.[26] 여기서 오규 소라이는 "옛 경전에서 '중中'은 평성平聲으로, 현자賢者가 굽혀서 취하고 불초자不肖者가 발돋움하여 이르는 것으로 극치를 삼으니, 본래 '때에 따라 중에 머문다'는 뜻은 없다. 후세의 유자들이 '시중時中'의 뜻을 해석한 것은 옛 경전에서는 '時'자로 다 발휘되고 다시 '中'자를 보탤 필요가 없는 것이므로 거성去聲이 이것이다"[27]라고 하여, 옛 경전의 '중中'은 지켜야 할 기준(極)이 되는 것이지만, 후세 유학자들의 '시중時中'에서는 '중中'이 '시時'에 예속되는 것이라고 구별함으로써, 주자가 시중時中을 '때에 따라 중中에 머무는 것'이라 해석하는 것을 거부한다. 곧 다산도 '시중時中'에서 구체적 상황 속에서 확보되는 '중中'을 강조하고, 오규 소라이도 '시時'보다 '중中'이 기준이 됨을 강조하는 면에서 공통된 입장을 보이고 있다.

"양쪽 극단을 잡아서 백성에 그 중中을 쓴다"(執其兩端, 用其中於民)는 《중용》의 언급에 대해, 다산은 "중中과 양쪽 극단은 모두 이미 순舜 자신의 마음속에 먼저 있어서 이것으로 권형權衡과 척도를 삼는다. 이에 이 세 가지를 잡은 사람은 남의 말을 살피면서 양 극단을 범한 것은 제거하고 중中에 합치하는 것은 쓴다"[28]고 하여 순이 실제

---

26) 《여전》[2], 권4, 66, '중용강의보', "孔子所謂君子而時中, 統論君子隨時之中也, ……乃若執中, 則君子之所以致力於每時者也."
27) 《중용해》, 9쪽, "凡古書所謂中平聲者, 皆謂賢者可俯就, 而不肖者可企及者, 卽極也, 本無隨時處中之意矣, 後世諸儒所解時中之義, 在古書則時字盡之, 不待更加中字, 故去聲爲是."
28) 《여전》[2], 권3, 11, '중용자잠', "中與兩端, 皆已先在舜自己心內, 以之爲權衡尺度, 於是執此三者, 以察人言, 其犯於兩端者去之, 其合於中者用之."

로 중용을 적용시키는 방법으로서 '중中과 양쪽 극단'을 판단 기준으로 삼고 있음을 지적한다. 이에 대해 오규 소라이는 "성인은 천하의 마음을 마음으로 삼으니, 만민이 모두 힘쓸 수 있고 쉽게 할 수 있는 것을 선택하여 베풀어 쓴다. 현자가 굽혀서 취하고 불초자가 발돋움하여 이르게 하니, 이것을 백성에게 중中을 쓰는 것이라 한다"[29]고 하여, 성인이 시행하는 중용의 방법은 모든 사람이 쉽게 따를 수 있는 것임을 강조했다. 바로 이 점에서 오규 소라이는 송유宋儒들이 '중中'을 정미精微의 극치라 하고 이理라 해석하는 것은 백성에 쓰려고 해도 백성이 할 수 없는 것이라 하여 비판한다. 곧 다산은 '중中·양단兩端'을 중용의 실천 기준으로 확인하는 데 주의를 기울이고 있다면, 오규 소라이는 백성이 쉽게 할 수 있는 것을 백성에게 쓰는 중용의 기준으로 강조하는 점에서 차이를 보이고 있다.

《중용》에서 말한 '소은행괴素隱行怪'에 대해, 주자는 '소은素隱'을 '색은索隱'으로 고쳐야 한다고 보았지만, 다산은 소은素隱을 "까닭없이 은거하는 것"(無故而隱居)이라 해석하여 잘못된 글자가 아님을 확인한다. 곧 '은隱'에는 까닭없는 은거와 의리에 맞는 은거가 있음을 구별하면서, '색은索隱'에 대해서도 《역易》(繫辭上)에서 성인이 힘쓰는 지극한 공부로 언급하고 있는 사실을 들어 '색은索隱'을 괴이한 일로 볼 필요가 없다고 지적한다.[30] 여기서 오규 소라이는 '소은素隱'을 '색은索隱'으로 고친 주자의 입장을 받아들이고, "도는 선왕

---

29) 《중용해》, 12쪽, "聖人乃以天下之心爲心, 故擇夫萬民所皆可勉而易能者, 以施用之, 使賢者俯而就之, 不肯者企而及之, 是謂之用其中於民."
30) 《여전》[2], 권4, 15-16, '중용강의보', "素隱者, 無故而隱也, ……索隱者, 聖人之所務也, 孔子自作易傳, 以索隱爲極功, 至於此章, 以索隱爲怪事, 有是理乎."

先王의 도이니, 선왕의 도를 준봉遵奉하여 행하면 자연히 색은행괴의 일이 없을 것이다"[31]라고 하여, 선왕의 도를 받들어 행하는 것으로 색은행괴를 하지 않는 방법을 제시하고 있다. 그만큼 다산의 해석이 경전의 원문을 충실히 받아들이면서 정밀한 분석을 하고 있다는 사실을 보여주고 있다.

'비費·은隱'에 대해 주자는 비費를 '용用의 넓음'(用之廣)이라 하고, 은隱을 '체體의 희미함'(體之微)이라 해석하는데, 다산은 비費를 '흩어서 큰 것'이라 하고, 은隱을 '닫혀서 희미한 것'이라 하여 주자와 해석을 달리한다.[32] 다산은 비費와 은隱의 어느 쪽에나 체體·용用이 있음을 강조함으로써, 주자가 은隱과 비費를 체體·용用에 나누어 배당하는 견해를 거부하며, 비費는 천하도 실을 수 없는 큰 것이요, 은隱은 천하도 부술 수 없는 작은 것이라 하여 '비은費隱'은 도가 떠날 수 없다는 뜻을 말하는 것이라고 했다.[33] 또한 다산은 '중용'을 인도人道라 하고 '비은費隱'을 천도天道라 하여, 중용과 비은을 대비시킴으로써, 수도修道하는 사람은 천天을 알지 않을 수 없으므로 '중용'을 말한 다음에 이어서 '비은'費隱을 말하고 있지만 그 도에서는 일치하는 것이라고 제시한다.[34] 그만큼 '비은費隱'을 '중용'의 실천을 위한 기준으로 받아들이고 있는 것이다.

---

31) 《중용해》, 16쪽, "道者, 先王之道也, 遵奉先王之道而行之, 自然莫有索隱行怪之事也."
32) 《여전》[2], 권3, 13, '중용자잠', "費者, 散而大也, 隱者, 悶而微也."
33) 《여전》[2], 권4, 16, '중용강의보', "天道布散處, 有體有用, 其微密處, 亦有體有用……費隱二字, 卽道不可離之意也, 何則. 費者, 卽天下莫能載之大也, 其大無外, 隱者, 卽天下莫能破之小也, 其小無內."
34) 《여전》[2], 권4, 17, '중용강의보', "中庸者, 人道也, 費隱者, 天道也, 修道者, 不可以不知天, 故先言中庸, 而繼言費隱, 雖各一義, 其道則無二也."

이에 비해 오규 소라이도 '비費'를 '拂'(불, 거스르다)과 같은 뜻이라 하고, 정현鄭玄이 '佹'(궤, 어그러지다)로 뜻을 풀이한 사실을 들면서, '비은費隱'은 반드시 어그러진 다음에 숨음이 있는 것이 군자의 상도常道임을 말하는 것이라 해석하여, 주자의 해석에 반대한다.[35] 여기서 오규 소라이는 "주희朱熹가 고문사古文辭에 어둡기 때문에 옛 경서를 해석하면서 그 말에 순응하여 작자의 마음을 궁구할 수 없었으니, 망녕되게 자신이 지어낸 성리설로서 억지로 해석한 것이 그가 지은 비은費隱의 학설인데, 비록 정묘精妙한 것 같으나 마침내 노장이나 불교의 학설에 빠지고 말았다"[36]고 주자의 성리설에 근거한 비은費隱의 해석을 비판하였다. 특히 오규 소라이는 주자가 고문사에 대한 이해 부족으로 작자의 의도를 몰이해하고 있음을 강조하고 있는 것이다. 이처럼 다산과 오규 소라이가 주자의 '비費·은隱'에 대한 해석을 거부하면서도 체體·용用 구조로 분석하는 것을 거부하는 다산의 입장과 '비費' 자의 고의古義에 따른 해석과 어긋난다는 오규 소라이의 비판적인 입장은 견해 차이가 뚜렷하다.

《중용》에서는 '중용'의 도가 실현되는 범위로서 '부부'와 '성인聖人'을 대비시켜 언급하고 있는데, 주자는 '부부의 어리석음'을 '부부가 방에 머무르는 사이'(夫婦居室之間)라고 해석했다. 그러나 다산과 오규 소라이는 여기서 말한 '부부'란 단지 필부필부匹夫匹婦나 우부우부愚夫愚婦를 가리키는 것일 뿐이라 하여 주자의 해석을 거부하고 있다. 또한 다산은 "군자의 도는 곧 천도이니, 그 흩어진 곳에

---

35)《중용해》, 16쪽, "費, 拂同, 鄭玄訓佹……古言可見已, 言必有所違拂而後隱, 是君子常道也.
36)《중용해》, 18쪽, "朱熹昧乎古文辭, 故其解古書, 不能順其辭以究作者之心, 妄以其所自創性理之說, 强爲之解, 是其所作爲費隱之說, 所以雖似精妙, 卒陷於莊氏佛氏之說也."

서 보면 그 이치가 현저하여 우부愚夫도 모두 알고 우부愚婦도 할 수 있지만, 그 그윽하고 닫혀 있는 곳에서 말하면 그 깊은 속이 미묘하여 비록 성인이라도 알지 못하고 할 수 없는 것이 있으니, 이것이 천도다"[37]라고 언급한다. 곧 천도의 지극히 현저함과 지극히 미묘함의 양극을 다 드러내어 제시하는 것으로 인식하고 있는 것이다.

이에 비해 오규 소라이도 "선왕의 도는 갖추지 않음이 없으니 그 일단으로 말하면 비록 지극히 어리석고 못난 사람도 모두 생각하지 않아도 얻고 힘쓰지 않아도 알맞게 되는 것이다. 이것은 도가 성性을 따라서 베풀어졌기 때문이다. 그 '지극한 곳에 이른다'는 것은 광대廣大 · 정미精微 · 고명高明이 모두 갖춘 것이다. 선왕이 제시한 예악의 도는 여러 성인을 거치면서 그 심력心力과 지교知巧를 다 발휘하여 이룬 것이니, 비록 공자 같은 성인이라도 알지 못하고 할 수 없는 것이 있다. 그러므로 반드시 배운 다음에 알고 할 수 있다고 한다"[38]고 언급했다. 곧 선왕의 도에서 가장 비근하여 우부우부愚夫愚婦도 알 수 있는 것은 성性을 따라 제시되었기 때문이라 하며, 가장 정미하고 고명하여 성인도 다 알 수 없는 것은 예악禮樂의 도로서 제도로 확인하고 있다.

《중용》에서 "연비려천鳶飛戾天 어약우연魚躍于淵"의 《시詩》(大雅:旱麓)를 인용하고 상 · 하(천 · 지)를 살핀다(察)는 뜻을 언급했는데, 다

---

37) 《여전》〔2〕, 권3, 13, '중용자잠', "君子之道, 卽天道也, 自其布散處而觀之, 則其理著顯, 故愚夫皆知, 愚婦能行, 自其幽悶處而言之, 則其奧微妙, 故雖聖人亦有所不知不能, 此天道也."

38) 《중용해》, 17쪽, "先王之道, 無所不備, 故以其一端言之, 則雖至愚不肖之人, 亦皆有不思而得, 不勉而中者, 是道率性而設故也. 及其至也者, 謂廣大 · 精微 · 高明悉備者也, 蓋先王禮樂之道, 歷衆聖人, 竭其心力知巧以成焉者, 故雖聖人若孔子者, 亦有所不知不能焉, 故必學焉而後知之能之."

산은 '찰察'을 '살펴보는 것'(審視)이라 해석하고, "천도天道는 지극히 숨겨져 있고 희미하나 반드시 상·하를 살펴보아서 그 은미隱微한 것을 살핀 다음에 그 조화의 오묘함이 드러나고 뚜렷하게 된다"[39]고 하여, 천도의 조화를 그 은미한 자취까지 살피는 것이라 해석하고, 이러한 입장에서 주자의 견해를 적극적으로 받아들이고 있다. 그러나 오규 소라이는 이와 달리 "찰察이란 밝히는 것(明)이니, 환하게 드러나고 밝게 나타나는 것을 말하며, 모두 예악禮樂의 활용이 천지에 퍼져 있음을 말한다. 주희는 선왕의 도가 예악禮樂임을 알지 못하였으므로 여기에 이르러 설명이 궁색하게 되었다"[40]라고 하여, 도가 예악禮樂의 제도로 드러나는 것임을 강조하여 은미함의 근원적 세계(所以然)는 견문의 미치는 바가 아니라는 주자의 해석을 비판했다. 이처럼 오규 소라이는 성인聖人의 도를 '예악禮樂'이라는 제도적 형식으로 확인하는 일관된 입장을 보여주고 있는 것이다.

4. 성誠의 실현 근거와 양상

(1) 성誠의 실현 근거—신독愼獨과 귀신鬼神

'성誠'은 '중화-중용'과 더불어 중용의 도를 실현하는 기준의 법칙이 되는 두 중심축이라 할 수 있다. 이러한 '성誠' 개념을 해명하

---

39) 《여전》[2], 권3, 14, '중용자잠', "天道至隱至微, 必上下審視, 察其隱微, 然後其造化之妙, 乃見乃顯."
40) 《중용해》, 19쪽, "察, 明也, 謂昭著章明也, 皆言禮樂之用蟠乎天地也, 朱熹不知先王之道爲禮樂, 故至于是而其說窮矣."

기 위해서는 먼저 신독愼獨 및 귀신과의 연관성을 주목해야 한다. 신독愼獨의 실천이 '성誠'을 확보할 수 있는 기반이라면, 귀의 존재는 '성誠'이 성립하기 위한 근원으로 인식될 수 있는 것이다.

1) 신독愼獨과 성誠

다산은 경계하고 삼가하는(戒愼) 자리인 '볼 수 없는 것'(不睹)이란 하늘의 실체요, 두려워하는(恐懼) 자리인 '들을 수 없는 것'(不聞)이란 하늘의 소리라고 한다.[41] 주자는 볼 수 없고 들을 수 없는 것을 《중용혹문》에서는 자신이 보고 들을 수 없는 것이라고도 하고, 남들이 보고 들을 수 없지만 자기만은 홀로 보고 들을 수 있는 곳이라고도 했다. 이에 대해 다산은 주자의 두 가지 해석을 모두 부정하고, '볼 수 없고 들을 수 없다'는 것은 감각적 대상을 넘어선 초월적 존재인 하늘을 가리키는 것이라고 밝히고 있다. 곧 다산은 "하늘의 영명함은 사람의 마음에 직접 소통하니, 숨겨도 살피지 못함이 없고 은미하여도 밝히지 못함이 없으며, 이 방을 내려와 비추고 날로 이곳을 감시하고 있으니, 사람이 진실로 이를 안다면 비록 대담한 자라도 경계하며 삼가고 두려워하지 않을 수 없을 것이다"[42]라고 하여, 하늘이 인간을 내려다보고 감시하는 것을 각성함으로써 두려워하는 것임을 강조한다. 따라서 다산은 감추어 있는 것보다 잘 드러나는 것이 없고(莫見乎隱) 미미한 것보다 뚜렷한 것이 없다(莫顯乎

---

41) 《여전》[2], 권3, 4, '중용자잠', "所不睹者何也, 天之體也, 所不聞者何也, 天之聲也. …… 不睹不聞者, 非天而何."

42) 《여전》[2], 권3, 5, '중용자잠', "天之靈明直通人心, 無隱不察, 無微不燭, 照臨此室, 日監在玆, 人苟知此, 雖有大膽者, 不能不戒愼恐懼矣."

微)는 것도 천–상제가 내려와 감시하는 자리이기 때문이며, 이렇게 천–상제가 내려와 감시하는 것을 믿지 않는 사람은 신독愼獨을 할 수 없는 것이라 한다.[43] 그만큼 초월적인 인격신으로서 천天–상제上帝의 존재가 인간을 감시하는 사실에 대한 믿음의 신앙적 자세에서 계신戒愼–공구恐懼와 신독愼獨이 가능할 수 있음을 역설하고 있는 것이다.

따라서 다산은 신독愼獨을 성誠·지성至誠과 일치시키며,[44] "'중中'이란 성誠이다. 신독愼獨한 다음에 지성至誠이 되고, 지성한 다음에 '중中'을 이룰 수 있다"[45]고 하여, 중中과 성誠을 일치시키고, 나아가 신독愼獨을 지성至誠의 조건으로 지성至誠을 치중致中으로 제시하기도 한다. 또한 다산은 "중화를 이루는 것은 지성至誠이니, 지성至誠은 천도天道이다. 지성至誠한 사람은 천天과 덕德이 합치하니, 위로 하늘을 다스리고 아래로 땅을 다스린다. ……이것이 이른바 사람의 성性을 다할 수 있는 것이요 사물의 성性을 다할 수 있는 것이다. 그 근본에 근원하면 어찌 신독愼獨의 성誠이 아니고서 이를 이룰 수 있겠는가?"[46]라고 하여, 치중화致中和와 지성至誠을 일치시키고, 신독愼獨으로 이룬 지성至誠으로서 인성人性과 물성物性을 다 실현할 수 있는 것임을 확인한다.

여기서 오규 소라이는 '볼 수 없고 들을 수도 없다는 것'(不睹不

---

43) 《여전》[2], 권3, 6, '중용자잠', "不信降監者, 必無以愼其獨矣."
44) 같은 곳, "愼獨者誠也, ……愼獨之爲至誠, 至誠之爲愼獨."
45) 《여전》[2], 권4, 6, '중용강의보', "中也者, 誠也, 愼獨而後爲至誠, 至誠而後能致中."
46) 《여전》[2], 권3, 7, '중용자잠', "致中和者至誠也, 至誠者天道也, 至誠之人, 與天合德則上可治天, 下可治地, ……此所謂能盡人性, 能盡物性也, 原其所本, 豈非愼獨之誠, 有以致此也乎."

聞)은 나의 견문이나 지각이 미치지 않는 것이라고 해석하는 점에서는 주자의 해석과 다를 바가 없다. 다만 그는 "견문이 미치는 것은 비록 덕이 없는 사람도 힘쓸 수가 있다. 그러나 평소의 일용하는 즈음에 사려가 못 미치는 것에서는 때로 도를 벗어나는 수가 있다. 군자는 이를 깊이 두려워하였으므로 배워서 자신에게 덕을 이루는 것이요, 자신에게 덕을 이루면 움직이고 주선함에 모두 도를 떠나지 않게 된다"[47]고 한다. 그만큼 견문이 못 미치는 곳에서 신독愼獨함으로써 도를 벗어나지 않을 수 있음을 강조하는 것이다. 또한 오규 소라이는 '신독愼獨'을 해석하면서, "자기에게 덕을 이루기를 추구함을 말하는 것이다. 자기에게 덕을 이루면 성誠을 할 수 있다"[48]고 하여, '신독愼獨'을 '성誠'의 실현을 위한 기반을 이루는 것과 연관된 개념으로 제시하며, 자신에게서 덕을 이루는 방법으로 해석하고 있다. 이처럼 다산과 오규 소라이는 '신독愼獨'을 '성誠'의 실현 기반으로 삼고 '신독愼獨'을 '성誠'과 일치시키는 점에서 공통적 입장을 보여주고 있는 것이다.

2) 귀신鬼神과 성誠

《중용》의 귀신장鬼神章(《중용장구》 제16장)에서는 '성誠'이라는 용어가 《중용》에서 가장 먼저 언급되고 있으며, '귀신'의 존재는 성誠의 실현을 위한 근거로서 주목되고 있다. 특히 다산은 "중용의 덕은

---

47) 《중용해》, 4쪽, "蓋見聞所及者, 則雖無德者或能勉焉, 然其平生日用之際, 思慮所不能及者, 則有時乎離焉, 君子深恐其若是, 故學焉而成德於己矣, 德成於己, 則動容周旋皆不離乎道也."
48) 같은 곳, "謂求成德於己也. 成德於己則能誠矣."

신독愼獨이 아니면 이루어질 수 없고, 신독愼獨의 공부는 귀신이 아니면 두려워할 바가 없으니, 귀신의 덕은 곧 우리 도가 근본하는 바이다"[49]라고 하여, 귀신의 존재에 근거하여 신독愼獨도 가능하고 중용도 가능한 것임을 강조한다. 또한 다산은《중용》에서 "천하의 사람으로 하여금 목욕재계하여 마음을 맑게 하며 성대히 옷을 갖추어 입고서 제사를 받들게 한다"는 제사가 교제郊祭를 가리킨다고 설명하고, 교郊에서 제사드리는 대상은 상제上帝임을 확인한다. 따라서 그는 "상제의 실체는 형상이나 기질이 없으니 귀신과 덕이 같으므로 귀신이라 하며, 그 감응하여 이르러 내려와 비추는 것으로 말하므로 귀신이라 한다"[50]고 하여, '귀신'이 바로 상제와 일치하는 것임을 제시하고 있다.

여기서 다산은《주례周禮》(大宗伯)에서 제사 대상이 되는 귀신을 천신天神 · 지기地示 · 인귀人鬼의 세 가지로 제시하고 있는 사실을 들면서, 실제로는 천신과 인귀의 두 가지만 인정하고 있다. 곧 지기地示라 일컬어지는 귀신의 존재는 실제로는 천신이나 인귀에 속하는 것이라 인식한다. 또한 그는 "옛 사람이 실심實心으로 하늘을 섬기고 실심으로 귀신을 섬겨서, ……경계하여 말하기를 '날마다 감시하며 여기에 있다' 하며, 그러므로 그 계신戒愼 · 공구恐懼하고 신독愼獨함이 절실하게 참되고 절실하게 돈독하여 실제로 천덕天德에 도달한다. 지금 사람은 천天을 이理라 하며, 귀신을 공용功用이라 하고 조화

<hr>

49)《여전》〔2〕, 권4, 23, '중용강의보', "中庸之德, 非愼獨不能成, 愼獨之功, 非鬼神無所畏, 則鬼神之德, 卽吾道之所本也."
50)《여전》〔2〕, 권3, 16, '중용자잠', "上帝之體, 無形無質, 與鬼神同德, 故曰鬼神也, 以其感格臨照而言之, 故謂之鬼神."

의 자취라 하고 이기二氣의 양능良能이라 하여, 마음으로 안다는 것이 어둡고 아득하여 한결같이 지각이 없는 것으로 여기며, 어두운 방에서 마음을 속이고 거리낌없이 멋대로 행하니, 종신토록 도를 배우고도 요·순의 영역에 들어갈 수 없는 것은 모두 귀신의 설명에 어둡기 때문이다"[51]라고 하여, 옛 사람의 학문이 실심으로 사천事天·사신事神하여 천덕을 이루는 것이라 제시하고, 성리학에서는 귀신 개념의 인식이 잘못됨으로써 학문의 성취가 이루어질 수 없는 것임을 철저히 비판하고 있다. 따라서 다산은《중용》에서 계신戒愼·공구恐懼하는 것이 바로 상제-귀신을 힘써 섬기는 학문(昭事之學)임을 강조하고,《중용》은 구절마다 모두 천명에서 온 것이요 천명으로 귀결되는 것이라고 제시한다.[52] 이처럼 다산은《중용》을 한마디로 계신戒愼·공구恐懼함으로써 '상제-귀신을 힘써 섬기는 학문'이요 천명을 근원으로 삼고 귀결처로 삼는 체계임을 역설하고 있는 것이다.

오규 소라이는 "귀신은 천지天地의 마음이니, 천지의 마음은 얻어 볼 수 없으므로 덕이라 한다"[53]고 하여, '귀신'을 실체가 아니라 '천지의 마음'으로 정의함으로써 귀신을 하나의 실재하는 존재(一物)로 보거나 귀신의 유무에 대해 논의하는 것을 잘못된 것이라 지적한

<hr>

51)《여전》[2], 권4, 21, '중용강의보', "古人實心事天, 實心事神, ……戒之曰日監在茲, 故其戒愼恐懼愼獨之切眞切篤, 實以達天德. 今人以天爲理, 以鬼神爲功用·爲造化之跡·爲二氣之良能, 心之知之, 杳杳冥冥, 一似無知覺者然, 暗室欺心, 肆無忌憚, 終身學道, 而不可與入堯舜之域, 皆於鬼神之說, 有所不明故也."
52)《여전》[2], 권4, 23, '중용강의보', "中庸之戒愼恐懼, 豈非昭事之學乎. ……夫中庸之書, 節節皆從天命而來, 節節皆歸致於天命, 故道之本末, 於是乎該."
53)《중용해》, 24쪽, "鬼神者, 天地之心也, 天地之心, 不可得而見矣, 故謂之德."

다. 또한 그는 "귀鬼는 인귀人鬼요, 신神은 천신天神이니, 선왕은 조상을 제사드리면서 하늘에 배향했다. 그러므로 귀신은 천天·인人을 합한 명칭이다. 후대의 유학자들이 알지 못하고 음양이요 기氣의 영靈이라 한다. ……제사는 (신이) 계시는 것과 같이 하니, (신이) 계시는 것과 같이 하는 도는 어찌 귀신을 떠나서 달리 구할 수 있겠는가? 귀신을 버려 두면 예가 없는 것이 된다"[54]고 언급하여, 성리학자들이 귀신을 음양의 기로 해석하는 입장을 전면적으로 거부하며, 귀신의 존재가 바로 성인의 도인 예악 제도의 근원이 되는 것임을 확인하고 있다. 바로 이 점에서 오규 소라이와 다산의 '귀신' 개념에 대한 인식은 기본적으로 공통된 입장을 취하고 있다.

'귀신'의 존재는 보이거나 들리지 않는 지극히 은미한 것이지만 또 그 덕은 천하의 사람들이 모두 목욕재계하여 힘써 섬기게 하며, 위에 있는 듯 좌우에 있는 듯 뚜렷하게 드러나는 현저한 것이라는 양면성을 드러내는 것으로 제시된다. 여기서 다산은 "천도天道는 형상이 없지만 정성스러우면 반드시 드러난다. 하물며 형상이 있는 사람에게서 (천도가) 드러나지 않겠는가? 이것이 군자가 신독愼獨하는 까닭이다"[55]라고 하여, 은미한 상제-귀신의 존재가 정성스러울 때에 뚜렷하게 드러나는 것처럼 인간은 상제-귀신이 자신에게 드러남을 체험하여 신독愼獨해야 할 것을 제시한다. 또한 "천도는 지성至誠

---

54) 같은 곳, "鬼者, 人鬼也, 神者, 天神也, 先王祭祖考而配諸天, 故曰鬼神者, 合天人之名也, 後儒不知之, 乃以爲陰陽氣之靈. ……祭而如在, 如在之道, 烏能離鬼神而它之求哉, 是遺鬼神則無禮之物也."
55) 《여전》[2], 권4, 21, '중용강의보', "天道無形, 而誠則必顯, 況於有形之人乎, 此君子所以愼獨也."

하니 그 공적과 조화로 드러남은 지극히 밝고 지극히 뚜렷하다. 그러므로 사람이 비록 보고 듣지 못하여도 모두 재계하여 마음을 맑게 하고 제사를 받들어 마치 그 위에 계시는 듯 그 좌우에 계시는 듯한다. ……성誠하면 반드시 드러나니 드러나지 않음이 있겠는가? 그러므로 '성誠을 가릴 수 없음이 이와 같다'고 한다"[56]고 하여, 귀신-천도가 성誠하여 뚜렷이 드러남을 인간이 귀신을 받드는 근거로 제시했다. 그것은 바로 '귀신'의 존재가 성誠(정성)으로 인간에게 연결되는 것임을 밝혀 주고 있는 것이다.

이에 비해 오규 소라이는 "천하의 사람으로 그 정성을 극진히 하여 (귀신을) 섬기게 하니, 사람이 정성을 극진히 하여 섬기면 (귀신이) 어렴풋이 좌우나 상하에 있는 것을 깨닫는다"고 하여, 귀신의 존재를 인식하는 데 인간의 정성스러움을 강조하고 있으며, 이와 더불어 "귀신의 덕이 성誠하니, 그러므로 비록 보고 들을 수 없지만, 사람은 귀신이 있음을 알 수 있어서 섬김에 태만하지 않으니, 이것이 '은미함이 뚜렷하게 드러나니 성誠을 가릴 수 없다'는 것이다"[57]라고 하여, '성誠'을 귀신의 덕으로서도 인정함으로써, 성誠을 인간이 귀신을 섬기는 자세인 동시에 귀신의 덕이라는 양면을 동시에 강조하고 있다.

---

56) 《여전》〔2〕, 권3, 16, '중용자잠', "天道至誠, 其顯於功化者, 至昭至著, 故人雖弗見弗聞, 皆齊明承祭, 如在其上, 如在其左右, ……誠則必著, 有不著乎, 故曰誠之不可揜如此."
57) 《중용해》, 25쪽, "能使天下之人極其精誠以事焉, 人極精誠以事焉, 則覺其僾然如在乎左右上下焉, 此所以爲盛也. ……鬼神之爲德誠也, 故雖不可得而見聞之, 然人能知有鬼神, 而事之不怠, 是亦微之顯誠之不可掩也."

(2) 성誠의 양상

다산은 '성誠'이《중용》전체의 중심축이 되는 것인데도《중용장
구》의 편장에서 보면 수장首章에서 15장까지 '성誠'을 말하지 않고,
16장(귀신장)에서 처음 말한 다음, '성誠'을 말하지 않는 장과 거듭
말하는 장이 있는 사실에 대해 해명했다. 곧 그는 '성誠' 자가 아니라
도 '신독'(首章), '득일선즉권권복응得一善則拳拳服膺'(8장), '실저정
곡失諸正鵠, 반구저기신反求諸其身'(14장), '사지인부가이부지천思知人
不可以不知天'(20장)을 비롯하여, 오달도五達道와 삼달덕三達德과 구경
九經의 행행行이 '一'이라 하고, 삼지三知(生知 · 學知 · 困知)의 지知가
'一'이라 하고, 삼행三行(安行 · 利行 · 勉行)의 성공이 '一'이라 하는
'一'이 모두 성誠임을 밝히고 있다. 여기서 다산은 "특히 신독愼獨의
공부는 은미함이 현저하게 드러나는 데 있으며, 은미함이 현저하게
드러남을 알면 신神이 이르는 것이므로, 귀신장에 하나의 '성誠' 자
를 삽입하여 (《중용》) 한편의 추뉴樞紐로 삼는다"[58]라고 하여, 〈귀신
장〉에서 '성誠' 자가 처음 제시된 의미를 중시했다. 또한 그는 순 · 문
왕 이하로 체계적인 서술 속에서 '성誠' 자가 발언되기도 하고 안 되
기도 하다가 '예즉립豫則立' 절(20장)에서 특히 하나의 결국을 이루는
것이라 하고, '성誠' 자를 말한 뒤로 '성誠'을 거듭 말하는 것에 대해
"마치 꽃이 이미 피고 나면 향기가 무성하니, 천도天道와 인도人道가
하나의 '성誠' 자 바깥에 있는 것이겠는가?"[59]라고 하여, '성誠'이 다

---

58)《여전》[2], 권4, 44, '중용강의보', "特以愼獨之工, 在於知微之顯, 知微之顯則神斯格矣, 故於
  鬼神章挿一誠字, 爲一篇之樞紐."
59)《여전》[2], 권4, 44-45, '중용강의보', "至豫則立一節, 特結一局, 乃吐誠字, 旣吐之後, 重言複

양한 양상으로 제시되고 있음을 열거함으로써, 《중용》 전체를 관통하는 기준이요 원칙이라고 역설하고 있다.

다산은 《대학》에서 '성의誠意'를 제시하고 《중용》에서 '성신誠身'을 제시하여, 양쪽 모두 '성誠'을 첫머리의 공부로 삼고 있음을 강조했다. 또한 《중용》에서 성신誠身하는 방법으로 "선에 밝지 않으면 자신을 성하게 할 수 없다"(不明乎善, 不誠乎身)고 했는데, 주자는 여기서 '명선明善'은 '격물치지格物致知하여 지선至善의 소재를 진지眞知하는 것'이라고 해석했다. 이에 대해 다산은 '격물格物'의 물物은 본말本末이 있는 물物이요, '치지致知'의 지知는 선후를 아는 지知라고 규정하고, "명선明善이란 숨은 것이 드러남을 알고 미미한 것이 뚜렷함을 아는 것이요, 천天은 속일 수 없는 것임을 아는 것이니, 천天을 안 다음에 선을 택할 수 있으며 천天을 알지 못하면 선을 택할 수 없다"[60]고 지적했다. 이처럼 다산은 '명선明善'이란 천을 앎으로써 선을 택하는 데서 가능한 것임을 확인함으로써 사물의 본말과 일의 선후를 아는 격물치지와는 다른 것이라 하면서 주자의 견해를 거부했다. 이에 비해 오규 소라이의 '성誠' 개념은 비교적 소박하게 제시되고 있다. 곧 그는 "일이란 억지로 힘쓰고 거짓으로 꾸미는 것으로는 불가하니, 반드시 그 덕을 이루는 것을 힘써야 한다. 진실로 덕을 이룰 수 있으면 안과 밖이 하나가 될 것이니, 이것을 성誠이라 한다"[61]고 하여, '성誠'이란 덕을 이루는 데 힘써서 안으로 마음속과 바깥으

言, 如花之旣發, 芬芳郁然也, 天道人道, 其有外於一誠字乎."

60) 《여전》[2], 권4, 44, '중용강의보', "格物者, 格物有本末之物也, 致知者, 致知所先後之知也, 格致與明善不同. 明善者, 知隱之見, 知微之顯, 知天之不可欺也, 知天而後而以擇善, 不知天者, 不可以擇善."

61) 《중용해》, 25쪽, "凡事不可以勉强僞飾爲, 必以成其德爲務, 苟能成德則內外一矣, 是謂之誠."

로 현실 세계를 일관하게 하는 것으로 제시했다.

《중용》에서는 '성자誠者'를 천天의 도로 '성지자誠之者'를 인人의 도로 대비하여 언급하고 있다. 여기서 다산은 "'성誠'이란 성인聖人의 별명이다. …… '천지도야天之道也'라는 네 글자를 '성誠' 자의 주석으로 볼 수 없다. 성자誠者는 생지生知(사람이 나면서부터 사람의 도를 앎)·안행安行의 성인聖人이고 성지자誠之者는 학지學知·곤지困知·이행利行·면행勉行의 사람이다"[62]라고 밝힌다. 곧 주자가 '성자誠者'를 '천리天理의 본연本然'이라고 해석하는 것과는 달리 '성誠'의 근거가 천도이지만 '성誠'하는 존재는 성인이요 사람임을 강조하고 있는 것이다. 또한 학學·문問·사思·변辨도 성지자誠之者가 행하는 것이라 하고, 학지學知·곤지困知·이행利行·면행勉行도 하나의 '성誠' 자로 노력하는 것이라 하여, '성지자誠之者'는 지속적인 노력으로 성취해 가는 것이라 제시하고 있다.

오규 소라이는 "성자誠者는 천성天性이요, 성지자誠之者는 배워서 성하는 것"이라고 한 정현의 언급을 받아들이면서, "사람이 선왕의 도를 행하면서 성심誠心을 가질 수 있는 사람은 천성을 얻으므로 '성자誠者는 하늘의 도'라 하고, 힘써 행하기를 오래하여 익숙해져 성性을 이루게 되면 처음에는 성심誠心이 없던 사람도 이제는 모두 성심이 있게 되니, 이것은 사람의 힘이 하는 것이요 가르쳐서 이르는 것이므로 '성지자誠之者는 사람의 도'라 한다"[63]고 설명했다. 곧 오규

---

62) 《여전》[2], 권3, 21, '중용자잠', "誠者, 聖人之別名, ……不可以 '天之道也' 四字, 爲誠字之注脚. 誠者生知安行之聖人也, 誠之者學知困知利行勉行之人也."
63) 《중용해》, 41쪽, "蓋凡人行先王之道, 而能有誠心者, 得之天性, 故曰誠者天之道也. 力行之久, 習以成性, 則其初無誠心者, 今皆有誠心, 是人力之所爲, 敎之所至也, 故曰誠之者人之道也."

소라이도 '성자誠者, 천지도야天之道也'라는《중용》의 언급이 천도天道를 의미하는 것이 아니라 성심誠心을 지녀 천성과 일치되는 것이라고 해석한다. 바로 이 점에서 성심을 지닌 사람을 가리키고 있는 것이며, 다산이 '성자誠者'를 성인聖人으로 보는 견해와 근접하고 있다고 할 수 있다. 따라서 오규 소라이도 '조용히 도에 맞는다'(從容中道)는 말을 해석하면서, "성인聖人이 선왕의 도에서 성誠하지 않음이 없음을 말하며, 성지자가 성인에 이를 수 있음을 밝힌다"[64]고 하여, 성자誠者가 성인의 일이요, 성지자誠之者가 성인을 지향하는 일이라고 언급하고 있는 것이다.

'성誠'과 '명明'의 관계에서도, 다산은 성誠으로부터 명하는 성性을 성인聖人이요, 천天의 도이며, 생지生知 · 안행安行이 이에 속하는 것이라 하고, 명明으로부터 성誠하는 교教를 학자學者요 인人의 도이며, 학지學知 · 곤지困知 · 이행利行 · 면행勉行이 이에 속하는 것이라고 한다.[65] 이처럼 성性(自誠明)과 교教(自明誠)는 성인과 학자의 일로서 성인을 표준으로 삼아 향상해 가는 학자의 공부로 제시되고 있는 것이라 할 수 있다.

여기서 오규 소라이는 성誠 · 명明에서 '명明'을 '행사行事에 베풀어져 찬연하게 볼 수 있는 것'이라 해석하고, 이에 따라 "속마음에서 발현하여 행사에 베풀어지는 것은 성性을 얻으므로, '성誠으로부터 명明하는 것을 성性이라' 하고, 행사에 베풀어 익혀서 성性을 이루는 것은 교教를 얻으므로 '명明으로부터 성誠하는 것을 교教라' 한

---

64) 같은 곳, "從容中道者, 言聖人之於先王之道, 莫不誠矣, 而明誠之者可以至於聖人也."
65) 《여전》[2], 권3, 22, '중용자잠', "自誠而明者, 聖人也(天之道), 自明而誠者, 學者也(人之道). 性字……所謂生知而安行也, 敎者……所謂學知困知利行勉行之類是也."

다"[66]고 하여, '성誠'과 '명明'의 관계를 속마음(中心)의 발현과 행사에 드러나는 현실 사이의 긴밀한 관계로 강조하는 데에서 그의 특징적 입장을 확인할 수 있다. 또한 오규 소라이는 왕백王栢의 주장으로서 《중용장구》 제21장(誠明章) 이하를 《중용》이 아니라 하여 별도의 한 편으로 독립시켜 《성명서誠明書》라 일컫는 견해를 소개하면서 이것은 독서할 줄을 모르는 것이라 따를 수 없다고 비판한다.[67] 그만큼 오규 소라이는 '중용'과 '성誠'의 일관성을 확고하게 인식하고 있음을 보여주는 것이다.

특히 오규 소라이는 '성性'과 '성誠'의 긴밀한 일체성을 강조하고 있다. 곧 그는, "성性은 성誠이니, 성誠하면 안과 밖이 하나이므로 생각하지 않고 깨닫는 것으로 아는 것이라 하고, 힘쓰지 않고도 알맞게 할 수 있는 것이라 한다. 그러나 배워서 깨닫는 것이라 하여 성性이 아니겠는가? 배워서 익히며 익혀서 성性을 이루니 모두가 성誠이요, 성性과 다름이 없다"[68]고 하여, 성性을 성誠과 일치시키는 사실에서나, 배우고 익혀서 성性을 이루는 실천의 과정도 성誠으로서 중시하고 있는 사실에서 그의 '성誠' 인식에 대한 특성이 드러난다고 할 수 있다.

66) 《중용해》, 43쪽, "發乎中心而施諸行事者, 得乎性者也, 故曰自誠明謂之性. 施諸行事, 習以成性者, 得乎敎者也, 故曰自明誠謂之敎."
67) 같은 곳, "近歲有主張王栢之說, 而謂此下非中庸也, 當別爲一篇, 謂之誠明書, 是不知讀書者, 不可從矣."
68) 《중용해》, 17-18쪽, "性者, 誠也, 誠則內外一矣, 故以不思而得爲知之, 以不勉而中爲能之, 學之所得雖非性乎, 學而習之, 習以成性, 則皆誠矣, 無異於性焉."

5. 성誠의 실현 방법과 전개

(1) 성誠의 실현과 내內 · 외外의 일치

《중용》에서 '一'을 성誠으로 해석하는 것은 그 다양한 실현 양상에도 불구하고 일관된 진실함이나 정성스러움을 의미하는 것이라고 할 수 있다. 때와 장소가 달라짐에 따라 대응하는 행동 기준이 달라져 일관성이 없다면 진실성도 잃게 되고 말 것이다. 따라서 '성誠'의 실현 방법으로는 자신과 남 사이나 성품과 사회 제도 사이 등, 안과 밖(內外)의 두 세계에서 일관하게 시행되는 것으로 제시되고 있다.

《중용》에서 '천하의 지성至誠'이 진기성盡其性 · 진인성盡人性 · 진물성盡物性할 수 있다는 언급에 대해, 다산은 진기성盡其性(자기 성품을 다 실현함)은 수기修己하여 지선至善에 이르는 것이요, 진인성盡人性(사람의 성품을 다 실현함)은 치인治人하여 지선至善에 이르는 것이요, 진물성盡物性(사물의 성품을 다 실현함)은 아래위로 초목과 조수鳥獸를 모두 이렇게 하는 것이라 하며, '진기성盡其性' · '진인성盡人性'은 《대학》에서 말한 '명덕明德 · 신민新民'이고, '진물성盡物性'은 《서경》(堯典)에서 순舜이 익益을 우虞(山 · 澤을 관장하는 관리)로 임명하는 일에 해당한다고 제시한다. 따라서 자신과 남이 하늘에서 부여받은 본분인 성품을 온전하게 실현하는 것이요, 초목 · 금수 등 사물은 그 성품에 맞추어 생육하게 하여 각각 그 생육의 성품이 온전하게 실현되도록 하는 것이며, 이렇게 실천하는 공적이 자신에게 있음을 밝힌다. 여기서 다산은 주자가 인성人性 · 물성物性과 아성我性을 동일시하여 이른바 인물성동론人物性同論을 제시한 데 대해 비판했다.

곧 다산은 인물성동이설人物性同異說을 덧붙이면 허망하여 착수할 곳을 알지 못하게 된다고 비판의 입장을 명확하게 밝히고 있다.[69] 이에 비해 오규 소라이는 '천하의 지성至誠'이란 성인을 가리키는 것이라 하고, '진기성盡其性'은 하늘에서 얻은 것을 확충하여 지극히 광대하게 하는 것이라 하며, '진인지성盡人之性'은 성인이 교教를 세움에 천하의 사람들로 하여금 각각 그 성질에 순응하여 덕을 이루게 하는 것이라 하고, '진물지성盡物之性'은 천하의 사물을 모두 그 성질에 순응하여 각각 그 용도를 극진히 하도록 하는 것이라고 해석한다.[70]

이처럼 다산은 '천하의 지성至誠'을 성인의 덕에 해당하는 것임을 인정하면서도 오히려 누구나 마땅히 해야 할 지성至誠의 실천 과제를 제시하는 데 관심을 기울이고 있다면, 이에 비해 오규 소라이는 성인을 실천의 주체로 인식하여 성인의 사업을 설명하는 것으로 보는 입장의 차이를 보인다. 주자가 인성人性·물성物性이 같다는 성성의 동일성을 전제로 그 동일성을 실현하는 것으로 본다면, 다산과 오규 소라이는 인간과 사물이 각각 지닌 성性(본분·성질)을 따라 실현하는 것으로 본다는 점에서 주자의 견해를 거부하는 공통성을 보여주는 것이다. 나아가 '천하의 지성至誠'을 성인이라는 인격적 동일체로 보거나 나의 실천적 모범으로 보거나, 지성至誠의 덕으로 자신과 남과 사물에 걸친 다양한 영역에서 그 각각의 성性을 온전하게

---

69) 《여전》〔2〕, 권3, 22, '중용자잠', "盡其性, 修己而至於至善也, 盡人性, 治人而至於至善也, 盡物性, 上下草木鳥獸咸若也. 上二事, 大學之明德新民也, 下一事, 堯典之命益作虞也. ……一加之以人物性同異之說,則廣漠虛闊,莫知其所以入頭下手之處矣."
70) 《중용해》, 44쪽, "天下至誠者, 謂聖人也. 盡其性者, 謂擴充其所得於天者而極廣大也, 盡人之性者, 謂聖人立教, 以俾天下之人, 各順其性質成其德也, 盡物之性者, 謂擧天下之物, 皆有以順其性質, 而各極其用."

실현한다는 일관적 태도로 인식하는 점에서 '성誠'의 실현 방법을 드러내 주고 있는 것이라 하겠다.

다산은 "'성誠'은 스스로 이룬다"(誠者, 自成也)는 《중용》의 언급에 대해, '성誠'은 육서법六書法의 해성諧聲(形聲) 문자로 '이룬다'(成)는 글자의 의미를 갖고 있으며, '자신을 이룸'(成己)이나 '사물을 이룸'(成物)은 성誠이 아니면 할 수 없는 것이라 하여, 성誠을 이룬다는 실현 자체로 지적한다.[71] 여기서 오규 소라이는 "사람이 배워서 덕을 이루려고 한다면, 반드시 성誠이 있어야 한다"[72]고 하여, 성誠이 덕을 이루는 필수 조건임을 강조하며 이루는 내용을 덕으로 제시한다.

또한 다산은 《중용》에서 "성誠은 물物의 끝終이요 시작始이다"(誠者, 物之終始)라고 언급한 것은 《대학》에서 "물物에 본本과 말末이 있고, 사事에 종終과 시始가 있다"(物有本末, 事有終始)라고 언급한 것과 일치되는 것이라고 확인한다. 곧 《대학》에서 말하는 물物의 본本은 의意·심心·신身이요, 말末은 가家·국國·천하天下이며, 사事의 시始는 성誠·정正·수修요, 종終은 제齊·치治·평平이라 해석하여, 《대학》의 '성의誠意·정심正心·수신修身·제가齊家·치국治國·평천하平天下' 6조목과 《중용》의 성기成己·성물成物이 성誠으로 시작하여 성誠으로 관철되어 끝과 시작을 이루는 것이라고 밝히고 있다.[73] 따

---

71) 《여전》[2], 권3, 23, '중용자잠', "誠成者. 六書之諧聲也. 以其成己成物. 非誠不能."
72) 《중용해》, 46쪽, "蓋人學而至於成德, 則必有誠矣."
73) 《여전》[2], 권3, 23, '중용자잠', "大學曰, 物有本末, 事有終始, 意心身爲本, 家國天下爲末, 誠正修爲始, 齊治平爲終. 此經云誠者物之終始二字, 與大學所言同. ……大學雖以誠意爲始工, 齊家治國平天下, 亦非誠不能, ……中庸所謂物之終始, 亦不外乎成己成物, 曷嘗與大學所言有毫髮之殊乎."

라서 '물物'의 종終·시始란 《대학》에서 말하는 성의誠意·정심正心·수신修身·제가齊家·치국治國·평천하平天下를 가리키거나 《중용》에서 말하는 성기成己·성물成物을 가리키는 것이라 하여, 물物을 성誠의 실현 영역으로 인식하지 사물 내지 만물로 인식하는 입장이 아니다. 곧 인간이 성을 실현하는 영역으로서 안으로 자신(己, 意·心·身)을 시始라 하고 밖으로 대상(物, 家·國·天下)을 종終이라 하는 것이지, 만물의 시始와 종終을 가리키는 것이 아님을 강조한다. 따라서 다산은 "자성自成이란 시始요 내內이며, 성물成物이란 종終이요 외外이니, 다시 무슨 사물이 성誠을 얻어서 살고 성誠을 잃어서 죽는 것이 있겠는가? 주자가 말하는 것은 상천上天이 만물을 낳는 이치를 성誠이라 하는 것이다. 그러나 상천上天이 만물을 낳는 이치는 시작도 없고 끝도 없으며 옛날도 없고 지금도 없으니, 어찌 이치가 이미 소진되면 사물도 따라서 없어진다고 말할 수 있겠는가?"[74]라고 하여, 성誠은 안으로 기己(자신)와 밖으로 물物(대상)에 일관하여 실현되는 것임을 강조함으로써, 주자가 성誠을 '사물이 스스로 이루는 것'(物之所以自成)이라 해석하는 것을 거부하며, 또한 주자가 성誠을 '상천上天이 만물을 낳는 이치'(上天生物之理)로 보는 견해를 전면적으로 비판하고 있다.

이에 비해 오규 소라이는 '물物의 끝이요 시작이다'(物之終始)라고 할 때의 '물物'에 대해, "'물物'이란 선왕의 가르치는 '물物'로서 육예六藝에 모두 그 선왕의 가르치는 '물物'이 있으니 활쏘기(射)에

---

74) 《여전》〔2〕, 권4, 50, '중용강의보', "自成者, 始也內也, 成物者, 終也外也, 更有何物得誠而生, 失誠而死者乎. 朱子所言者, 蓋以上天生物之理爲誠, 然上天生物之理, 無始無終, 亙古亙今, 安得曰理旣漸盡則物亦隨盡乎."

오물五物(和·容·主皮·和容·興舞)이 있는 것과 같다. 선왕의 가르침은 이것(物)을 세움으로써 힘을 얻는 자리로 삼는다"[75]고 한다. 여기서 오규 소라이는 주자나 정현이 '물物' 자의 뜻을 알지 못하여 '물物'을 만물이라 해석하고 실리實理로 설명하게 된 오류를 지적하여, '물物'을 사물이 아니라고 인식하는 점에서는 다산과 일치한다. 그러나 오규 소라이가 '물物'을 선왕이 제시한 가르침의 내용이요 과제로 해석하고 있는 점에서는 다산의 관심의 방향과 뚜렷한 차이를 보여주고 있는 것이 사실이다. 또한 오규 소라이는 "선왕의 가르침을 따라 배움에 힘쓰고 익히기를 익숙하게 할 수 있으면 자연히 얻음이 있을 것이며, 배워서 얻는 데에 이르면 성誠이 있는 것이니, 익혀서 성性을 이루기 때문이다. 얻기도 하고 또 잃기도 하는 자는 성誠이 부족하기 때문이다"[76]라고 하여, 선왕의 가르침을 따라 학습하기 시작하여 득력得力하는 데까지 이르는 끝이 있는 것으로 인식하고, 이렇게 학습하여 득력하는 데 이르는 조건으로서 성誠이 있음을 강조한다. 나아가 오규 소라이는 '성기成己'를 '자성自成'이라 하고, 도를 스스로 이끌어간 다음에 '성물成物'하는 것이라 하며, '성기成己'를 성덕成德(덕을 이룸)이라 하고, '성물'을 도예道藝(도덕과 학예)라 하여 내면의 덕성과 현실의 실천 조목으로서 안과 밖(內外)이 성誠으로 일관하는 것이라 해석하며, 특히 《중용》의 성기成己·성물成物을 《대학》의 물격物格→지치知至→의성意誠으로 나가는 것과 문장

<hr>

75) 《중용해》, 46쪽, "物者, 先王之敎之物也, 六藝皆有之, 如射之五物, 先王之敎, 建此以爲得力之處."
76) 같은 곳, "蓋能順先王之敎, 學之力, 習之熟, 則自然有以得之, 學至於得之則有誠焉, 習以成性故也, 得之而又失之者, 誠不足故也."

의 뜻이 같다고 지적한다.[77] 바로 이 점에서 오규 소라이와 다산의 해석은 매우 깊은 유사성을 보여준다.

《중용》에서는 지성至誠의 도를 '앞서서 아는'(前知) 초월적 능력이 있는 것으로 언급하고 있다. 이에 대해 다산은 "성하면 밝다"(誠則明)는 구절에 근거하여 신독愼獨하는 사람은 그 앎이 영명靈明하므로 대중들과는 달리 길조(禎祥)와 흉조(妖孼)를 내다보는 혜안을 갖추었고, 시귀蓍龜에 드러나는 길·흉을 점쳐서 미리 쓸 수 있으며, 사례四體에 화·복이 있음을 때에 따라 헤아림이 들어맞는다고 한다.[78] 지성至誠은 신독愼獨을 하는 인격에서 실현되는 것이요, 영명한 지각 능력을 갖추고 있기 때문에 길흉·화복의 조짐을 미리 알아차리는 통찰력과 점을 치는 판단력이 있는 것으로 제시한다. 또한 다산은 "지성至誠하면 하늘을 알 수 있고, 하늘을 알면 앞서서 알 수 있다"[79]고 하여, '지천知天'을 지성至誠이 전지前知할 수 있는 조건으로 강조하고 있다.

오규 소라이도 "'지성至誠의 도는 앞서서 알 수 있다'고 하는 것은 감응하여 소통하는 이치가 신神과 같음을 말하는 것이다. …… '시귀蓍龜에 드러나고 사례四體에 움직인다'고 하는 것은 모두 지성至誠의 감응함이 선善도 반드시 먼저 알고 불선不善도 반드시 먼저 아는 것이니, 마치 까치가 바람이 불 것을 알고 개미가 비올 것을 아는 앎이

77)《중용해》, 47쪽, "成己, 卽上文自成也, 道自導而後成物焉, 成己者成德, ……成物屬道藝. 大學物格而后知至, 知至而后意誠, 與此文義同. ……唯誠可以內成己, 可以外成物, 至其旣成, 則習以成性, 而內外一焉, 故曰合外內之道也."
78)《여전》〔2〕, 권3, 23, '중용자잠', "誠則明, 故愼獨之人, 其知靈明. 凡禎祥妖孼, 衆人之所熟視, 而此人獨具慧眼, 蓍龜之有吉凶, 衆人不能占, 而此人能前民用, 四體之有休咎, 衆人不能察, 而此人有時億中."
79)《여전》〔2〕, 권4, 49, '중용강의보', "至誠則可以知天, 知天則可以前知."

다. 지성의 감응은 생각하기를 기다리지 않고 아는 것이다"[80]라고
하여, 지성의 '앞서서 아는'(前知) 능력을 지각이나 사려가 아니라
동물적 감성에서 볼 수 있는 감통感通의 직관적 능력으로 제시하고,
그 감통의 능력이 신神과 같은 것으로 밝히고 있다. 이 점에서는 다
산이 천天을 알고 신독愼獨을 실천하는 인격이 지닌 영명靈明의 지
각·사려를 초월하는 신묘한 능력으로 지적하고 있는 것과는 대조
를 이루는 것이다.

(2) 성誠의 실현과 전개

《중용》에서는 성誠을 실현하는 방법으로 단계적 전개 과정을 제시
하고 있다. 크게 보면 안(成己)에서 밖(成物)으로 향하는 것도 성誠
의 전개 과정이라 할 수 있지만, 이 경우는 안과 밖의 일관성에 초점
이 맞추어져 있다면, 전개 과정의 다양한 현상이나 과제들이 제시되
고 있는 경우로서 다음의 두 가지를 들 수 있다. 곧 그 하나는 '곡曲
→성誠→형形→저著→명明→동動→변變→화化'의 전개 과정을 제
시하는 것이요, 다른 하나는 '지성至誠─무식無息/불식不息→구久→징
徵→유원悠遠→박후博厚→고명高明'의 전개 과정을 제시하는 것이다.
　먼저 '곡曲→성誠→형形→저著→명明→동動→변變→화化'의 전개
과정에서 다산은 '곡曲'의 의미를 밝히는 문제에 주목하고 있다. 곧
'곡曲'자의 뜻을 "만사·만물에서 모두 마음을 다하여 지선至善을 구

80) 《중용해》, 45쪽, "至誠之道可以前知者, 謂感通之理如也, ……言'見乎蓍龜, 動乎四體'者, 皆
　　至誠所感也, 善必先知之不善必先知之, 如鵲知風, 蟻知雨之知, 至誠所感, 不待思慮而知也."

하는 것을 말한다" 하고, "사람이 만사에서 곡진함을 이루기를 마치 천도天道가 만물에서 곡진함을 이루는 것과 같이 하니, 한 가지 사물도 지나쳐 버리지 않는 것을 말한다"[81]고 하여, '곡曲'이 성誠을 실현하는 방법임을 제시한다. 따라서 다산은 주자가 '곡曲'을 '한쪽으로 치우친 것'(一偏)이라고 해석하는 견해를 반대한다.

또한 다산은 생지生知·안행安行하는 성인이 '천하의 지성至誠'으로 인성人性과 물성物性을 다하여 천지의 화육化育을 돕는 단계에 대해, 그 다음으로 '치곡致曲'(곡진함을 이룸)하는 단계는 예禮가 아니면 보지도 말고 듣지도 말고 말하지도 말고 행동하지도 말아서 만사의 세세함을 따라 마음을 다하여 뜻을 다하는 것이라 대비시킨다. 나아가 '치곡致曲'하면 '성誠'이 있게 되고, 마음속에서 '성誠'하면 밖으로 '형形'이 드러나며, '성신誠身'(자신을 誠하게 함)하면 '동물動物(사물을 감동시킴)' 할 수 있고, 사물이 이미 감동되어 변화하지 않음이 없는 것이 바로 진기성盡其性하고 진인성盡人性하고 진물성盡物性하는 것이라고 한다. 따라서 다산은 '곡曲→성誠→형形→저著→명明→동動→변變→화化'의 전개 과정이 성誠을 실현하는 단계적 과정이라 확인하지만 그 사이에 등급의 차이가 있는 것이 아니요, 그 공효功效나 지성至誠됨은 동일하다고 강조하고 있다.[82] 여기서 주자는 "기차치곡其次致曲"(그 다음에 치곡한다)이라는 구절에 대해 '기

---

81) 《여전》〔2〕, 권3, 22, '중용자잠', "曲者……謂於萬事萬物, 皆盡心以求其至善也. ……人之致曲於萬事, 如天道之曲成萬物, 猶言一物無放過也."
82) 《여전》〔2〕, 권3, 22-23, '중용자잠', "其次非禮勿視, 非禮勿聽, 勿言勿動, 隨萬事之曲折, 盡心致意, 斯之謂致曲也. 致曲亦能有誠, 誠於中則形於外, 故誠身者, 能動物, 物之旣動, 未有不變化者, 亦可以自盡其性, 以盡人物之性, 與生知安行者, 其功同也, 其功同者, 以其爲至誠同也."

차其次'를 대현大賢 이하로 성誠이 지극하지 못함을 가리키는 것이라 하여, 성인의 지성至誠한 단계와 등급의 차이가 있는 것으로 해석했는데, 이에 대해 다산은 요堯·순舜·탕湯·무武가 등차가 있더라도 지성至誠의 성인임에는 동일하며, '자성명自誠明(性)'과 '자명성自明誠(敎)'이 모두 성인의 일임을 지적하여 주자의 등차적 분별을 거부했다.[83]

이에 비해 오규 소라이는 '기차其次'를 '성인의 가르침에 순응하여 배우는 사람'이라 하여, 지성至誠의 성인보다 낮은 단계로 인식하고 있는 점에서 다산과의 뚜렷한 차이를 드러내고 있다. 또한 '곡曲'은 '곡례曲禮'의 곡曲이라 하며, "곡례曲禮는 성인이 세워서 사람을 가르치는 것으로 그 가르침에 순응하여 배우는 데 힘쓰고 익히기를 오래 하면 자연히 자신에게 간직되는 것이다. 곡례曲禮를 내가 소유하게 되니 '치곡致曲'이라 하고, 곡례曲禮를 행하여 익혀서 성性을 이루니 '곡曲은 성誠을 가질 수 있다'고 한다"[84]고 하여, '곡曲'은 다산의 경우처럼 상세하다거나 곡진하다는 형용사적 의미가 아니라, '곡례曲禮'라는 예제禮制로 파악하고 있는 점에서도 다르다.

나아가 오규 소라이는 '형形'을 모습이 행사行事에 드러나는 것이라 하고, '저著'는 가정에서 드러나는 것이라 하고, '명明'은 나라에서 밝혀지는 것이라 하여, 드러나는 범위의 단계적 차이로 해명하고

<hr>

83) 《여전》[2], 권4, 47-48, '중용강의보', "堯舜性之者也, 湯武反之者也, 太上堯舜, 其次湯武, 雖然其畢竟爲至誠之聖人則同也, 自誠明, 聖人也, 自明誠, 亦聖人也, 豈可以其次爲大賢乎."
84) 《중용해》, 44쪽, "其次者, 謂順聖人之敎而學之者也. ……曲禮者, 聖人所建以敎人也, 順其敎, 以學之力, 習之久, 則自然有之於身, 是曲禮爲吾有, 故曰致曲. 是能行曲禮而習以成性, 故曰曲能有誠."

있으며, 또한 '동動'은 민심이 감동하여 흥기함이 있는 것이라 하고, '변變'은 소인이 낯빛을 바꾸는 것이라 하고, '화化'는 백성이 교화되어 선하게 되는 것이라 하여, 감화가 일어나는 양상의 다양성으로 설명하고 있다. 여기서 그는 "오직 성인이 백성을 교화할 수 있는데, 치곡致曲하는 사람도 그렇게 하니, 익혀서 성性을 이루면 성인의 교화도 이룰 수 있다"[85]고 한다. 이처럼 오규 소라이는 치곡致曲이 배우는 자의 단계라 하지만 성인의 가르침으로서 곡례曲禮를 익혀서 성性을 이루면 성인이 백성을 교화하는 일을 하는 데까지 향상할 수 있음을 제시하고 있는 것이다.

다음으로 '지성至誠-무식無息/불식不息→구久→징徵→유원悠遠→박후博厚→고명高明'의 전개 과정에 대해, 다산은 '지성至誠-무식無息'에서 '지성至誠'을 '중화中和'라 하고 '무식無息'을 '용庸'이라 하며, 특히 불식不息→구久→징徵→유원悠遠으로 전개되는 항구성의 의미가 바로 '용庸'을 의미하는 것임을 지적하여,[86] 전개 과정 전체를 '중中-용庸'의 구조로 파악하고 있다. 또한 다산은 "지성무식至誠無息은 하늘이다. 성인이 하늘을 배워 이미 오래 지속하여 그 덕이 하늘을 닮는 데 이르면 그 공적의 감화도 하늘을 닮는다"[87]라고 하여, '지성至誠-무식無息'을 하늘로서 본받아 지속적으로 실천하여 '하늘을 닮음'(肖天)을 바로 성인이 성誠을 실현하는 과업으로 제시

---

85) 《중용해》, 44-45쪽, "形謂形見於行事也, 著謂著於家也, 明謂明於國也, 動謂民心有感動以興起也, 變謂小人革面也, 化謂民化爲善也. 唯聖人爲能化民, 而致曲者亦然, 蓋謂習以成性, 則聖人之化亦可致也."

86) 《여전》[2], 권3, 24, '중용자잠', "至誠者, 中和也, 無息者, 庸也. ……不息則久, 久則徵, 徵則悠遠, 無息非庸乎."

87) 같은 곳, "至誠無息者, 天也, 聖人學天旣久, 其德至於肖天, 則其功化亦肖天."

한다. 이에 비해 오규 소라이는 "지성무식至誠無息은 이치로 말한 것이요, 불식不息은 배우는 사람으로 말한 것이다"[88]라고 하여, 무식無息과 불식不息을 기준과 실천 과정으로 구별하고 있다. 여기서 다산이 '하늘'을 기준으로 확인하고 있는 데 비하여, 오규 소라이는 다산처럼 '하늘'의 초월적 존재에 대한 의식을 강하게 제시하지 않는다는 점에서 차이를 지적할 수 있다.

또한 다산은 '구久→징徵→유원悠遠→박후博厚→고명高明'에서 특히 '구久→징徵→유원悠遠'의 과정을 해석하는 데 주의를 기울여, "오래 가면 징험 있다는 것은 간직하여 지키기를 이미 오래하면 그 마음을 다스리고 성품을 배양하는 때나 하늘과 인간이 서로 더불어 하는 즈음에 반드시 자신의 마음에 묵묵한 가운데 경험되는 것이 있으니, 이것을 징험이라 한다. 징험이 있으면 그 도를 믿음이 더욱 독실하여 그만두려고 해도 할 수 없으니, 그러므로 더욱 오래 가고 더욱 나아가서 유원悠遠함에 이른다. 유원은 용庸의 극진함이다"[89]라고 언급했다. 곧 성誠을 오래 지켜가서 마음속에 징험이 있다는 것은 '도에 대한 믿음'(信道)을 확립시켜 준다는 것이요, 도에 대한 믿음으로 성誠의 실천이 유원(恒久)함에 이른다는 것은 바로 용庸(恒常)을 통해 중용을 극진하게 실현하는 것임을 지적하고 있다. 여기서 다산은 주자가 '구久'와 '유원悠遠'의 단계를 구별하여 '구久'는 마음속에 간직하는 것이고 '유원悠遠'은 밖으로 징험됨이 유원하게 되

---

88) 《중용해》, 47쪽, "至誠無息, 以理言之, 不息, 以學者言之."
89) 《여전》〔2〕, 권3, 24, '중용자잠', "久則徵者, 持守旣久則其治心養性之時, 天人相與之際, 必有黙驗於自心者, 斯之謂徵也, 徵則其信道益篤, 欲罷不能, 故彌久彌進, 而至於悠遠, 悠遠者, 庸之極也."

는 것이라는 해석을 비판하면서, 바깥에 징험됨이 유원하기만 한 것이 아니라 마음속에 축적되는 것도 유원할 수 있는 것임을 강조하여, 안과 밖으로 분별하는 것을 거부한다.[90]

이에 비해 오규 소라이는 "배우고서 오랫동안 쉬지 않으면 징험이 있으니, 징험은 배움의 효과다. 배움이 징험 있는 데 이르면 이미 물物을 이루니, 이는 익혀서 성性을 이루는 것이요, 그러므로 더욱 유원할 수 있다"[91]고 하여, '징徵(징험)'을 '배움의 효과'로 제시하고 성물成物하고 성성成性하는 성과가 따른다고 밝히고 있다. 반면에 다산은 '징徵'을 '마음속의 묵묵한 경험'이라 하고, 도에 대한 믿음의 기반으로 강조한다. 그만큼 다산이 내면의 체험과 신념을 중시한다면, 오규 소라이는 성인에 의해 주어진 예교禮敎를 배우고 체득하며 실행하는 것을 중시한다고 볼 수 있다.

6. 도道의 기준과 실현 방법의 특성

《중용》은 성인聖人이 도를 밝히고 이를 실현하는 길을 제시하는 것이라 한다면, 그 도를 밝히기 위한 근본 원리를 확인하는 것이 핵심 과제가 될 것이다. 따라서 《중용》에서는 '중화中和－중용中庸'과

---

90) 《여전》〔2〕, 권4, 51, '중용강의보', "章句以悠遠以往, 皆作外驗, 恐未當也, 驗於外則悠遠, 積於內則不悠遠乎, 其義無當."
91) 《중용해》, 47쪽, "爲學而不息, 以至於久, 則有徵. 徵者, 謂爲學之效也, 學至於有徵, 則已成物, 是習成性者也, 故益可以悠遠."

'성誠'이 도道를 실현하기 위한 두 축으로 중요한 의미를 지니는 것이다.

먼저 '중화'와 '중용'의 관계에서 다산은 '중용中庸'의 '중中'이 '중中과 화和'의 양쪽을 포함하는 것이라 하여, '중용' 속에 '중화'를 내포시킴으로써, 중화-중용을 통합시켜 파악한다. 여기서 다산과 오규 소라이는 중화-중용을 도의 실현을 위한 지극한 덕으로 인식하여 이理로 인식하는 성리학적 견해와 명확하게 차별화시키고 있다. 그러나 '중화'의 실현에서 다산이 천天-신神을 두려워하는 신독愼獨의 자세를 기본적 조건으로 강조함으로써 인간의 내면적 정서와 신앙적 태도를 중시하고 있는 입장과는 달리, 오규 소라이는 '중화中和'의 '和'를 예악의 절도에 맞는 것으로 해석함으로써 성인에 의해 외재적으로 주어지는 규범 질서인 예악을 '중화'가 지향하는 조건으로 제시하여 두 사람 사이에 선명한 차이를 드러내고 있다. 즉, 양쪽 모두 주자의 성리학적 해석 틀을 벗어나면서도, 정감의 신앙적 근거를 확보하여 현실에서 실현하고자 하는 다산과, 성인이 제시한 예악이라는 외재적 질서의 원형을 확립하여 현실에서 실현하려는 오규 소라이 사이에 《중용》을 이해하는 시각에서 양극적 차이를 보이는 것이다.

또한 다산은 '중용中庸'의 '용庸'에 대해 '평상平常'이라는 주자의 해석을 비판하면서 '항상恒常'의 뜻으로 강조하여, '중용'과 '성誠'의 덕을 실현함에 항구적 지속성이 중요함을 역설하고 있다. 반면에 오규 소라이는 '용庸'을 '평상平常'으로 보면서 백성들이 쉽게 행할 수 있고 백성들이 쉽게 따를 수 있는 것임을 강조하여 다산과 명확한 차이를 드러낸다. '중용'을 다산은 확고한 신념으로 지속적 실천을 통해 성취해야 할 인격적 덕의 기준임을 강조한다면, 오규 소라이는 대중들에게 받아들여지고 시행될 수 있는 덕임을 강조한다고 볼 수 있다.

'중화-중용'과 '성誠'의 관계에 대해, 다산은 "중화를 이루는 것은 지성至誠이다"라고 하여 양자의 연관성을 확인하고, "지성至誠은 중화요, 무식無息은 용庸이다"라고 하여 중용과 성誠의 일치성을 강조한다. 그러나 오규 소라이는 '성誠'을 소박하게 성심誠心으로 보면서 '성誠'을 '중화-중용'과 일치시키는 해석에 관심을 보이지 않고 있다. 그만큼 다산은 '중용'과 '성誠'의 일관적 이해 속에《중용》 전체를 해석해 가고 있다면, 오규 소라이는 오히려 '성性'과 '성誠'의 일치성에 관심을 보여 도를 실현하는 기준으로 확인한다. 다산이 '성誠'을 성인으로 기준 삼아 인간이 실현해야 할 덕으로 인식하는 데 주목한다면, 오규 소라이는 성인의 덕으로서 '성誠'을 통해 제시되는 예악의 규범 질서를 실현하는 데 관심을 두고 있다고 할 수 있다.

나아가 다산은 '성誠'의 실현에서 신독愼獨의 태도와 귀신(上帝)의 존재를 그 근거로 적극적으로 강조했는데, 오규 소라이도 '성誠'과 '신독愼獨'이나 '귀신'의 긴밀한 연관성을 인정하는 점에서 어느 정도 공통성을 보여주고 있다. 그런데 '성誠'의 실현 방법에서 다산은 누구나 마땅히 해야 할 지성의 실천 과제를 제시하는 데 주의를 기울이고 있다면, 오규 소라이는 성인의 사업으로 파악함으로써, '성'의 사회적 실현에서 성인의 위치를 중시하고 있다. "성誠은 물物의 끝終이요 시작始이다"라는《중용》의 언급에 대해서도, 다산은 물物을 성誠의 실현 영역으로서 안으로 자신과 밖으로 대상을 가리키는 것이라 하는데, 오규 소라이는 물物을 선왕의 가르침의 내용으로서 육예六藝의 조목들로 보고 있다.

다산과 오규 소라이의 《중용》 해석은 주자의 성리학적 틀을 탈피하여 경전의 원래 정신을 회복한다는 입장과 현실적 관심을 중시하는 실학적 자세를 지니고 있다는 점에서 공통점을 지니고 있다. 그러나 《중용》에서 제시된 도의 실현 기준으로서 '중화-중용'과 '성誠'의 개념과 그 실현 방법의 인식에서 각각 그 특징적 차이를 뚜렷하게 드러냄으로써 좋은 대조를 이루고 있는 것이 사실이다. 따라서 《중용》의 도를 실현하는 기준과 방법을 인식하는 데서 드러나는 두 사람 사이에 뚜렷한 차이와 특징을 확인할 수 있다. 곧 다산은 인간의 내면적 인격 형성에서 정감적이고 신앙적 근거의 중요성을 적극적으로 강조하고, 도의 현실적 실현을 위한 바탕으로서 내면의 덕성을 확립하기 위해 '내외일관內外一貫'을 기본 논리로 추구하고 있다. 반면에 오규 소라이는 사회적 법질서의 근거를 성인의 가르침으로서 예악으로 확인하고 이를 실현하는 덕성의 조건을 확인하는 것으로, '성인 교화에 순응' 함을 기본 과제로 제시하고 있는 것이다.

제3장

《중용》의 치도治道와 실현

1. 치도治道의 과제

다산은 《중용》의 '도를 실현하는 것'(行道)은 "천하의 사람으로 하여금 성性을 따르는 도道를 모두 준수하게 하는 것"[1]이라 규정하여, 도의 근원으로서 천명天命의 성性을 아는 지천知天·지성知性의 문제와 더불어 도의 실현으로서 치도治道를 실행하는 치인治人·치민治民의 문제를 표리 관계의 일관된 과제로 제시되고 있음을 보여준다. 이러한 이해는 바로 《대학》에서 명명덕明明德과 친민親民으로 수신修身과 치인治人이 일관되고 있는 것과 동일한 사유 구조임을 확인할 수 있다.

다산이 《중용》을 통해 치도治道의 실현 방법을 인식하는 과제는

---

1) 《여전》[2], 권3, 4, '중용자잠', "令天下之人, 咸遵率性之道, 方可謂之行道."

크게 네 단계로 해명해 볼 수 있다. 곧 ① 치도의 원리를 파악하는 문제 ② 치도의 방법을 규정하는 문제 ③ 치도의 주체를 확인하는 문제 ④ 치도의 실천 과제를 밝히는 문제다.

첫째, 치도의 원리를 파악하기 위해서는 '서恕'(忠恕)를 주목해야 하는데, 그 구체적 내용으로 '이인치인以人治人'의 원리를 주목할 필요가 있다. 치도의 원리에서 사람을 핵심 주제로 확인하는 것은 치도가 바로 인간과 인간관계를 통한 인간 존재의 삶을 실현하는 것을 의미하기 때문이다. 다산은 인간과 인간의 관계를 통한 인간의 조건을 '인仁'으로 제시하고 있으며, 인仁을 축으로 자신을 닦아가는 '수신修身'의 과제와 남을 섬기는 '사인事人'의 과제가 일관하는 인도人道의 세계를 밝혀 주는 것이 의미있는 과제가 될 것이다.

둘째, 치도의 실현을 위한 방법은 그 기준으로서 인륜이 중시되고, 이와 더불어 치도의 실현을 위한 제도적 장치로서 예제禮制가 강조된다. 《중용》에서는 성誠을 천도天道로서의 '성자誠者'와 인도人道로서의 '성지자誠之者'로 분별하여 제시함으로써 도의 실현을 위한 기준과 그 실현의 방법을 제시하고 있다. 곧 '중화-중용'은 '성誠'으로서 그 실현의 기준이 되고 있다면, '달도達道-달덕達德'은 '성지誠之'로서 그 실현 방법의 조건으로 대비시켜 볼 수 있다. 특히 도의 기준과 실현 방법을 일관하는 '성誠'은 《중용》의 도를 해명하는 데 중요한 위치를 차지하는 것이다. 또한 '달도達道-달덕達德'은 인륜으로서 '인'·'효' 등의 구체적 덕목으로서 치도의 기준을 구체적으로 제시되고 있는 사실을 주목할 필요가 있으며, '서恕'의 규범 원리가 어떻게 인륜의 규범과 연결되고 있는지 확인할 필요가 있다. 또한 '예禮'의 법제는 《중용》에서 치도의 실현 방법으로서 중요한 비중을 차지하고 있다는 사실을 유의해야 할 것이다.

셋째, 치도의 실현을 위한 인격적 주체로서 성인·군자의 도와 덕을 해명할 필요가 있다. 곧 치도의 실현을 위해서는 치도를 제시하고 시행하는 실현 주체로서 성인·군자의 역할이 없이는 불가능하며, 특히 성인의 덕을 이루어 치도를 밝혀 준 공자의 인격적 조건과 사회적 역할을 확인함으로써 치도의 원리와 근거가 확립될 수 있을 것으로 본다.

넷째, 치도의 구체적 실행 과제와 성격을 확인할 필요가 있다. 곧 치도의 구체적 실현 과제로서는 《중용》에서 제시하고 있는 아홉 가지 조목인 '구경九經'의 문제가 검토되어야 할 것이다. 또한 성인의 도는 그 시대와 사회에서 백성을 다스리는 치도를 통해 도의 구체적 양상으로 드러나고 있다. 치도의 원리로서 이인치인以人治人의 치인治人 방법과 구경九經의 치도를 위한 과제가 어떻게 일반적 실현 방법으로 제시되고 있는지를 해명하는 것이 《중용》의 도를 이해하는 기본 과제가 될 것이다.

다산은 치도의 원리에서 인간 존재의 이해를 통해 주자의 해석을 벗어나 치도의 독자적인 해석을 추구하고 있다. 이러한 《중용》의 치도에 대한 해석에서 다산의 특징적 성격을 더욱 선명하게 드러내기 위해 오규 소라이의 경우와 비교하는 것은 매우 흥미로운 일이다.

오규 소라이는 '도'를 정의하여, "도는 통합한 명칭이요, 말미암는 바가 있음을 말한다. 옛 성왕聖王이 세운 것으로 천하 후세의 사람으로 하여금 이를 말미암아 행하고, 자기도 이를 말미암아 행한다. 사람이 길(道路)을 따라서 다니는 것에 비유하여 도라고 한다. 효제孝悌와 인의仁義로부터 예악禮樂과 형정刑政에 이르기까지 합하

여 이름을 붙였으므로 통합한 명칭이라고 한다"[2]고 하여, 성왕聖人
이 세운 법도로서 도를 제시한다. 그만큼 도는 효제·인의의 도덕
규범으로서의 성격과 더불어 예악·형정의 치도로서의 성격을 분명
하게 확인하고 있다. 치도의 실현을 위한 원리와 조건과 주체의 문
제를 중심으로, 주자의 이학적理學的 해석에서 벗어나 독자적 해석
체계를 수립하는 다산의 실학적 체계와 오규 소라이의 고학적 체계
가 보여주는 차이를 대비시킴으로써, 《중용》에서 치도를 해석하는
입장의 폭이 얼마나 넓을 수 있는지를 확인할 수 있을 것이다.

2. 치도治道의 원리

(1) 이인치인以人治人과 서恕

다산은 《중용》의 성性·도道·교敎는 인간에 속하는 것으로서 인
성人性·인도人道·인교人敎라고 역설하고 있다. 따라서 그는 "도가
나에게 있지 않으면 도는 사람에게서 멀어진 것이니, 이미 사람의
도라 말하고서 사람의 몸에서 멀어졌다면 도라고 할 수 없다"[3]고 밝
힌다. 곧 다산은 '도'가 사람에게서 떠나 있는 것이 아니요, 바로 자

2) 오규 소라이荻生徂徠, 《변명辨名》, '道', "道者統名也, 以有所由言之, 蓋古先聖王所立焉, 使天
　下後世之人由此以行, 而己亦由此以行也, 辟諸人由道路以行, 故謂之道, 自孝悌仁義, 以至禮
　樂刑政, 合以名之, 故曰統名也."
3) 《여전》[2], 권3, 14, '중용자잠', "道不在我, 則道遠於人也, 旣曰人道而遠於人身, 則不可以爲
　道."

신에게 있는 것임을 강조한다. 따라서 도가 자신에게 있다는 것은, 바로 자식에게 요구함이 있으면 부모를 섬기는 도가 나에게 있으며, 신하에게 요구함이 있으면 임금을 섬기는 도가 나에게 있고, 아우에게 요구함이 있으면 형을 섬기는 도가 나에게 있다는 것이다. 이것이 바로 '서恕'의 원리다. 다산은 "중용의 도를 행하고자 한다면 '서恕'가 아니면 할 수가 없으니, 하나의 '서恕' 자는 글자로 만사와 만물을 꿰뚫을 수 있다"[4]고 하여, '서恕'를 인간의 모든 일에 통용되는 기준이요, '중용'이라는 도를 실현하기 위한 필수적 근본 원리임을 밝히고 있다.

《중용》에서는 '서恕'의 원리를 구체적으로 제시하여 '이인치인以人治人'이라 언급하고 있다. 다산은 '이인치인'을 해석하면서 "사람에게 요구하는 것으로 사람을 섬기는 것이다. 내가 사람을 섬기는 것이 내가 사람에게서 요구하는 것과 다르면 내가 하는 것을 고친 다음에야 그만둔다"[5]라고 했다. 곧 내가 남을 섬기는 것과 내가 남에게 요구하는 것을 일치시키는 '서恕'를 원리로 삼아 실천하는 것이며, 이렇게 일치되지 않을 때는 나 자신의 행위를 고쳐야 한다는 수신修身의 과제로 확인하고 있는 것이다. 여기서 주자는 "그 사람의 도로서 도리어 그 사람의 몸을 다스리니, 그 사람이 고칠 수 있으면 곧 그치고 다스리지 않는다"라고 하여 사람을 다스리는 치도의 방법으로 설명했다. 다산은 주자의 이러한 견해를 전면으로 거부하고, '이인치인'에 대해 "순전하게 자신을 닦는 공부요, 본래 사람을 다

<hr>

4) 같은 곳, "欲行中庸之道者, 非恕不能, 一恕字可以貫萬事萬物."
5) 같은 곳, "以人治人者, 所求乎人以事人也, 我之所以事人者, 與我之所以求於人者不同, 則改我之所爲而后已."

스리는 설명이 아니다"[6]라고 강조했다. 그것은 '서恕'로서의 '이인치인'이 바로 치도의 실천 방법이 아니라, 치도의 근본 원리로서 수신修身의 공부임을 밝혀 주는 것이라 할 수 있다.

또한 다산은 '이인치인以人治人'의 '치인治人'은 치민治民·치죄治罪의 경우처럼 '다스린다'는 뜻이 아니라 치직治職·치사治事의 경우처럼 '담당한다' 혹은 '처리한다'는 뜻으로 본다. 따라서 그는 어버이를 섬기고 임금을 섬기는 일도 모두 '치인治人'하는 것이라 하여, '치인'을 '사람을 다스린다'는 뜻이 아니라 '사람을 섬긴다'(事人)는 뜻으로 해석하고 있다.[7] 그만큼 치도의 원리로서 '서恕' 내지 '이인치인以人治人'은 치도의 대상으로 사람 혹은 백성을 어떻게 다스릴 것인가의 문제에 앞서서 나의 주체적 태도를 어떻게 정립할 것인가 하는 근본의 문제에 철저한 주의를 기울이고 있는 것이다.

다산이 도를 '사람의 도'(人道)로서 나에게 있다고 인식하는 것과는 달리, 오규 소라이는 도를 선왕의 도라고 규정하여, "선왕이 인성을 따라 도를 수립하였으므로 선왕의 도는 인성에 가깝다. ……그러므로 사람이 선왕의 도를 배우면서 고원한 데 힘써 실행하는 데 미치기 어려운 것은 비록 명목으로 선왕의 도라고 하더라도 실지는 선왕의 도가 아니다"[8]라고 언급한다. 곧 도는 선왕이 세운 도로서 내가 배우고 행해야 할 규범으로 주어지는 것이라는 점을 강조하는 것

---

6) 《여전》〔2〕, 권4, 18, '중용강의보', "朱子曰以其人之道, 還治其人之身, 其人能改, 卽止不治, 今案此節, 純是自修之功, 本非治人之說, 朱子專以治人爲說, 恐失本旨."
7) 같은 곳, "治人之治, 當讀之如治職治事之治, 不可作治民治罪之治, 事親事君, 皆治人也, ……事人者以人而治人, 其義一也."
8) 《중용해》, 19쪽, "先王率人性以建道, 故先王之道, 人性所近, ……故人學先王之道, 而務爲高遠難及之行者, 雖名爲學先王之道, 然實非先王之道."

이다. 내가 판단하고 실행하는 도로 인식하는 다산과는 뚜렷한 입장의 차이를 보인다. 또한 오규 소라이는 '이인치인'을 "사람의 도로서 사람의 허물과 악을 추궁하고 징치하여, 그 사람이 고치면 그치고 다시 깊이 요구하지 않는다"[9]고 해석하여, 남의 허물을 다스리고 남을 고치게 하는 치도의 다스리는 행위로 파악한다. 이는 다산이 자신을 돌아보고 스스로 고치는 '서恕'의 의미로 해석하는 것과는 달리 상반된 입장을 보이는 것이다.

나아가 다산은 '서恕'를 하나로 모든 것을 꿰뚫는 것이요, '충서忠恕'는 속마음에서 '서恕'를 행하는 것이라 하여, 주자처럼 '충서忠恕'를 해석하여 '자기를 다하는 것'(盡己)을 '충'이라 하고, '자기를 미루어가는 것'(推己)을 '서恕'라고 하면 '충忠'과 '서恕'가 두 가지가 되는 것이라고 비판한다.[10] 따라서 다산은 '충서忠恕'를 백성을 다스리거나 일을 처리하는 것이 아니라 자신을 닦는 수신修身의 공부임을 강조한다.[11] 그만큼 다산은 '충서忠恕'가 백성을 다스리는 치도의 방법이 아니라 치도의 원리로서 자신을 수양하는 인격적 근거를 확립하는 것임을 강조하고 있는 것이다.

여기서 오규 소라이는 "'충서忠恕'는 모두 사람과 교섭하는 도이니, 남을 위하여 그 일을 대신하는 자는 자신을 그 일에 들여넣어 자기 일처럼 보는 것이 '충忠'이요, 남에게 시행하는 자는 돌이켜 자기 마음을 헤아려 반드시 자기 마음이 원하는 바와 같게 하는 것이 '서

---

9) 《중용해》, 20쪽, "以人之道而責治人之過惡, 其人改則止, 而不復深求也."
10) 《여전》[2], 권3, 15, '중용자잠', "恕者以一而貫萬者也, 謂之忠恕者, 以中心行恕也, 若必盡己之謂忠, 推己之謂恕, 則忠恕仍是二物, 恐不可也."
11) 《여전》[2], 권4, 18, '중용강의보', "忠恕者, 自修之工, 豈所以治民治事者乎, 大不然矣."

恕'이다"[12]라고 하여, '충忠'과 '서恕'를 두 가지 일로 구별하여 해석하고 있다. 또한 오규 소라이는 "도는 선왕의 도이니, 선왕의 도는 천하를 편안하게 하는 도이므로 그 도는 인仁을 주장으로 삼으며, 충서忠恕는 인仁을 하는 방법이다"[13]라고 하여, 선왕의 치도로서 인仁을 행하는 방법으로 제시했다. 맹자도 '서恕'를 '인仁'과 연결시켜 언급하고 있다. 이렇듯 오규 소라이는 '서恕'를 천하를 편안하게 하는 선왕의 도로서 인정仁政을 행하는 실천 방법이라 해석하고 있는데, 이것은 치도의 근거가 되는 주체적 인격의 실천 원리로 인식하는 다산의 입장과는 뚜렷한 차이를 보이는 것이다.

(2) 수신修身과 인仁

다산은 《대학》을 해석하면서 "명덕明德을 천하에 밝히는 것이 백성을 친애하는 것이다"(《여전(與全)》[2], 권1, 11, '대학공의')라고 하여, 친민親民의 근본이 명명덕明明德에 있음을 밝히고 있다. 그것은 치도治道의 근본이 바로 인간의 덕을 밝히는 명명덕明明德, 곧 수신修身에 있음을 지적하고 있는 것이다. 이처럼 다산은 《중용》의 해석에서도 치도의 원리가 수신修身에 있음을 중시하고 있다.

《중용》에서는 치도에서 수신修身의 중요성을 강조하면서, 수신修身의 근본으로서 사친事親·지인知人·지천知天을 제시하고 있다. 여기서 다산은 《대학》에서 성의誠意를 수신修身의 근본으로 삼고 《중용》

---

12) 《중용해》, 20쪽, "忠恕皆接人之道也, 凡爲人代其事者, 以身納于其事, 而視如己事, 謂之忠, 凡施於人者, 反度之己心, 而必使如己心所願, 謂之恕."
13) 같은 곳, "道者, 先王之道也, 先王之道, 安天下之道也, 故其道主仁, 忠恕爲仁之方."

에서 지천知天을 수신修身의 근본으로 삼는 것이 그 의리가 같다고 지적하면서, 수신修身의 근본으로 '하늘을 아는 것'(知天)을 주목하여, "하늘을 아는 것이 수신修身의 근본이라는 것은 하늘을 안 다음에 성誠할 수 있는 것이다. ……하늘을 아는 것은 홀로 있는 자리를 삼가는 것이요, 홀로 있는 자리를 삼가는 것이 곧 성誠이다"[14]라고 밝힌다. 그것은 신독慎獨을 통한 '성誠'의 정성스러움을 통해 지천知天을 할 수 있고, 그 근거 위에서 수신修身도 할 수 있음을 말하는 것이다. 그만큼 다산은 치도의 근거가 되는 원리로서 수신修身을 확인하면서 가장 깊은 근거로서 '지천知天'의 근원성을 강조하고 신독慎獨과 '성誠'의 진실한 태도를 요구하고 있다.

또한 '지천知天'에 근거하여 "'사람을 안다는 것'(知人)은 사람이 사람 되는 까닭을 아는 것이다. 하늘이 명한 것을 성性이라 하고, 성性을 따르는 것을 도라고 하니, 이것을 아는 것이 사람을 아는 것이다"[15]라고 하고, 사람이 사람 되는 까닭으로서 천명天命의 성性과 솔성率性의 '도道'를 알아야 지인知人할 수 있다고 지적한다. 이와 더불어 그는 "천도天道를 알고 난 다음에 자신의 성性을 인식하고, 자신의 성性을 인식한 다음에 사친事親하여 수신修身할 수 있다"[16]고 언급하여, 수신修身의 방법으로서 사친事親을 확인하면서, 수신修身의 그 근거로서 자신의 성품을 인식하고 그 성품의 근원인 하늘(天命 · 天道)을 알아야 한다는 근원의 철저한 인식을 강조한다. 이처럼 수신修

---

14) 《여전》[2], 권3, 19, '중용자잠', "知天爲修身之本者, 知天而後能誠也, 大學以誠意爲修身之本, 中庸以知天爲修身之本, 其義一也. ……知天者, 慎其獨, 慎其獨, 卽誠也."
15) 같은 곳, "知人者. 知人之所以爲人也. 天命之謂性. 率性之謂道. 知此則知人矣."
16) 《여전》[2], 권4, 36, '중용강의보', "知天道. 然後認己性. 認己性. 然後可以事親而修身.

身의 근원을 확인하는 것은 수신修身을 확고하게 정립하는 방법이요, 이러한 수신修身의 확립을 근본으로 치도가 실현될 수 있음을 밝히는 것이라 할 수 있다.

이에 비해 오규 소라이는 "선왕의 도는 천하를 다스리는 도요, 천하를 다스림은 덕에 있으며, 덕은 수신修身을 근본으로 삼는다"[17]라고 하여, 치도의 근거로서 수신修身을 근본으로 삼는 덕을 확인하고 있다. 또한 오규 소라이는 "수신修身·사친事親·지인知人·지천知天 중 하나도 빠뜨릴 수 없으며 본래 무슨 순서는 없다는 것을 말한다. ……이미 사친事親할 생각을 한다면 또한 마땅히 정성스럽게 하는 도리를 알아야 하고, 이미 정성스럽게 하는 도리를 알았다면 마땅히 천성에 근본함을 알아야 한다"[18]고 하여, 수신修身·사친事親·지인知人·지천知天의 관계를 엄격한 순서로서가 아니라 하나도 빠뜨릴 수 없는 일관하는 조건으로 지적한다. 그만큼 수신修身의 실천에서 '사친事親'을 생각함이나, '성지誠之의 도'와 '천성에 근본함'의 인식이 필수적인 조건임을 제시하고 있다. 이처럼 다산이 수신修身의 근본을 근원으로 천명과 성性의 인식을 확립하고자 한다면, 오규 소라이는 수신修身을 근본으로 하는 덕으로 치도의 실현에 주의를 기울이고 있는 차이를 뚜렷하게 드러내고 있는 것이다. 여기서 오규 소라이는 《중용》에서 제시하는 '도'를 선왕의 도로 강조하면서, "후세에 선왕의 도를 낮추어 유자儒者의 도로 삼으니, 유자는 사도師道를 높일 줄만 알지 군도君道를 근본까지 미루어갈 줄을 모르며, 자신

17) 《중용해》, 23쪽, "先王之道, 治天下之道也, 治天下在德, 德以修身爲本."
18) 《중용해》, 34쪽, "言修身·事親·知人·知天, 不可闕一, 本無甚次第. ……旣思事親, 則又當知誠之之道, 旣知誠之之道, 則又當知本諸天性也."

의 결백하게 지키는 의리는 우세하나 백성을 편안하게 하는 인仁은 쇠퇴했으며, 안을 중시하고 밖을 가벼이 여겨 마침내 장자莊子가 말하는 '내성외왕內聖外王'의 이론에 빠지게 되었다"[19]라고 언급한다. 그만큼 오규 소라이는 유자의 내면적 덕성을 중시하는 학문적 도와 선왕의 백성을 다스리는 치도治道를 분별함으로써, '도'를 선왕의 치도로서 강조하고 있는 것이다.

《중용》에서는 "정치를 함은 사람에 달려 있다"(爲政在人)고 밝히며, '신身'(인품)으로써 취인取人하고, '도'로써 수신修身하고, '인仁'으로써 수도修道하는 것으로 제시하고 있다. 여기서 주자는 '인人'을 어진 신하라 하고 '신身'을 임금 자신이라 하여 "정치를 함은 사람을 얻는 데 있다"는《공자가어孔子家語》의 언급을 해석의 근거로 받아들였다. 이에 대해 다산은 '인人'이란 정치를 담당할 인물을 가리키는 것으로 인재를 얻는 일반적 원칙을 의미하는 것이며, 임금이 인재를 얻는 방법을 가리키는 것이 아니라고 거부했다.[20] 그러나 오규 소라이는 "자신에게 덕이 있지 않으면 어진 사람을 알 수 없고 어진 사람도 나오지 않는다"[21]라고 하여, '신身'을 임금으로 파악하는 주자의 견해를 따르고 있다. 이처럼 정치를 함은 "사람에 달려 있다"는 다산의 해석은 "(어진) 사람을 얻는 데 달려 있다"고 보는 해석과는 달리, 사람의 품격으로 인재를 얻는 것을 치도의 원리로 인식하는 것이요, 곧 수도修道·수신修身을 치도의 원리로 인식하고 있음을 알

---

19)《중용해》, 23쪽, "後世先王之道, 降爲儒者之道, 儒者獨知尊師道, 而不知推本君道, 潔身之義勝, 而安民之仁衰, 重內輕外, 卒陷乎莊子內聖外王之說矣."
20)《여전》〔2〕, 권4, 35-36, '중용강의보', "大凡取人之法, 觀其身修, 不必王者得人選人, 乃可曰取人也, ……以人屬臣, 以身屬君, 破碎乖張, 恐不成文."
21)《중용해》, 32쪽, "非身有德, 不能知賢人, 而賢人亦不就."

수 있다.

또한 다산은《중용》에서 "'인'으로써 수도한다"(修道以仁)는 것은 "수도하는 것을 '교'라고 한다"(修道之謂教)는 말과 같은 뜻이라고 확인한다. 따라서 그는 주자가 인仁을 "천지가 만물을 생성하는 마음이다"(天地生物之心)라고 해석하는 것을 거부하고, '인仁'을 부·모·형·제·자子의 '오교五教'로 확인하고 있다.[22] 여기서 다산은 《중용》에서 "인仁이란 사람이니, 종족宗族을 친애하는 것을 크게 여긴다"(仁者人也. 親親爲大)라고 언급한 것이 '인仁'의 뜻을 가장 명백하고 절실하게 해석한 것이라 강조하고, 옛 전자篆字에서 인仁을 '人人'으로 '仁'자를 중첩시켜 쓰고 있는 사실을 들어서, 부父와 자子, 형兄과 제弟, 군君과 신臣, 목牧과 민民의 두 사람이라 하고, "두 사람 사이에 그 본분을 다하는 것을 인仁이라고 한다"라고 정의한다. 또한 그는 "'인仁이란 사람이다'라고 말한 것은 인仁이라는 덕은 사람과 사람 사이에서 생기며, 인人이라는 명칭은 사람과 사람의 만남에서 이루어짐을 말한 것이다. 군신의 의義와 붕우의 신信과 목민牧民의 자慈가 모두 사람과 사람의 본분이지만, 효제孝弟가 인仁을 하는 근본이니 그러므로 '종족을 친애하는 것을 크게 여긴다'고 잘라서 말한다"[23]라고 해석했다. 곧 다산은 치도의 원리로서 인仁은 인간과 인간의 사이에서 성립하는 본분으로서 의義나 신信이나 자慈의 덕목이 모두 인仁에 포함되고 있으며, 효제가 인仁을 실현하는 근본의 방

---

22) 《여전》[2], 권3, 19, '중용자잠', "修道之謂教, 教者五教也, 五教者, 父母兄弟子之教也, 故曰修道以仁."

23) 《여전》[2], 권4, 35, '중용강의보', "凡二人之間, 盡其本分者, 斯謂之仁, ……經云仁者人也者, 謂仁之謂德, 生於人與人之間, 而仁之爲名, 成於人與人之際, 君臣之義, 朋友之信, 牧民之慈, 皆人與人之本分, 然孝弟爲爲仁之本, 故斷之曰親親爲大."

법임을 확인하고 있다.

이에 비해 오규 소라이는 "선왕의 도를 배움에 반드시 인仁에 의거한 다음에 도를 자기가 가질 수 있으므로 '인仁으로써 수도한다'고 한다"[24]고 언급하여, 인仁을 선왕의 도를 배우는 근거로 확인한다. 또한 그는 "사람이 사는 데는 서로 친하고 서로 사랑하는 마음이 있어서 합하여 무리를 이루는 것으로 그 도를 삼는다"고 하여, 서로 친애하는 마음으로서 인仁을 통해 대중이 합하여 무리를 이루는 도가 됨을 강조하며, "의義는 인仁의 분수이니, 다스려 마땅하게 하는 도이다. 이미 합하여 무리를 이루었으면 나누어 다스리지 않으면 어지러워진다"[25]고 하여, 의義를 인仁으로 결합되는 인간 공동체를 다스리는 실현 조건의 하나로 확인하고 있다. 그만큼 오규 소라이는 인仁·의義를 치도의 원리로 인식하고 있지만, 다산이 인간관계에서 성립하는 덕의 인격적 조건으로 강조하고 있는 것과는 달리, 선왕의 도를 실현하는 치도로서 무리(合群)를 이루고 이를 다스리는 원리로서 강조하고 있다.

한 가지 덧붙일 문제는 《중용》에서는 친친親親·존현尊賢·등쇄等殺(예법의 차등적 감쇄)로 인仁·의義·예禮를 언급하면서 지智나 신信을 언급하지 않고 있다는 사실이다. 이에 대해 다산은 옛 경전에 인仁만을 말하거나 인仁·의義를 말하였지만 사덕四德을 갖추어 말할 필요가 없는 것이라 하고, 인仁·의義·예禮·지智는 괘상卦象에서 진震·태兌·이離·감坎에 배당되는 것이라 하고, 맹자가 사단四端으

---

24) 《중용해》, 32쪽, "學先王之道, 必依於仁, 而後道爲己有, 故曰脩道以仁."
25) 《중용해》, 33쪽, "蓋人生有相親相愛之心, 而以合群爲其道, ⋯⋯ 義者仁之分, 理而宜之之道也, 旣已合群, 不分而理之則亂."

로 성선性善을 밝히면서 사덕四德이 인도人道의 큰 절목節目으로 제시되었다고 지적한다.[26] 또한 오규 소라이도 "인仁은 사람의 큰 덕이요, 예禮와 의義는 사람의 큰 단서이다. 예로써 항상함을 지키고 의로써 변화에 대응한다. ……맹자에 이르러 다시 지智를 더하고 한유漢儒에 이르러 다시 신信을 더하여 오상五常의 명칭이 드디어 세워졌다"[27]고 언급하여, 후세의 유학자들이 확고하게 지키는 사덕四德이나 오상五常의 덕목이 맹자 이후에 나온 것임을 밝히고 있다. 이처럼 옛 경전에서 인仁이 치도의 원리로서 근본 덕목이요 의義ㆍ예禮를 포괄하는 것임을 확인하고 있다고 하겠다.

3. 치도治道의 방법으로서 인륜人倫과 예제禮制

(1) 인륜과 오달도五達道ㆍ삼달덕三達德

다산은 치도治道의 방법으로서 인륜을 특별히 중시했다. 그는 "〈순전舜典〉의 오교五敎와 오전五典은 본래 부父ㆍ모母ㆍ형兄ㆍ제弟ㆍ자子이다. ……《대학》의 '천하에 명덕明德을 밝힌다'는 것도 단지 효孝ㆍ제弟ㆍ자慈 삼덕三德이니, 육친六親이 화합하지 않으면 감히 밖으

<hr>

26) 《여전》〔2〕, 권4, 36, '중용강의보', "仁義禮智, 其在卦象, 配之於震兌離坎, 孟子言四端以明性善, 四德固人道之大節目也, 然其在古經, 或單言仁, 或止言仁義, 不必四德每備也."

27) 《중용해》, 33쪽, "仁者人之大德, 禮義者人之大端, 禮以守常, 義以應變, ……至於孟子更加以知, 至於漢儒又加以信, 五常之名遂立."

로 교섭하지 않는 것이 옛 도이다"[28]라고 하여, 치도의 기본 방법으로 가족적 인간관계인 육친六親(父·母·兄·弟·妻·子) 내지 삼덕三德(孝·弟·慈)의 인륜을 제시하고 있다. 또한 그는 "하늘이 사람의 선악을 살피는 방법은 항상 인륜에 있으니, 인륜을 잘하면 하늘을 섬길 수 있다"[29]고 하여, 인륜을 잘 실현하는 것이 하늘을 섬기는 데까지 이르는 근본적 방법임을 강조했다.

《중용》에서 "무릇 일은 예비하면 성립한다"(凡事豫則立)는 구절에 대해, 다산은 《중용》과 《대학》의 전체적 의리를 간직한 것으로 '성誠'의 뜻이라 해석한다. 곧 《대학》에서는 평천하平天下를 하고자 하면 치국治國·제가齊家·수신修身·정심正心·성의誠意의 차례로 그 근본을 거슬러올라가 먼저 해야 하는 것으로 제시하며, 《중용》에서는 윗사람의 뜻을 얻고자 하면(獲乎上) 먼저 벗의 신뢰를 받아야 하고(信乎朋友), 부모에 순종해야 하고(順乎親), 자신에 돌이켜 성실해야 하는(誠乎身) 것으로 제시하여, '성誠'은 모든 일에 앞서 미리 하는 것이라 한다.[30] 이처럼 다산은 '성誠'에서 출발하여 평천하하거나 윗사람의 뜻을 얻는 치도의 출발점이요 근본으로서 내면적 '성誠'의 근거를 강조했다. 이에 비해 오규 소라이는 "옛 성인의 도는 치민治民의 도이니, 이로써 선비가 배우는 것은 반드시 치민治民에 뜻을 둔다"라고 하여, 도를 '치민의 도'(治道)임을 전제로 확인하고, "효제

---

28) 《여전》[2], 권4, 19-20, '중용강의보', "虞書之五教五典, 本是父母兄弟子, ……大學之明明德於天下者, 亦只孝弟慈三德, 六親不和, 不敢外交, 古之道也."
29) 《여전》[2], 권3, 16, '중용자잠', "天之所以察人善惡, 恆在人倫, 善於人倫則可以事天矣."
30) 《여전》[2], 권3, 21, '중용자잠', "豫則立三字, 中庸大學之總義也, 欲平者先治, 欲治者先齊, 欲齊者先修, 欲修者先正, 欲正者先誠, ……欲獲者先信, 欲信者先順, 欲順者先誠, 誠者萬事之所豫也."

孝弟의 덕은 물려받아 가질 수 없으므로 '자신에 돌이켜 성실하지 않으면 어버이에게 순종할 수 없다'고 하는 것이요, 선비가 선왕의 도를 배우는 것은 바깥에 있는 것과 같으니 익혀서 성품을 이룬 다음에 자기 몸에 돌이키면 정성되지 않음이 없으니, 이를 '자신에 돌이켜 정성스럽다'고 한다"[31]고 언급했다. 그것은 자신의 내면에서 배양하는 '효孝·제弟의 덕'과 자신의 바깥에서 주어지는 것으로 배워 익혀야 하는 '선왕先王의 도'를 대비시키는 것이다. 여기서 오규 소라이는 선왕의 도로써 주어지는 치도와 그 자신에서 배양되어야 하는 효孝·제弟의 덕으로써 인륜이 '성誠'을 매개로 안과 밖에서 상응하는 구조를 제시하고 있는 것이다. 이렇듯 다산은 치도→인륜/성誠→사천事天으로 치도의 내면적 근거와 초월적 근원을 주목하고 있다면, 오규 소라이는 치도→성誠→인륜으로 치도와 인륜의 상응관계를 강조한다고 볼 수 있다.

《중용》에서는 인륜의 내용으로 천하에 통달하는 도로서 군신君臣·부자父子·부부夫婦·곤제昆弟·붕우지교朋友之交의 5조목으로 제시된 '오달도五達道'와 그 실현을 위한 덕목으로서 지知·인仁·용勇 3조목으로 제시된 '삼달덕三達德'을 언급하고 있다. 다산은 '오달도'에 대해 모기령毛奇齡과 장태점章泰占의 견해를 자세히 인용하여 인륜의 조목에 대한 이해가 《서경》에서 '오교五教'·'오전五典'·'오품五品'으로 제시되고 《관자管子》의 '육친六親'이나 《예기》〈왕제王制〉편의 '칠교七教', 〈예운禮運〉편의 '십의十義', 〈제통祭統〉편의 '십

---

31) 《중용해》, 41쪽, "古聖人之道, 治民之道也, 是以士之學焉者, 必志於治民, ……孝弟之德, 不可襲取, 故反諸身不誠, 不順乎親矣, 士之學先王之道, 猶之在外矣, 習以成性, 而後反求諸躬, 莫不誠焉, 是謂反諸身而誠也."

륜十倫' 등을 비롯하여 《맹자》의 5조목 '인륜人倫'으로 제시되면서 시대마다 차이가 있다고 한다. 따라서 다산은 주자가 '달도達道'를 '오전五典'과 동일시하는 견해와는 달리, '오전五典'이 《중용》의 '오달도五達道'와 조목에서 차이가 있음을 주목하고 있다(《여전(與全)》 [2], 권4, 38, '중용강의보'). 반면에 오규 소라이는 '치도治道'와 '달도達道'의 관계를 독자적인 시각으로 해석했다. 곧 그는 '달도達道'를 "선왕의 도로서 귀천貴賤이 모두 행할 수 있는 것이다"라고 정의하여, 사천事天·사귀신事鬼神의 도처럼 신분의 차이를 넘어서 누구나 행할 수 있는 것이라 했다. 바로 이 점에서 비천한 신분의 사람은 행할 수 없는 '대신待臣의 도'나 '치민治民의 도'와 고귀한 신분의 사람은 행하지 않는 '백관百官·유사有司의 도'나 '농農·공工·상商·고賈의 도'와 구별하고 있다.[32]

다산은 《중용》에서 오달도五達道와 삼달덕三達德이 그 행함에서 '하나'이고, 도를 아는 세 가지(生知·學知·困知)가 그 앎에서 '하나'이고, 선을 행하는 세 가지(安行·利行·勉强行)가 그 행함에서 '하나'이며, 또한 천하와 국가를 다스리는 방법의 구경九經도 그 행함에서 '하나'라는 뜻의 '一'을 '성誠'으로 지적한다. 이에 대해 "문세文勢는 이에 이르러 용龍이 날고 봉鳳이 춤추며 파도가 치고 물결이 일어나듯 하여, 마침내 하나의 '성誠'자를 토로하니, 마치 풍수가風水家에서 말하는 천리를 행룡行龍하여 마침내 한 자리의 땅에 맺힌다고 하는 것과 같다"는 비유적인 서술로 이를 강조한다. 다산은 바로 이

---

32) 《중용해》, 35쪽, "達道者, 謂先王之道有通貴賤皆得行之者也. ……它如事天事鬼神之道, 待臣之道, 治民之道者, 非賤者所得行之者焉."
　　百官有司之道, 農工商賈之道者, 非貴者所得行之者焉, 故皆非達道者也.

'하나(一)'를 '성誠'으로 해석하는 점에서는 주자의 해석을 받아들이고 있다. 그러나 달도達道와 달덕達德이나 지도知道와 행선行善의 모든 이치가 '성誠'에 근원을 두고 있음을 특히 강조하여, "성인은 여기서 천지와 만물의 이치를 통찰하여 천갈래 가지가 모두 하나의 '성誠'자를 근본으로 삼고, 천가지 물줄기도 모두 하나의 '성誠'자를 원천으로 삼는다"[33]라고 하여, '성誠'의 근원성을 역설하고 있다.

이에 비해 오규 소라이는 "사람의 덕이란 각각 그 성질의 비근함을 따라 갖가지로 달라 아우를 수 없지만, ……다만 지知·인仁·용勇의 세 가지는 지혜로운 자나 어리석은 자나 어진 자나 못난 자나 두루 통하여 사람마다 가지고 있는 것이므로 달덕達德이라 한다"[34]고 하여, 사람마다 그 성질에 따라 덕이 다르지만, 지知·인仁·용勇의 달덕達德은 모든 사람에게 공유되는 일반적 덕으로 제시한다. 여기서 오규 소라이는 오달도五達道를 중용의 덕행으로 지극히 높고 먼 것이 아니라 평상하여 모든 사람이 쉽게 알고 행할 수 있는 도임을 지적하면서, 이 도를 배워서 덕을 이루기 위해서는 사람의 성질을 근본으로 확립할 것을 강조하고 있다. 곧 그는 "성인의 가르침은 자신에서 덕을 이루는 것으로 임무를 삼으니, 자신에 덕을 이루고자 하면서 근본하는 바가 없으면 이룰 수가 없다. 그러므로 사람의 성질에 근본해야 한다. 사람은 성질보다 성실함이 없으니, 성질의 비근하여 쉽게 행할 수 있는 것이 중용이다"[35]라고 언급했다. 곧 인간의 비근한 성질을

---

33) 《여전》[2], 권3, 20, '중용자잠', "文勢到此, 如龍飛鳳舜, 波起瀾興, 畢竟吐一誠字, 如風水家所謂千里行龍, 畢竟結局在一席之地, 聖人於此, 洞察天地萬物之理, 千條百枝, 都以一誠字爲根本, 千流百派, 都以一誠字爲源頭."

34) 《중용해》, 35쪽, "凡人之德, 皆各隨其性質所近, 而種種有殊, 不可得而兼焉, ……祇知仁勇三者, 通知愚賢不肖, 人人而有之, 故曰達德."

근본으로 삼아 이에서 벗어나지 않음으로써 고답적인 관념에 빠지지 않는 것이 바로 《중용》의 기본 취지요, '중용' 이나 '성誠' 이나, '성性' 으로 말하는 것이 같은 맥락임을 밝히고 있는 것이다.

이처럼 다산은 달도達道의 인륜적 덕목과 그 실현을 위한 달덕達德의 실천에서 '성誠'을 근원적 조건으로 강조한다면, 오규 소라이는 달도達道와 달덕達德이 모든 인간의 공통된 덕목으로 그 근본이 인간의 '성질'에 있음을 강조하는 데에서 그 차이점이 드러난다. 다산이 인격적 주체의 성실한 자세로서 '성誠'을 실천의 근본 조건으로 제시하여 치도가 인격적 성실성에 근원하는 것임을 확인하고 있다면, 오규 소라이는 달도達道와 그 실천으로서 달덕達德이 인간의 성질에서 비근한 공통성에 근본하는 것으로 제시하여 치도가 대중의 공통적 성질을 바탕으로 실현되는 일반성을 강조하는 것이다.

또한 《중용》에서 삼달덕三達德과 연결시켜, "호학好學은 지知에 가깝고, 역행力行은 인仁에 가깝고, 지치知恥는 용勇에 가깝다. 이 세 가지를 알면 수신修身하는 방법을 알고, 수신修身하는 방법을 알면 치인治人하는 방법을 알고, 치인하는 방법을 알면 천하와 국가를 다스리는 방법을 안다"(好學近乎知, 力行近乎仁, 知恥近乎勇, 知斯三者, 則知所以脩身, 知所以脩身, 則知所以治人, 知所以治人, 則知所以治天下國家矣)는 공자의 말을 인용하고 있다. 여기서 주자는 삼지三知(生知·學知·困知)가 '지知'요, 삼행三行(安行·利行·勉强行)이 '인仁'이요, 삼근三近(近乎知·近乎仁·近乎勇)을 '용勇'으로 해석했다. 이에

---

35) 《중용해》, 36쪽, "蓋聖人之教, 以成德於己爲務, 欲成德於己而無所本, 則不可得而成矣, 故本諸人之性質, 人莫誠於性質, 而性質之所近而易行者中庸也."

대해 다산은 "호학好學은 배워서 아는 것이요, 역행力行은 이롭게 여겨 행하는 것이요, 지치知恥는 애를 써서 알며 힘써서 행하는 것이다"[36]라고 하여, 주자의 해석을 거부했다. 곧 생지生知·안행安行은 지知·인仁·용勇을 실현한 경우이지만 학지學知·곤지困知나 이행利行·면강행勉强行은 지知·인仁·용勇에 가까운 경우라 하여 차등적으로 인식했다. 여기서 지知·인仁·용勇의 삼달덕三達德을 생지生知·학지學知·곤지困知의 '지知'와 안행安行·이행利行·면강행勉强行의 '행行'에 연결시켜 해석하는 문제에서도, 주자가 생지生知·안행安行을 '지知'로, 학지學知·이행利行을 '인仁'으로 곤지困知·면행勉行을 '용勇'으로 해석하고 있는 것과 달리 장횡거張橫渠는 생지生知·안행安行을 '인仁'으로, 학지學知·이행利行을 '지知'로, 곤지困知·면행勉行을 '용勇'으로 해석하고 있다. 이에 대해 다산은 장횡거의 견해에 동의했다(《여전(與全)》[2], 권4, 39, '중용강의보').

이에 비해 오규 소라이는 주희의 해석에 대해 삼지三知·삼행三行을 세 등급의 자질로 본 것이라고 비판하면서, "생지生知·안행安行이 어리석은 자와 못난 자에게 속하지 않는다면 '지知'와 '인仁'은 달덕達德이 아닐 것이며, 면행勉行이 성인에 속하지 않는다면 '용勇'은 달덕達德이 아닐 것이다"[37]라고 하여, 삼지三知·삼행三行이 모든 인간에 해당되는 것으로 제시했다. 그만큼 오규 소라이는 생지生知·안행安行도 성인의 단계에 해당하는 것이 아니라, 달덕達德이 인

---

36) 《여전》[2], 권4, 39, '중용강의보', "好學者, 學而知之者也, 力行者, 利而行之者也, 知恥者, 困而知勉而行之者也."
37) 《중용해》, 36~37쪽, "生知安行不屬諸愚不肖, 而知仁非達德矣, 勉行不屬諸聖人, 而勇非達德矣."

간의 성질에 근본하는 것이므로 모든 인간의 성질에 따라 '지知'와 '행行'이 드러나는 한 가지 양상으로 파악하여 그 일반성을 강조하고 있는 것이다.

(2) 치도의 방법으로서 예제禮制

《중용》에서는 인仁의 실현에서 종족을 친애함(親親)이 중대하고, 의義의 실현에서 현인을 존중함(尊賢)이 중대함을 강조하면서, "종족을 친애함을 감쇄해 가고, 현인을 존중함을 차등 있게 하는 것이 예가 생겨나는 것이다"(親親之殺, 尊賢之等, 禮所生也)라고 하여, 인仁·의義의 덕德을 실현하는 방법으로서 예禮가 성립하는 것임을 제시한다. 여기서 다산은 "종족을 친애함을 감쇄해 간다는 것은 오복五服의 제도에서 위로 감쇄시켜 가고 아래로 감쇄시켜 가는 것에서나 살아 있을 때 섬기고 죽으면 애도함에서 각각 법도(文)가 있는 것이요, 현인을 존중함을 차등 있게 한다는 것은 다섯 등급의 제후나 공公·경卿·대부大夫·삼사三士·서인庶人의 나누어짐과 수레와 의복이나 깃발과 장식의 구별에서 각각 법도가 있는 것이다"[38]라고 하여, 예禮가 행동의 절도와 신분 제도나 양식의 차등적 분별로 드러남을 지적하고 있다. 오규 소라이도 "친족의 무리에 친밀함과 소원함

38) 《여전》[2], 권3, 19, '중용자잠', "親親之殺, 五服之上殺下殺, 生事死哀, 各有其文也, 尊賢之等, 五等之侯, 公卿大夫三士庶人之類, 車服旗樊章朵之別, 各有其文也." 여기서 다산은 위로 감쇄시켜 가고 아래로 감쇄시켜 가는 경우로서, '제례祭禮'는 고귀한 자가 근본이 되어 감쇄해 내려가는 것으로 천자天子의 제칠세祭七世, 제후의 제오세祭五世, 대부의 제삼세祭三世, 사士의 제일세祭一世인 사실을 들고, '상례喪禮'는 비천한 자가 근본이 되어 위로 감쇄해 가는 것으로 소공小功의 복복은 사士만이 하고, 기년상期年喪은 대부에 미치고, 삼년상은 천자에 미치는 사실을 들고 있다(《여전》[2], 권4, 25, '중용강의보').

이나 높고 낮음이 있고, 어진이와 못난이의 등급도 몇 배의 차이가 있으니 예법의 절도가 없을 수 없다"[39]고 하여, 현실에서 이루어지는 등급적 차별이 예절의 발생 근거로 제시했다.

나아가 《중용》에서는 "교郊·사社의 의례와 체禘·상嘗의 의리를 밝히면 나라를 다스리는 것이 손바닥에 보여주는 것과 같도다"(明乎 郊社之禮·禘嘗之義, 治國其如示諸掌乎)라고 하여, 국가의 제례가 치국의 기본 방법이 된다고 언명했다. 특히 국가의 제사 의례로서 종묘 의례가 중시되는데, 다산은 종묘 의례에서 "사당을 수리하고, 제기를 벌여놓고, 의복을 베풀고, 음식을 올리는 것은 그 존귀함을 공경하는 것이고, 소목昭穆·여수旅酬·서작序爵·서치序齒의 절차는 그 친애함을 사랑하는 것이다"[40]라고 하여, 종묘 의례의 제도나 절차가 존중과 친애의 정신에서 근원하는 것임을 강조한다. 이에 비해 오규 소라이는 '종묘宗廟'를 조상의 사당이라 하고, '종宗' 자는 근본(本)을 뜻하는 것이라 파악함으로써, "조상의 사당은 정치와 교화가 나오는 곳으로 모든 일의 근본이 되므로 '종묘宗廟'라 한다"[41]고 하여, 종묘宗廟가 치도의 근본으로 기능함을 강조하고 있다.

또한 《중용》에서는 '종묘宗廟의례'는 소昭·목穆의 차례를 정해 주는 것이고, '서작序爵'은 귀貴·천賤을 분변하는 것이고, '서사序事'는 현賢을 분변하는 것이고, '여수旅酬'에서 아랫사람을 위로 삼는 것은 비천한 데까지 미치는 것이고, '연모燕毛'는 나이의 차례를 정

---

39) 《중용해》, 33쪽, "親之屬有親疎尊卑, 而賢不肖之等亦相倍蓰, 不可無禮節焉."
40) 《여전》[2], 권4, 32, '중용강의보', "修廟陳器設衣薦食者, 敬其所尊也, 昭穆旅酬序爵序齒者, 愛其所親也."
41) 《중용해》, 30쪽, "宗廟, 祖廟也, 宗者, 本也, 祖廟政教所自出, 萬事根本, 故謂之宗廟."

해 주는 것이라는 의례의 의미와 기능을 제시했다.

　다산은 소소(昭)·목목(穆)의 문제에 대해 세심하게 주의를 기울이고 있다. 곧 그는 소소(昭)·목목(穆)의 차례를 정하는 예법은 오직 태조묘太祖廟에만 있고 다른 묘에는 없다는 견해를 〈제통祭統〉편에 근거하여 확인한다. 곧 태조의 묘에서 여러 조상의 신주를 함께 제사하는 큰 제사인 협향祫享에는 제후들이 모두 이르니 소소(昭)·목목(穆)의 차례를 정한다는 것이며, 그 방법은 태조와 가까운 항렬은 앞줄에 있게 하고 태조와 먼 항렬은 뒷줄에 있게 하는 것이라 밝힌다.[42] 이것은 종묘 제사에 참여하는 살아 있는 사람의 배열하는 차례를 말하는 것이다. 또한 다산은 선왕先王과 선군先君의 소소(昭)·목목(穆)에 대한 이론이 원래 두 가지가 있다고 해명한다. 그 하나는 아비가 소소(昭)요, 자식이 목목(穆)이요, 손이 소소(昭)요 증손이 목목(穆)이 되는 것으로 한번 정해지면 바뀌지 않는 것이요, 다른 하나는 손이 조조(祖)를 계승하면 조가 소소(昭)요 손이 목목(穆)이 되며, 아우가 형을 계승하면 형이 소소(昭)요 아우가 목목(穆)이 되는 것으로 왕위를 이어간 차례로 일관된 순서를 삼는 것이라 소개하면서, 왕위의 계승承統 순서로 소소(昭)·목목(穆)을 정하는 것이 본래의 법도임을 지적한다.[43]

　다산은 종묘 의례의 절차에 대해 세밀하게 고증하고 있다. 곧 '서

---

42) 《여전》〔2〕, 권4, 28, '중용강의보', "祭統之文, 所謂序昭穆之禮, 唯於太祖廟有之, 群廟無此禮也, ……蓋於太祖之廟, 祫享群主, 則諸侯畢至, 乃序昭穆, ……其法使親於太祖者居前列, 疏於太祖者居後列."

43) 여기서 주자의 〈주묘도(周廟圖)〉는 소소(昭)·목목(穆)이 일정하여 바뀌지 않기 때문에, 주왕실에서 후직后稷으로부터 의왕懿王까지 한 자식의 단선적 계승인 경우에는 여기에 해당할 수 있지만, 형兄·제弟나 조祖·손孫이 서로 이어가는 경우에는 설명할 수 없다는 난점을 들어서, 승통(承統)의 순서로 소소(昭)·목목(穆)을 삼는 것이 원래 본법이라 지적한다(《여전》〔2〕, 권4, 29, '중용강의보').

작序爵'은 귀·천을 분변하는 의례로서 소昭·목穆의 세대에 따라 차례가 정해진 동성同姓의 경우에 해당하는 것이 아니고, 이성異姓의 경우는 모든 의례에서 이미 귀·천을 분별하고 있으므로 해당하지 않으며, 다만 동성과 이성이 함께 줄지어 서야 할 때 적용되는 것으로 본다. '서사序事'는 현賢을 분변하는 의례로서 종축宗祝·태재太宰·종백宗伯 등 종묘 의례의 상직常職이 아니라 많은 집사執事들에게 적용되는 것이라 한다. 또한 연례燕禮에서 '여수旅酬'의 의례는 위로 군君에서 아래로 소신小臣까지 내려가는 것이지만 연례를 주관하는 대부인 재부宰夫가 직접 내려가 손을 씻고 술잔을 악공樂工·제사諸士·서자庶子·소신小臣에게 드리는 것이 아랫사람을 위로 삼아 비천한 데까지 미치게 한다는 것이라고 해석한다. '연모燕毛'는 나이의 차례로 자리를 정하는 의례로서 모기령의 설을 따라 제사를 마친 다음에 술잔을 내리는 의례로 확인한다(《여전與全》[2], 권4, 29-32, '중용강의보').

여기서 오규 소라이는 종묘 의례의 의미에 대해 제사의 절차에서는 존귀함을 높이고(尊尊), 제사를 마친 뒤의 연례에서는 친족을 친애한다(親親)는 정현의 해석을 받아들였으며, 특히 종묘 의례에서 소昭·목穆의 차례를 정하는 것은 선인先人의 뜻을 계승하고 사업을 펼치는(繼志述事) 것이라고 밝히고 있다.[44] 또한 오규 소라이는 체禘·상甞 제사의 의미에 대해서도 덕을 높이고, 어진이를 친애하며 친족을 친애하고 미천한 데까지 미치는 것이라는 4조목을 들어, 이러한 의리에 따라 제사 의례를 통해 치국의 도를 밝힐 수 있음을 지

---

44) 《중용해》, 30쪽, "宗廟之禮, 其大體皆在序昭穆, ……皆周公所定之禮, ……亦繼述之事也."

적했다.[45] 이처럼 종묘 제사의 의례에 대한 해석에서 다산이 의례 절차의 의미에 관심을 기울이는 데 비해, 오규 소라이는 종묘 의례가 지닌 치도로서의 기능을 주목하고 있음을 알 수 있다.

《중용》에서는 천자가 아니면 의례議禮(예를 논의함)·제도制度(법도를 제정함)·고문考文(문자를 살펴 조사함)을 할 수 없다 하고, 천자의 지위와 성인의 덕을 지닌 사람, 곧 성왕聖王이 아니면 예禮와 악樂을 지어서는 안 된다고 언급하고 있다. 이에 대해 다산은 '의례議禮'에 대해 안에서 오전五典을 신칙하고 오례五禮(吉凶軍賓嘉의 禮)를 분변하며 밖에서 오기五器(圭璧)를 받고 오례五禮(公·侯·伯·子·男의 禮)를 닦는 것이라 제시함으로써, 예법의 제도적 내용을 규정하는 데 주의를 기울이고 있다(《여전與全》[2], 권4, 29, '중용강의보'). 이에 따라 다산은 "임금은 반드시 스스로 성인의 경지에 이르렀다고 한 다음에 예禮와 악樂을 제작하는 것이 아니라, 예禮와 악樂을 제작함은 저절로 성인의 경지에 도달한 사람에게서 나오지 않을 수 없다는 것이다. 어떻게 알 수 있는가? 성인이 백성의 몸과 마음에서 그 이익과 병통을 밝게 알고 있으며, 자신이 사람을 사랑하는 마음이 본래 절실하므로 부득이 예禮와 악樂을 제작하게 되는 것이다"[46]라는 이벽의 언급을 인용하여, 천자의 지위와 성인의 덕을 지니지 않으면 예禮와 악樂의 제작을 금지한다는 뜻이 아니라 백성을 절실히 사랑하는 성인의 덕에서 예禮와 악樂이 나올 수밖에 없음을 지적하

45) 《중용해》, 31쪽, "禘嘗之義, 崇德尊賢親親逮賤, 莫不備矣, 故治國之道可明焉."
46) 《여전》[2], 권4, 57, '중용강의보', "李德操云, 人君不必自謂到聖域而後乃制作, 唯制作, 自不得不出於到聖域者矣, 何以知之, 聖人明知生民身心之利病, 而自已愛人之心本切, 故不得不制作焉."

고 있다.

이에 비해 오규 소라이는 '불의례不議禮'를 감히 비난하여 의논하지 못하는 것이라 하고, 존숭하여 봉행하며 감히 어기지 못하는 것이라 하며, "삼대에 혁명하여 예禮·악樂을 제작함에 '제도制度'와 '고문考文'의 두 가지는 예禮 가운데 중대한 것으로 대일통大一統의 방법이므로, 천자가 아니면 고쳐서 지을 수 없다"[47]고 언급한다. 그만큼 선왕이 제정한 예법을 모두 받들고 따라야 할 통치 질서의 권위로서 강조하는 점에서 관심의 차이를 뚜렷하게 보여주고 있다.

4. 치도治道의 주체로서 성인

(1) 성왕聖王의 도道와 덕德

《중용》에서는 치도治道의 주체로서 성인 내지 군자의 덕과 역할이 중시되고 있다. 다산은 '성현聖賢'의 '성聖'자는 '성취된 덕을 총괄하는 명칭'(成德之總名)이고, '성지聖智'의 '성聖'자는 '한 가지 덕을 오로지 일컫는 것'(一德之專稱)이라고 하여, '성聖'의 뜻이 구별되어 쓰이고 있음을 지적한다(《여전與全》[2], 권4, 67, '중용강의보:(附)熙政堂中庸講錄'). 또한 《중용》에서는 치도의 기준을 제시한 성인이면서

47) 《중용해》, 53-54쪽, "不議者, 謂不敢非議之, ……尊崇奉行而不敢違之, 是不議也, ……三代革命, 制作禮樂, 而制度考文二者, 乃禮中大者, 所以大一統也, 故非天子不得改作也."

제왕의 지위를 지녔던 '성왕聖王'으로서 특히 순舜과 문왕文王·무왕武王·주공周公의 덕을 드러내고 있다. 여기서 다산은 《중용》에서 '순기대효야여舜其大孝也與, 덕위성인德爲聖人' 절과 '무우자기유문왕호無憂者其惟文王乎' 절 및 '중니조술요순仲尼祖述堯舜, 헌장문무憲章文武' 절이 순舜과 문文·무武의 일을 두루 서술한 것이라 지적했다(《여전與全》[2], 권3, 16, '중용자잠').

순舜에 대해 대효大孝요 성인의 덕을 이루고 천자의 지위에 올랐던 사실과 더불어, "대덕은 반드시 천명을 받는다"(大德必受命)는 《중용》의 언급이 있다. 이 구절에 대해 다산은 공자가 대덕大德을 지녔지만 지위와 작록과 천명을 얻지 못한 것은 천도天道가 변하였기 때문으로 공자를 안타까워하여 말한 것이라고 해석한다.[48] 그러나 오규 소라이는 순舜이 효제孝弟로 말미암아 성인의 덕을 이룬 것으로, 낮은 데로부터 높은 데로 오름을 말하는 것이라 하고, "도의 큰 근원이 하늘에서 나오므로 대덕大德의 인물은 반드시 천명天命을 받는다"[49]고 하여, 천명이 대덕大德에 주어지는 필연적 사실을 강조하고 있다. 다산은 순舜을 비롯한 옛 성왕의 경우 대덕大德이 천명天命을 받았지만, 천도天道가 변한 역사적 현실에서 "군자의 도는 선을 하는 것일 뿐이요, 작록이나 지위나 명예나 수명은 군자가 기약할 바가 아니다"[50]라고 하여, 대덕大德이 천명天命을 받아 제왕의 지위에 오르는 것이 필연적 과정이 아님을 강조하고 있지만, 오규 소라이는 제왕의

48) 《여전》[2], 권3, 16, '중용자잠', "曰大德必得其位, 必得其祿, 又曰大德必受命, 蓋傷仲尼也, 仲尼有大德而不得位·不得祿·不受命, 蓋天道至此而一變矣."
49) 《중용해》, 26–27쪽, "由孝弟以成聖人之德, 卽登高自卑意, ……道之大原出於天, 故大德之人, 必受天命."
50) 《여전》[2], 권4, 24, '중용강의보', "君子之道, 爲善而已, 祿位名壽, 非君子之所期也."

권위가 천명에 있음을 확인하는 데 관심을 기울이고 있는 차이를 보여준다.

또한《중용》에서는 문왕文王의 부업父業을 무왕武王·주공周公이 계승하여 펼치는 달효達孝의 덕과 주공이 예禮로 정립하여 문왕·무왕의 덕을 성취한 사실을 언급하고 있다.[51] 다산은 주공이 모든 제사 의례를 주관했고, 무왕이 천명을 받은 뒤에 선공先公인 태왕大王과 왕계王季를 천자의 예禮로 제사하는 '추왕追王의 예법'을 정했음을 지적한다.[52] 여기서 오규 소라이는 "주공에 이르러 예禮·악樂을 제작하여 문왕과 무왕의 덕을 이루었으니, 예禮가 아직 제작되지 않으면 그 덕이 이루어지지 않음이 있다"고 하여, 예禮·악樂의 제작을 통해 성인의 덕이 완성되는 것임을 제시하며, 이와 더불어 주공이 효孝를 통해 문왕·무왕의 덕을 성취시켰던 사실을 밝히고 있다. 여기서 오규 소라이는 주공이 제정한 예禮가 바로 효孝의 덕을 표출하는 것임을 강조하여, "무왕과 주공은 상喪·제祭의 예禮를 정하여 천하에 통달하게 하니, 이것은 그 효孝를 천하에 넓히는 것이므로 달효達孝라고 한다"[53]라고 언급했다. 따라서 오규 소라이는 "성인의 도는 효孝·제弟의 덕이 천하에 통달하는 것이니, 이른바 중용의 덕이다"[54]

---

51) 다산은 주자의《중용장구》에서 제18장(無憂者, 其惟文王乎節)과 제19장 첫머리(武王周公, 其達孝矣乎節)를 하나의 장으로 통합하고, 제19장의 둘째 절(春秋修其祖廟節)과 분리시키고 있지만, 오규 소라이는《대학장구大學章句》의 제18장과 제19장 전체를 통합하여 하나의 장으로 삼고 있는 점에서 다산과 차이를 보인다.

52)《여전》[2], 권4, 24, '중용강의보', "凡大小祭典, 皆周公爲之, 武王垂拱仰成而已, 追王之事, 本出於周公之手."

53)《중용해》, 28–29쪽, "至於周公, 乃制作禮樂, 以成文王武王之德也, 蓋禮未作, 則其德有所未成也.……武王周公定喪祭之禮, 達諸天下, 是廣其孝於天下也, 故謂之達孝."

54)《중용해》, 31쪽, "聖人之道, 孝弟之德達諸天下, 所謂中庸之德也."

라고 하여, 성인의 도로서 효(孝·弟)를 강조하고, 효孝를 천하에 통달하게 하는 것으로 성인의 치도가 지닌 핵심적 성격을 확인하고 있는 사실이 주목된다.

나아가《중용》에서는 '성인의 도'를 서술하면서, 만물을 발육하여 하늘까지 극진하게 높이 이르렀다 하고, 예의와 위의를 갖추어서 그 사람을 기다린 다음에 행하여지는 것이요, 성인의 '지극한 덕'(至德)이 아니면 '지극한 도'(至道)가 응집되지 못한다고 찬탄했다. 여기서 다산은 "하늘은 지극히 성실하므로 하늘에는 일·월·성신이 매어 있고 땅에는 초목·금수가 살아가며, 성인은 지극히 성실하므로 양양하게 만물을 발육하며, 경례經禮 3백 가지나 곡례曲禮 3천 가지가 그 사람을 기다려 행해진다"[55]고 해석하여, 하늘과 성인이 '지극히 성실함'(至誠)에서 일치하여 상응할 수 있음을 강조하고 있다. 이에 비해 오규 소라이는 "위로 옛 성인의 세상을 말하므로 '성인의 도'라고 하는 데 그치지만, 아래로 옛 성인의 도가 지금 남아 있는 것을 말하면 '예禮'라고 한다"[56]고 지적하여, '성인의 도'가 예(禮·樂)의 형태로 남아 있음을 강조함으로써 '성인의 도'와 '예禮'를 동일한 의미로 확인하고 있다. 또한 그는 '지덕至德'은 공자를 가리킨 것이고, '지도至道'는 옛 성인의 도라 하여, "공자가 나오지 않았다면 문왕·무왕의 도는 흩어져 어진이는 그 큰 것만 알고 어질지 못한 이는 그 작은 것만 알 것이니 누가 이를 통일시킬 수 있겠는가?

---

55)《여전》[2], 권3, 24, '중용자잠', "天以至誠之故, 在天則日月星辰繫焉, 在地則草木禽獸生焉, 聖人以至誠之故, 亦洋洋乎發育萬物, 經禮三百, 曲禮三千, 待其人而行."
56)《중용해》, 51쪽, "聖人之道, 卽禮樂也, 上以古聖人之世言之, 故止言聖人之道, 下以古聖人之道存乎今者言之, 故言禮."

공자가 나온 다음에 옛 성인의 도는 육경六經에 모여 있어서 후세에 전해질 수 있으니, 공자가 지위를 얻었다면 반드시 이를 행할 수 있었을 것임을 증거한다"[57]고 해, 옛 성인의 도를 응집해 후세에 전해준 계승자요 전수자로서 공자의 역할과 위치를 강조하고 있다.

《중용》에서는 군자의 도로서 '존덕성尊德性'과 '도문학道問學', '치광대致廣大'와 '진정미盡精微', '극고명極高明'과 '도중용道中庸', '온고溫故'와 '지신知新', '돈후敦厚'와 '숭례崇禮'의 10단段을 제시하고 있다. 다산은 이 10단의 구조에 대해 '존덕성尊德性'은 지성至誠이요, '광대廣大'는 박후博厚요, '고명高明'은 고명高明으로 대응시키면서, 공자의 도는 아래의 비근한 현실에서 배워 위로 고원한 이상에 도달하는 것(下學而上達)이라 하여, 지천知天을 근원의 첫머리로 삼지만 하학下學의 방법에서는 '도문학道問學'을 공부의 첫머리로 삼는다고 지적한다. 곧 '문학問學'의 공부 방법은 '정미精微'를 극치로 삼고, 학문이 정미하게 되면 그 몸은 '중용의 도'에 말미암게 되는 것으로 연결시켜 해석하는 것이다. 또한 다산은 이벽의 견해를 받아들여 존덕성尊德性·치광대致廣大·극고명極高明의 위 3단은 '천덕天德'이요, 도문학道問學·진정미盡精微·도중용道中庸의 아래 3단은 '인도人道'라는 상응 구조로 제시하고, '온고溫故'·'지신知新'과 '돈후敦厚'·'숭례崇禮'는 오래 가게 하는 실천 방법으로 밝히고 있다.[58] 다산은

------

57) 같은 곳, "至德, 謂孔子, 至道, 卽古聖人之道, ……孔子不出, 則文武之道散, 賢者識其大者, 不賢者識其小者, 孰能統一之, 孔子出而後, 古聖人之道, 聚在六經, 可傳諸後世, 以證孔子若得位必能行之."

58) 《여전》[2], 권3, 25, '중용자잠', "尊德性者至誠也, 廣大者博厚也, 高明者高明也, ……然孔子之道, 下學而上達, 故中庸雖以知天爲首功, 其下學之方, 必以道問學爲首功, 問學之法, 以精微爲極致, 學旣精微, 則身由中庸之道, 由是觀之, 上三段天德也, 下三段人道也, 溫故以下, 所以爲悠久也(曠菴之義)."

'존덕성尊德性纜'에서 '덕德'은 효孝 · 제弟 · 충忠 · 신信이나 인仁 · 의義 · 예禮 · 지智의 덕목을 몸소 행해야 '덕'이 있게 되는 것이라 지적하면서, '덕성德性'에 대해서는 "성性이란 본래 선을 좋아하는 것으로, 감응함에 따라 발현하면 선심善心이 아님이 없으며, 이 선심을 확충하면 인仁 · 의義 · 예禮 · 지智가 될 수 있으므로 그 성性을 덕성이라 한다"[59]고 하여, 천명으로서의 성性을 바로 덕성이라 하여, 덕성을 덕의 근거로서 확인한다. 따라서 덕성은 천명이므로 높이지 않을 수 없다는 것이다.

여기서 오규 소라이는 이 10단이 군자의 학문 방법을 말한 것으로 공자가 학문으로 성인에 이르렀음을 밝혀 주는 것이라 하여, 성인에 이르는 공자의 학문 방법을 보여주는 것이라고 파악한다. 오규 소라이도 '덕성德性'을 천명으로 사람마다 가지고 있는 것이라 확인하고, 하늘의 명함을 배양하여 이루는 것을 높이는 것이라 하며, 덕성을 배양하는 방법이 바로 '문학問學'으로 시詩 · 서書 · 예禮 · 악樂을 배우는 것이라 한다.[60] 특히 오규 소라이는 이 10단을 공자가 학문으로 성인에 이르는 방법을 말한다는 것은 바로 공자가 옛 성인의 도를 배워서 성인에 이르는 것임을 강조하고 있다.[61] 그만큼 오규 소라이는 성인에 이르는 학문의 내용은 바로 옛 성인의 도가 기준이 되고 있음을 확인하는 것이다.

---

59) 같은 곳, "孝弟忠信 · 仁義禮智, 斯爲之德, 未及躬行, 安有德乎, 然而謂之德性者, 性本樂善, 隨感而發者, 無非善心, 擴充此心, 可以爲仁義禮智, 故名其性曰德性也."
60)《중용해》, 51쪽, "此言君子學問之方, 以明孔子學以至聖人也, ……德性而曰尊, 天所命也, 天之所命, 故養以成之, 是謂之尊也, 養之道在問學, 問學, 卽學詩書禮樂之敎."
61)《중용해》, 52쪽, "其意蓋謂孔子學古聖人之道以至聖人者也."

(2) 공자의 도와 덕

공자는 성인의 덕을 지녔지만 제왕의 지위에 오르지 못한 인물이다. 따라서 공자는 성인으로 높여지기도 하고, 군자의 모범으로 인식되기도 한다. 《중용》에서는 공자의 도를 해명하여, "요·순의 도를 조종祖宗으로 삼아 펼치고, 문왕·무왕의 제도를 본받으며, 위로 천시天時를 법도로 삼아 따르고, 아래로 수토水土를 이어 쓰셨다"(仲尼祖述堯舜, 憲章文武, 上律天時, 下襲水土)고 서술하고 있다. 다산은 "위로 천시天時를 법도로 삼아 따르고, 아래로 수토水土를 이어 쓰셨다"는 언급은 《주역》(乾卦)에서 말하는 '대인大人'(성인)이 "천지와 더불어 그 덕을 합치한다"는 뜻을 말하는 것이라 하고, 성인의 덕을 칭송한 것이지, 구체적 일을 배당시켜 분석하는 태도를 거부했다.[62] 오규 소라이는 "요·순의 때는 세상이 소박하고 민심이 순후하여 그 가르침이 갖추어 있지 않았으니 공자가 요·순을 조종祖宗으로 삼아 보태어 갔으므로 '조술祖述'이라 하고, 문왕·무왕은 주周나라의 선왕先王이므로 공자가 그 예법과 제도를 준수하여 그 의리를 밝게 전했다"[63]고 하여, 공자가 '조술祖述'하고 '헌장憲章'한 의미의 차이를 해석했다.

또한 《중용》에서는 성인으로서 공자의 덕을 서술하여, "만물을 함께 기르지만 서로 해치지 않고, 도를 함께 행하지만 서로 어긋나지

62) 《여전》[2], 권4, 59, '중용강의보', "只是與天地合其德而已, 豈可以某事某事, 一一分排乎."
63) 《중용해》, 58쪽, "堯舜之時, 世樸民淳, 其敎有不備, 故孔子祖堯舜而增益之, 故曰祖述, 文武者周先王也, 故孔子憲章之也, 憲, 法也, 謂遵其制度也, 章, 明也, 謂明其義以傳之也."

않으며, 소덕小德은 냇물처럼 흐르고, 대덕大德은 두텁게 교화하니, 이것이 천지가 위대하게 되는 까닭이다"(萬物並育而不相害, 道並行而 不相悖, 小德川流, 大德敦化, 此天地之所以爲大也)라고 극진하게 칭 송하고 있다. 이에 대해 다산은 '만물병육萬物並育'(만물이 함께 기름) 과 '도병행道並行'(도를 함께 행함)은 공자의 교육하는 방법을 말한 것 이라 하고, '소덕小德'과 '대덕大德'을 말한 것은 제자들의 재덕才德 에 크고 작음이 있는 것이라 구별한다.[64] 또한 사시四時와 일월日月의 운행이 서로 충돌하지 않는 것을 '함께 행하지만 서로 어긋나지 않 는 것'이라 하고, 3천 제자가 가르침을 받고 70제자가 교화를 이어 받은 것을 미루어가면 천지와 만물도 모두 양육의 범위에 들어오게 되는 것을 '함께 기르지만 서로 해치지 않는 것'이라고 해석했다.

특히 다산은 "도를 함께 행하지만 서로 어긋나지 않는다"(道並行 而不相悖)는 구절을 해석하면서, "혹은 덕행으로 혹은 정사政事로 혹 은 문학으로 혹은 언어로 각각 그 성질에 근거하여 그 재능을 이루 니, 이것이 '함께 행하지만 서로 어긋나지 않는다는 것이다. ……도 는 하나일 따름이니, 만민이 함께 가는데 수레바퀴가 스치고, 어깨 가 부딪쳐도 모두 이 길을 말미암으니, 이것이 이른바 함께 행하지 만 서로 어긋나지 않는다는 것이다"[65]라고 한다. 또한 "다만 이 하나 의 도를 천성千聖이 함께 말미암는 것은 마치 이 하나의 길을 사민四 民이 함께 말미암는 것과 같으니, 이것이 서로 어긋나지 않는다는 것

---

64) 《여전》〔2〕, 권4, 59, '중용강의보', "萬物以下, 言孔子敎育之法, 小德大德者, 門人之才德有大 小也."
65) 《여전》〔2〕, 권3, 28, '중용자잠', "或以德行, 或以政事, 或以文學, 或以言語, 各因其性, 各成其 材, 是並行而不相悖也, ……道一而已, 萬民並行, 轂擊肩磨而共由此道, 此所謂並行而不相悖也."

이다. 만약 노老·불佛의 도와 유교의 도를 함께 행하게 한다면 어찌 서로 어긋나지 않을 이치가 있겠는가"[66]라고 하여, 도를 함께 말미암는다는 것이 서로 다른 이교異敎의 도를 함께 하는 것이 아니라, 성인의 도요 공자의 도를 가리키는 것임을 강조하고 있다. 그만큼 다산은 함께 행한다는 것이 이교異敎의 도에 대한 포용의 입장이 아니라, 동일한 도를 행하는 다양한 방법적 차이를 의미하는 것으로 인식하고 있는 것이다.

이에 비해 오규 소라이는 '사시지착행四時之錯行' 과 '일월지대명日月之代明' 은 천天으로 말한 것이요, '만물병육이불상해萬物並育而不相害' 는 지地로 말한 것이요, '도병행이불상패道並行而不相悖' 는 공자로 말한 것이라 구별하고, '대덕大德' 과 '소덕小德' 은 공자로 말한 것이요, '천류川流' 와 '돈화敦化' 는 지地로 말한 것이라 하여, 천天과 지地와 공자의 세 가지로 그 가리킴을 구별하여 배당하며, 그 끝에서 "이것이 천지가 크게 여겨지는 까닭이다"(此天地之所以爲大也)라는 구절은 공자의 덕이 곧 천지가 위대하게 되는 까닭임을 말하는 것이라 해석하고 있다.[67] 이처럼 오규 소라이는 공자의 도를 천天과 지地의 덕에 상응하여 이해하는 데 관심을 기울이고 있음을 엿볼 수 있는 것이다.

나아가 《중용》에서는 성인의 덕을 칭송하면서 오직 '천하의 지성(至聖)' 이라야 총명예지聰明睿知(有臨) · 관유온유寬裕溫柔(有容) · 발

---

66) 《여전》[2], 권4, 59, '중용강의보', "只此一道, 千聖共由, 如只此一路, 四民共由, 斯之謂不相悖也, 若使老佛之道, 與吾道而並行, 則豈有不相悖之理."
67) 《중용해》, 59쪽, "辟如四時之錯行二句, 喻以天也, 萬物並育而不相害, 以言, 道並行而不相悖, 以孔子言, 大德小德, 以孔子言, 川流敦化, 以地言, ……此天地之所以爲大也者, 猶言孔子之德, 卽天地之所以爲大也."

강강의發强剛毅(有執)·제장중정齊莊中正(有敬)·문리밀찰文理密察(有別)의 덕이 있음을 언급했다. 다산은 여기서 '천하의 지성至聖'이란 공자를 가리키는 것이라 하고, 주자가 이 절을 천도天道에 속하는 것이라 하고 공자에 소속시키지 않은 것을 비롯하여 고금의 여러 주석가들이 공자를 찬미하여 말한 것임을 명확히 밝히지 못한 사실에 대해 안타까움을 밝히고 있다.[68] 또한 다산은 '유용有容·유집有執·유경有敬·유별有別'에 대해 주자가 인仁·의義·예禮·지智의 덕이라 제시한 것을 받아들이고 있다.

이에 대해 오규 소라이는 '천하의 지성至聖'이 공자를 가리킨다는 인식에서는 다산과 일치하지만, '유용有容·유집有執·유경有敬·유별有別'을 인仁·의義·예禮·지智의 덕으로 보는 주자의 견해를 거부하는 점에서 분명한 차이를 드러낸다. 오규 소라이는 인仁·의義·예禮·지智란 맹자에서 보이기 시작한 것으로 공자의 때에는 없었으며 자사도 이렇게 말하지 않을 것이라 밝히고, '의義'란 응변應變하는 것이므로 '유집有執'이라 말할 수 없음을 지적하고, '이인利仁'을 지자知者의 일이라고 하였으니 '문리밀찰文理密察'을 지智라고 말하기에 부족하다고 지적했다. 여기서 오규 소라이는 '총명예지聰明睿知'가 지智요, '관유온유寬裕溫柔'가 인仁이요, '발강강의發强剛毅'가 용勇이요, '제장중정齊莊中正'이 예禮요, '문리밀찰文理密察'이 의義라는 후지와라藤原佐의 해석을 받아들여, 지知·인仁·용勇의 삼달덕三達德과 사람 노릇하는 큰 단서가 되는 예禮·의義를 말한 것이라고

---

68) 《여전》[2], 권3, 28, '중용자잠', "惟天下至聖, 孔子也, ……仲尼祖述以下, 至肫肫其仁, 皆贊美孔子之言, 而古今諸家, 未有明指, 豈不恨哉."

확인하고 있다.[69] 이것은 오규 소라이가 공자-자사와 맹자 사이의 덕목에 대한 인식에서 뚜렷한 차이가 드러남을 예리하게 밝히는 데 주목하고 있음을 잘 보여주는 대목이다.

또한 《중용》에서는 공자를 칭송하여, "무릇 혈기가 있는 자는 높이고 친애하지 않음이 없으니, 그러므로 하늘에 짝한다고 말한다"(凡有血氣者, 莫不尊親, 故曰配天)고 언급했다. 여기서 다산은 '배천配天'이란 구절이 가장 이해하기 어렵다고 토로하며, 옛날의 배천配天은 실지로 그 의례가 있으며 공연히 일컬을 수 없다고 전제한다. 따라서 다산은 배천配天에 '교배郊配'(예:有虞氏郊堯)와 '체배禘配'(예:兆五帝於四郊)의 두 가지가 있음을 들면서, "공자의 덕은 비록 대성大聖이 되었지만 교郊나 체禘를 할 수 없으니 배천配天이라 할 수 없다. 이로 말미암아 말한다면 지성至聖과 지성至誠의 두 절은 혹시 공자를 말함이 아닌가? 또한 배천配天의 법도가 하늘에 달려 있지 사람에 달려 있는 것이 아니라 공자 문하의 제현諸賢은 공자의 덕이 배천配天하기에 넉넉함을 분명하게 알았으므로 곧바로 배천配天이라 말한 것인가?"[70]라고 언급하여, 의문점으로 남기고 있다. 이에 비해 오규 소라이는 "옛날에 성인을 제사하여 배천配天하는 것은 예이다. 자사는 공자의 덕이 하늘처럼 광대한 데 이르렀음을 찬양하여 그 덕이 이와 같다고 말한 것이다. 그러므로 옛날에는 성인의 덕이 하늘

---

69) 《중용해》, 59-60쪽, "仁義禮智始見於孟子, 而孔子時莫有之, 則未必子思言之, ……藤原佐以聰明睿智爲智, 寬裕溫柔爲仁, 發强剛毅爲勇, 齊莊中正爲禮, 文理密察爲義, 甚爲允當, 一篇之內, 專言三達德, 而禮義者人之大端, 子思時議論當如此焉."

70) 《여전》[2], 권3, 29, '중용자잠', "孔子之德, 雖爲大聖, 不郊不禘, 則不可曰配天, 由是言之, 至聖至誠二節, 或非孔子之謂乎, 抑配天之法, 在天而不在人, 孔門諸賢, 明知孔子之德, 優於配天, 故直謂之配天與."

에 짝이 된다고 하는 것은 배천配天의 실질로서 말한 것이다"[71]라고 해석하여, 의례로서 배천配天이 아니라 성인의 덕을 높이는 태도로서 확인하고 있다. 이 점에서 다산은 오규 소라이와 거의 같은 견해를 가지면서도 단정을 유보하는 신중함을 보여주고 있다.

또한 《중용》에서는 성인의 덕으로 '천하天下의 지성至誠'을 말하고, 그 역할로 '천하지대경天下之大經의 경륜經綸'과 '천하지대본天下之大本의 수립', '천지지화육天地之化育의 앎'을 들고 있다. 이에 대해 다산은 '천하의 지성至誠'도 '천하의 지성至聖'과 더불어 공자를 가리키는 것이라 확인한다. 그러나 오규 소라이는 "공자는 학문으로 성인의 덕을 이루었으므로 천하의 지성至聖이라 일컫고, 요·순은 성성性을 따랐으므로 천하의 지성至誠이라 일컫는다"[72]라고 하여, '천하의 지성至誠'이란 구절이 요·순을 가리키는 것이라는 다른 견해를 제시하고 있다.

여기서 다산은 '지성至誠'을 신독愼獨이라 하고, '천하지대본天下之大本'을 수립하고 '천지지화육天地之化育'을 아는 것은 바로 치중화致中和요 그 성과로 확인하여 '중용'의 덕을 실현하는 것이라 하여 공자를 가리키고 있는 것으로 확인했으며, "중용의 덕을 온전히 실현한 사람은 다른 사람이 아니라 공자다"라는 모기령의 견해로 자신의 주장을 뒷받침하고 있다.[73] 오규 소라이 역시 '천하지대본天下之大本'

---

71) 《중용해》, 61쪽, "古者祀聖人配天, 禮也, 子思乃贊孔子之德所及廣大如天, 而謂其德如此, 故古者以聖人之德爲配天矣, 以言配天之實也."
72) 같은 곳, "孔子學以成聖人之德, 故以稱天下至聖, 堯舜性之, 故以稱天下至誠也."
73) 《여전》〔2〕, 권3, 29, '중용자잠', "至誠者, 愼獨也, 立天下之大本者, 致中和也, 知天地之化育者, 天地位而萬物育也, ……此亦謂仲尼(毛云盡中庸之爲德者, 匪他人, 仲尼是也)."

을 중용의 덕이라 하고, '천지지화육天地之化育'을 아는 것은 치중화致中和와 그 성과로 해석하는 점에서는 다산과 큰 차이가 없다. 그러나 오규 소라이는 "성인의 도는 요·순에 이르러 비로소 수립되었으므로 공자가 《서書》를 산정刪定할 때 당우唐虞에서 시작했다"고 밝히며, 이를 공자가 '요·순을 조술祖述한다'는 뜻으로 규정한다.[74] 또한 '총명성지聰明聖知하여 천덕天德에 이른다'는 구절에 대해, 오규 소라이는 '천덕'을 성誠이요, 요·순의 덕을 말하고, '천덕에 이른다'(達天德)는 것은 공자가 하학상달下學上達하여 덕이 요·순과 일치되었으므로 '이른다'(達)고 하는 것이라 규정하며, 공자는 총명성지聰明聖知의 덕을 지녔지만 학문을 통해 요·순의 덕에 이르렀기 때문에 요·순을 알고서 조술하는 것이라 해석한다.[75]

이처럼 '천하의 지성至誠'을 다산은 공자로 규정하는 데 비해 오규 소라이는 요·순으로 규정한다. 바로 공자를 성인의 덕을 드러내는 중심 존재로서 파악하는 것이 다산의 입장이라면, 성인의 덕이 수립되는 시원으로서 요·순의 도를 기준으로 삼고 그 구현의 중심으로 공자를 파악하여 성인으로서의 덕은 일치하지만 지위는 상하의 질서로 엄연히 구분하여 파악하는 것이 오규 소라이가 제시하는 성인관聖人觀의 특성이라고 할 수 있다.

---

74) 《중용해》, 62쪽, "聖人之道, 至堯舜而始立焉, 故孔子刪書, 始自唐虞, 而上章曰祖述堯舜."
75) 같은 곳, "天德者, 誠也, 謂堯舜之德也, 達天德者, 所謂下學而上達也, 德與堯舜爲一, 故曰達. 孔子固有聰明聖知之德, 而又學以達堯舜之德, 故能知而祖述之也."

5. 치도治道의 실현

(1) 치도治道의 과제로서 구경九經

《중용》에서는 천하와 국가를 다스리는 아홉 가지 기본 과제로서
수신修身 · 존현尊賢 · 친친親親 · 경대신敬大臣 · 체군신體群臣 · 자서민
子庶民 · 내백공來百工 · 유원인柔遠人 · 회제후懷諸侯의 '구경九經'을 제
시하고 있다. 다산은 '구경'의 조목을 정밀하게 해명하는 데 치중하
고 있는 데 비해, 오규 소라이는 '구경九經'의 전체적 의미로서, 문서
(方 · 策)에 자세히 제시되어 있는 문왕 · 무왕의 치도를 '위緯'라 하
고, 이 '위緯'를 붙들어 주는 방법을 '경經'이라 하며, 임금이 들어올
려 행해야 할 경經으로 아홉 가지가 있는 것이라 확인한다. 또한 오
규 소라이는 《중용》의 전체 취지가 '중용'을 주장하되 '효제孝弟'로
부터 시작하는 것이라는 인식 위에서, '구경九經'도 효제孝弟를 미루
어 넓힌 것이라 한다.[76] 특히 《중용》에서 '구경九經'의 구체적 실천
방법을 제시하고 그 의도로서 권현勸賢 · 권친친勸親親 · 권대신勸大
臣 · 권사勸士 · 권백성勸百姓 · 권백공勸百工으로 '권勸'(권유함)을 언
급한 데 대해, 오규 소라이는 "옛 도는 천하의 사람을 고무시켜 그
즐거움으로 도를 삼게 하므로, 모두 권유함으로써 말한다"[77]고 언급
하여, 치도는 권위나 형벌에 의한 지배로서가 아니라 백성을 감화시
켜 즐겁게 따라가도록 하는 데 있음을 강조하고 있다.

---

76)《중용해》, 37쪽, "經者, 所以持緯者也, 文武之道布在方策, 是其緯矣, 而人君之所以舉而行
　之, 則有是九者也, 蓋一書之旨, 主中庸自孝弟始, 故此言九經, 皆推孝弟以廣之者也."
77)《중용해》, 39쪽, "古之道, 鼓舞天下之人, 俾其樂爲道, 故皆以勸言之."

다산은 '구경九經'을 조목별로 자세하게 해명하는 데 관심을 기울였다(《여전與全》[2], 권4, 39-44, '중용강의보'). 그 가운데도 '친친親親'의 조목에 대해서는 종족宗族(公族)을 친애하는 것이지 부모를 섬기는 사친事親과 구별하며, 사친事親은 수신修身에 속하는 것이라고 규정하고 있다.[78] 그 논거로서 《중용》에서 "친친親親하면 제부諸父(伯叔父)와 형제들이 원망하지 않는다"고 언급하고 있는 사실과, 존현尊賢의 다음에 친친親親을 두고 있는 사실을 들었다. '경대신敬大臣'의 조목에 대해 주자는 관리를 많이 두어 넉넉히 부리게 하는 것이 대신을 공경하는 것이라 해석했지만, 다산은 나라에서 백관을 설치하는 것은 대신을 공경하기 위해서가 아니라, 대신에게 어진 인재를 임명하고 능력 있는 사람을 부리도록 권한을 맡겨 다스림을 성공할 수 있게 하는 것이라 해석한다.

다산은 특히 '내백공來百工'에 대해 깊은 관심을 기울이고 있다. 곧 '내백공'이란 기술이 정교한 자를 가려서 급료를 증가시켜 주면 사방에서 기교를 지닌 사람들이 소문을 듣고 모여들어 백공이 일할 곳에 머물고자 한다는 것이다. 그 구체적 효과로서 농기農器가 편리해지면 노력은 적게 들이고 곡식이 많이 수확되고, 직기織器가 편리해지면 노력은 적게 들고 포면布帛이 넉넉해지며, 주舟·차車의 제도가 편리해지면 노력은 적게 들고 멀리 있는 물산이 막히지 않고 유통되고, 무거운 것을 끌고(引重) 무거운 것을 들어올리는(擧重) 방법이 편리해지면 노력은 적게 들고 수로와 제방이 견고해지니, 이것이

<hr>

78) 《여전》[2], 권4, 39, '중용강의보', "親親者, 親其宗族(謂公族), 非事親也, 事親在修身之中."

백공이 모여들면 재물의 쓰임이 넉넉해지는 것이라 한다. 여기서 다산은 실학자로서 나라의 현실을 직시하여, 우리나라에서는 목수나 대장장이가 나무를 깎고 쇠를 불리는 방법을 조금이라도 아는 자는 관장官長이 부리고서는 보수를 주지 않고 자주 채찍질까지 하니, 장인들은 팔뚝을 끊고 손가락을 잘라 자손들에게 못하도록 경계하니 다시 백공이 있을 수 없음을 지적했다. 따라서 그는 "농기·직기· 주舟·차車 등의 기술은 오히려 원시적인 옛 제도를 지키고 있으니, 농토는 날로 황폐해지고 재물은 날로 줄어들어 홍수나 가뭄이 한번 들면 하늘을 원망할 따름이다. 백성이 근심에 젖고 나라는 빈곤에 빠지게 되었는데도 어떻게 할 줄을 모르는 것은《중용》의 뜻을 분명하게 인식하지 못한 잘못이다"[79]라고 지적하여, 당시 사회의 실정을 고발하고 있다.

'유원인柔遠人'의 조목에 대해 다산은 선유先儒들이 '원인遠人'을 제후의 사신이나 멀리 벼슬 나가려는 선비나, 장사꾼이나 나그네를 가리켜서 설명하고 있는 해석을 거부하고, 원인遠人을 사방의 오랑캐로 해석했다. 오랑캐가 도로를 알지 못하고 예의에 익숙하지 못하며, 문물을 익히지 못하였으므로 그들이 찾아올 때는 인도해 주고 갈 때는 따라가 전송해 주어야 한다는 것이다. 그만큼 먼 이웃나라를 포용하는 태도를 중시하여 치도의 범위를 천하로 넓히고 있는 것이다. 또한 '회제후懷諸侯'에서는《주례》대사마大司馬가 '구벌九伐의 법'으로 나라를 바로잡는데, 어진이를 해치고 백성을 해치면 정벌하

---

79)《여전》[2], 권4, 40, '중용강의보', "農器織器舟車之等, 猶守燧人之舊制, 田野日荒, 財用日
　縮, 一遇水旱, 怨天而已, 民戚國貧, 無可奈何, 皆坐中庸之義, 認不淸楚也."

고, 친족을 해치거나 죽이면 바로잡아 주고, 임금을 몰아내거나 시역하면 죽이는 것 등이 바로 제후가 겪게 되는 혼란을 다스려 주고 위기에서 붙들어 주는 천자의 은혜라고 한다. 주공이 제정한 예에서는 봉건제도에 따라 후복侯服·전복甸服·남복男服·위복衛服이 왕도王都인 낙읍洛邑을 층층이 둘러싸고 있어서, 가장 가까운 자는 1년에 한 번씩 뵙고, 멀리 위치하는 순서에 따라 2년(侯·甸服), 3년, 4년(男服), 5년(衛服)마다 한 번씩 뵙게 하는 조빙례朝聘禮의 본래 모습을 고증하고 있다.

다산은 이처럼 구경九經의 과제를 해명하면서, 옛 제도와 예법의 원형을 고증하는 데 주의를 기울임으로써 후세에 왜곡된 해석을 바로잡아 치도의 정신을 밝히려 했다. 또한 그가 당시 조선 사회의 모순을 성찰하고 해결책을 찾아가는 관심에서 경전을 해석하고 있다는 사실에 주목할 필요가 있다.

(2) 치도의 확인과 실현

성인·군자의 치도는 그 인격적 덕을 바탕으로 백성에 교화를 베푸는 것이다. 《중용》에서 "수신修身하는 바를 알면 치인治人하는 바를 안다"(知所以修身 則知所以治人) 하고, 《논어》(憲問)에서 "자신을 닦아 백성을 편안하게 한다"(修己以安百姓) 하고, 《대학》에서 대학大學의 도를 "밝은 덕을 밝히는 데 있고, 백성을 친애하는 데 있다"(在明明德, 在親民)라고 언급하는 것은 수신修身을 바탕으로 치도를 제시하는 것과 같은 맥락이다.

《중용》의 끝에는 《시경》의 시구 일곱 구절을 인용하고 있다. 다산은 이 일곱 구절에 대해 처음 세 구절(衣錦尙絅/ 潛雖伏矣, 亦孔之昭/ 相在爾室, 尙不愧于屋漏)은 ‘스스로 닦음’(自修)을 말한 것이고, 다음 3구절(奏假無言, 時靡有爭/ 不顯惟德, 百辟其刑之/ 予懷明德, 不大聲以色)은 ‘백성이 감화됨’(民化)을 말한 것이요, 마지막 구절(德·如毛/ 上天之載, 無聲無臭)은 ‘인도人道와 천도天道의 결합’이라고 분석했다.[80]

여기서 ‘백성이 감화됨(民化)’을 가리킨다는 세 구절을 보면, 먼저 ‘주격무언奏假無言, 시미유쟁時靡有爭’(商頌:烈祖)의 시구에 대해 주자는 “나아가 신명을 감응하여 이르게 함에 지극히 정성스럽고 공경하여 말이 없지만 사람이 저절로 감화한다”(進而感格於神明之際, 極其誠敬, 無有言說而人自化之也)는 뜻으로 해석한다. 이에 비해 다산은 ‘주격무언奏假無言’이란 백성을 이르게 하는 것(格民)이지 신神을 이르게 하는 것(格神)이 아니라 하여, 주자의 해석을 거부했다. 여기서 다산은 “만민이 모두 말없는 교화에 이른다”(萬民總格于無言之化)는 뜻으로 해석하였으며, 나아가 “신독愼獨하면 중화를 이루고, 중화를 이루면 천지가 자리잡고 만물이 양육되는 공功을 이루니, 그러므로 백성이 따르고 백성이 두려워한다. ……군자가 하늘을 섬김은 움직이지 않아도 공경하며, 말하지 않아도 믿는 것이다. 그러므로 백성이 군자를 섬김은 상을 주지 않아도 따르고 노하지 않아도 두려워한다. 이것이 하늘과 사람이 감응하는 오묘함이다”[81]라고 언

---

80) 《여전》[2], 권4, 62, ‘중용강의보’, “篇末凡七引詩, 上三節皆自修也, 下三節皆化民也, 末一節人道天道之合結也.”
81) 《여전》[2], 권3, 30, ‘중용자잠’, “愼獨則致中和, 致中和則成位育之功, 故曰民勸民威也, ……君子事天, 不動而敬, 不言而信, 故小民事君子, 亦不賞而勸, 不怒而威, 此天人感應之妙.”

급한다. 그것은 신독愼獨·사천事天하여 중화를 이루는 자수自修를
함으로써 백성이 저절로 교화되는 치도의 실현 방법을 제시하고 있
는 것이다. 또한 오규 소라이도 이 시구를 "말이 없는 가운데 감응하
면 백성이 감화하여 다투는 일이 없는 것을 말한다"[82]라고 해석하여
다산과 거의 같은 입장을 보여주고 있다.

다음으로 '불현유덕不顯惟德, 백벽기형지百辟其刑之'(周頌:烈文)의
시구에 대해 다산은 "천도가 드러나지 않아도 군자는 경계하고 삼간
다. 그러므로 군덕君德이 드러나지 않아도 모든 제후는 본받으니, 또
한 하늘과 사람이 감응하는 오묘함이다"[83]라고 해석하여, 덕이 밖으
로 드러나지 않음에도 본받는 감화로서 치도를 제시하고 있다. 여기
서 오규 소라이는 "제후가 법으로 삼는 것은 천자의 덕에 있지 상벌
에 있는 것이 아니다. 천자는 숭고한 자리에 머물지만 천하가 모두
쳐다보니, 그러므로 군덕을 드러난 덕이라 한다"[84]고 하여, 다산이
가리키는 드러나지 않는 신독愼獨의 덕으로서가 아니라 높은 지위에
제후나 백성이 우러러보는 권위적 덕으로 제시한다.

또한 '여회명덕予懷明德, 불대성이색不大聲以色'(大雅:皇矣)의 시구
에 대해 다산은 "문왕은 소리와 낯빛을 크게 여기지 않고 오직 조심
하여 하늘을 밝게 섬기어 백성으로 하여금 덕을 사모하게 하니, 이
것이 신독愼獨의 교화하고 양육하는 것이다"[85]라고 하여, 자신의 덕

---

82)《중용해》, 65쪽, "言感格於無言之中, 則民化之, 莫有爭亂之事也."
83)《여전》[2], 권3, 30, '중용자잠', "天道不顯而君子戒愼, 故君德不顯, 而百辟儀刑, 亦天人感應
之妙."
84)《중용해》, 65쪽, "言爲諸侯所法者, 在天子之德, 而不在賞罰也, 天子居崇高之位, 而爲天下具
瞻, 故稱君德爲顯德."
85)《여전》[2], 권3, 30, '중용자잠', "文王不大聲以色, 惟小心昭事, 使民懷德, 此愼獨以化育也."

을 닦아 백성이 감화하는 덕화德化로서의 치도를 강조하고 있다. 여기서 다산은 "천도가 지극히 은미하지만 군자는 지극히 드러나게 섬기니, 그러므로 군자의 덕은 지극히 어두우나 백성이 그 덕을 그리워함은 지극히 밝게 드러난다. 이것이 자연스럽게 감응하는 오묘함이다"[86]라고 하여, 천도나 군자의 덕이 감추어져 있지만 그 감응하여 감화하는 힘은 뚜렷하게 드러나는 것임을 확인한다. 이에 비해 오규 소라이는 이 시구를 "문왕의 덕을 그리워하여 잊지 못하는 것은 그 덕이 지극하고 말이나 낯빛으로 백성을 교화시키는 것을 귀하게 여기지 않음을 말한다"[87]고 한다. 이처럼 다산은 하늘의 감추어진 도가 군자를 통해 뚜렷하게 드러나는 것처럼 군자의 감추어진 덕이 백성에게 뚜렷하게 드러나는 감화력을 강조한다면, 오규 소라이는 군왕의 치도는 말이나 낯빛으로써가 아니라 사모하고 따르게 하는 덕의 권위로 교화한다는 덕화德化를 강조하고 있는 것이다.

다산이 '인도人道와 천도天道의 결합'이라고 지적한 마지막 구절은 사실상 '덕유여모德輶如毛'(大雅:烝民)와 '상천지재上天之載, 무성무취無聲無臭'(大雅:文王)의 두 구절로 이루어져 있다. 여기서 다산은 특히 '상천지재上天之載, 무성무취無聲無臭'의 구절은 군자가 백성을 교화함은 성색聲色에 있지 않고 지성至誠에 있음을 밝힌다는 뜻과 천도는 은미하여 눈으로 볼 수 없고 귀로 들을 수 없다는 뜻의 두 가지 의미를 갖고 있다고 지적한다.[88] 또한 다산은 앞의 '여회명덕予懷明

---

86) 《여전》[2], 권4, 63, '중용강의보', "天道至隱而君子事之以至顯, 故君子之德至闇, 而百姓懷之以至明也, 此是自然感應之妙."
87) 《중용해》, 65쪽, "言所以懷文王之德而不忘者, 其德之至, 不貴以言色化民故也."
88) 《여전》[2], 권3, 30, '중용자잠', "此節有二義. 其一以上天之無聲無臭, 明君子之所以化民, 不在聲色, 而在乎至誠也. 其一以上天之無聲無臭, 明天道隱微, 非目之所能睹, 非耳之所能聞."

德, 부대성이색不大聲以色'이라는 구절과 이 마지막의 두 구절을 연결시켜 해석하여, "도는 하늘에서 나와서 중간에 군자에서 드러나고, 백성을 교화함으로 마치니, 그러므로 먼저 백성의 교화를 말하고, 중간에 자기의 덕을 말하고 하늘의 일로 맺었다"[89]라고 밝히고 있다. 그것은 다산의 치도에 대한 인식이 군자의 덕(己德)을 기준으로 그 근원에 하늘(天載)을 확인하고, 그 실현으로 백성의 교화(化民)에 이르는 것으로 일관하는 연결체계로 제시되고 있음을 보여준다.

이에 비해 오규 소라이는 '덕유여모德輶如毛'의 구절은 "덕이 가벼워 거행하기 쉬움을 말하며, 이것은 지극한 덕이 백성에게 끼쳐지지만 백성이 지각하지 못함을 차용하여 말한 것"이라 하고, '상천지재上天之載, 무성무취無聲無臭'의 구절은 "상천上天의 일이 소리나 냄새로 말할 수 있는 것이 없으니 사람이 법으로 삼을 수 없으므로 사람은 문왕을 본받음을 말하며, 이것은 지극한 덕이 백성을 교화하지만 백성이 자각하지 못함은 마치 천도가 소리나 냄새가 없어서 알 수 없는 것과 같음을 차용하여 말한 것"[90]이라 한다. 곧 오규 소라이는 사실상 두 구절에 대해 백성이 인식하지 못하는 가운데 백성에게 덕을 미친다는 동일한 뜻으로 해석하고 있다. 그만큼 오규 소라이는 인군人君의 덕치德治로 백성을 교화하지만 백성은 인군의 덕을 알기 어려운 현실을 강조하여, 백성의 위에서 다스리는 치자治者의 권위

---

89) 《여전》[2], 권4, 63, '중용강의보', "道出乎天, 中於君子, 終於化民, 故先言化民, 中於己德, 結之以天載."
90) 《중용해》, 65-66쪽, "烝民詩意, 本言德之輕而易可擧行也, 此借用以言至德之被民, 民不知覺, ……引文王之詩, ……詩意本言上天之事無聲臭之可言, 則人不能法之, 故人儀刑文王矣, 此借用以言至德之化民, 民不知覺, 猶如天道之無聲臭, 不可得而識矣."

와 덕을 높이는 입장을 보여주고 있는 것이라 하겠다.

치도의 실현 방법으로서 치자의 '지위(位)'는 중시된다. 곧《중용》의 '군자소기위이행君子素其位而行'이라는 구절에 대해, 주자는 '소素'를 '현재見在'로 해석하지만, 다산은 '본래 바탕'(本質)으로 해석하고, 오규 소라이는 '향한다'(嚮·嚮)는 뜻으로 해석하는 상당한 차이를 드러내고 있다. 다산은 본래 바탕이 부귀하거나 빈천하면 부귀나 빈천으로써 자신을 행하는 것이 중화라 한다. 따라서 그는 "지위와 덕이 서로 맞으면 중용이 되니 백성이 순응하지 않음이 없지만, 지위와 덕이 서로 맞지 않으면 중용이 될 수 없으니 백성이 간사함을 일으킨다"[91]고 하여, 자신의 본래 바탕이 되는 지위에 맞게 중용을 실현하여 자신을 바르게 하기를 치도의 방법으로 요구하고 있다. 그만큼 다산은 자신이 처한 지위와 상황에 따라 이에 합당한 중용의 도를 찾아 실현하여 백성이 순응하여 치도가 이루어짐을 강조한 것이다. 여기서 오규 소라이는 부귀·빈천·이적夷狄·환난의 어느 경우를 향하든 그 경우에서 효孝·제弟·충忠·신信을 행하는 것이라 하여,[92] 어떤 상황에서든 효孝·제弟·충忠·신信의 도리를 실현해야 할 것을 강조한다. 그것은 자신의 처지가 아니라 자신이 대응해야 할 다양한 환경 조건에서 어느 경우에나 실현해야 할 과업인 덕목은 동일함을 보여주는 것이다. 그만큼 다산은 실현해야 할 치도를 상황에 따른 시중時中의 도로 인식하고 있다면, 오규 소라이는 치도의 실

---

91)《여전》[2], 권3, 15-16, '중용자잠', "其本質富貴, 則以富貴行已, 斯中和也, …… 位與德相稱, 則爲中庸, 民莫不順, 位與德不相稱, 則不得爲中庸, 民乃作慝."
92)《중용해》, 22쪽, "嚮富貴, 則行孝弟忠信於富貴焉, 嚮貧賤, 則行孝弟忠信於貧賤焉, 夷狄患難皆爾."

현을 이미 주어진 덕목으로 일관시키고 있는 차이를 보여준다.

나아가 치도의 실현을 위해 《중용》에서는 '자신에 근본하고'(本諸身), '서민에 징험할 것'(徵諸庶民)을 치도의 확립 방법으로 제시하고 있다. 다산은 천자가 제정한 의례(禮)·제도(度)·문자(文)처럼 형상과 수치가 있는 경우에도 징험(徵)이 없으면 백성이 믿고 따르지 않을 것이라 하고, 하물며 도는 형상도 형질도 없는 것인데 공자가 징험도 없이 사사로운 말로 창립하여 믿고 따르기를 바란 것이 아님을 강조한다. 곧 도에는 근본이 있고 징험이 있으며, 옛 성왕에 상고할 수 있고, 천지에 세워놓을 수 있고, 귀신에 물어볼 수 있고, 앞으로 올 성인을 기다려보아도 어김이 없는 것으로서 확실하여 의심할 수 없어서, 천하와 만민이 함께 말미암는 큰 길이 되는 것이라고 밝히고 있다.[93] 이처럼 도(治道)는 그 합리성이나 효용성에서 정당성이 보편적으로 확인될 수 있어야 모든 백성이 믿고 따를 수 있으므로 그 근본(本)과 징험(徵)이 중시되는 것이다.

다산은 '자신에 근본한다'(本諸身)는 것을 "도는 성性에서 생기고, 성性은 자신에 있으니, 천명의 성性을 확충하면 효孝·제弟·충忠·신信과 인仁·의義·예禮·지智를 할 수 있다. 인仁·의義·예禮·지智는 밖에서 나에게 흘러들어온 것이 아니라 자신에 근본하는 것이다"라 해석하고, '서민에 징험한다'(徵諸庶民)는 것을 "천하의 사람은 그 성품이 모두 같으므로, 자신의 성품을 다 실현하는 자는 남의 성품을 다 실현할 수 있으니, 한 사람 한 사람이 모두 천명을 받았음

---

93) 《여전》[2], 권3, 27, '중용자잠', "禮·度·文者, 有形有數之物, 而苟其無徵, 民不信從, 況道者無形無質之物, 苟爲無徵, 孔子豈敢以私言刱立其道, 以冀其信從乎, 但此道有本有徵, 又可考·可建·可質·可俟, 確然無疑, 爲天下萬民所共由之大道."

을 알 수 있다"[94]고 해석했다. 곧 나와 남이 모두 천명을 부여받은 같은 성性을 지닌 존재이므로 백성들 속에 도를 징험할 수 있다는 것이다. 이처럼 다산은 도 개념의 인식에서 천명의 성性을 따르는 도라는 《중용》첫머리의 정의를 일관되게 지키고 있다. 그만큼 치도는 천명의 성性에 근거하여 백성을 교화하는 것으로 근원성을 확인하고 있는 것이다. 이에 비해 오규 소라이는 '자신에 근본한다'는 것은 덕을 가리키는 것이라고 간결하게 지적하고, '서민에 징험한다'는 것은 백성에 시행하여 교화에 효험이 있는 것을 말한다고 규정한다.[95] 여기서 다산은 치도의 근거를 천명의 성性이라는 보편적 근원성에서 확립하고자 한다면 오규 소라이는 덕을 백성에 실행하여 거두는 교화의 현실적 효과에서 찾는 상당한 입장의 차이를 확인할 수 있다. 이처럼 다산은 치도를 하늘과 성품에 근원함으로써 백성이 믿고 따르는 교화의 토대를 확보할 수 있다고 보지만, 오규 소라이는 치자治者의 덕이 백성에게 실현되어 거두는 교화의 실질적인 효과에서 치도의 타당성을 징험하고자 하는 것이다.

또한 《중용》에서는 군자의 도가 "삼왕三王에 상고하여도 그릇되지 않고, 천지에 세워도 어긋나지 않고, 귀신에 물어도 의심이 없고, 백세百世에 성인을 기다려도 의혹을 갖지 않는다"(考諸三王而不繆(謬), 建諸天地而不悖, 質諸鬼神而無疑, 百世以俟聖人而不惑)고 언급하고 있다. 이에 대해 다산은 "도를 행하는 근본은 백성이 따르는 데 있

---

94) 같은 곳, "本諸身者, 道生於性, 性在於身, 以天命之性, 擴而充之, 可以爲孝弟忠信・仁義禮智, 仁義禮智, 非由外鑠我也, 此本諸身也, 天下之人, 其性皆同, 故能盡其性者, 能盡人之性, 其一一皆受天命, 可知也, 此徵諸庶民也."
95) 《중용해》, 55쪽, "本諸身, 德也, 徵諸庶民, 謂施諸民有敎化之驗也."

고, 백성이 따르는 근본은 백성이 믿는 데 있으니, 어긋나지 않고 의심이 없다는 것은 이 백성이 이 도를 마땅히 믿고 따름을 밝힌 것이다"라고 하며, 이어서 "성인이 징험을 귀하게 여기는 것은 백성에게 믿음을 얻기 때문이니, 진실로 백성에 믿음을 얻는다면 징험이 없어도 무슨 손상이 있겠는가"라는 이벽의 말을 받아들이고 있다.[96] 그 것은 다산이 도의 근원을 천명의 성性으로 확인하는 것과 더불어, 도를 실행하는 기준으로 백성의 믿고 따름을 강조하고 있는 것이다.

이에 비해 오규 소라이는 "천지天地는 사람이 아니므로 성인은 천지를 받들어 순응하여 감히 어기지 않을 따름이요, 감히 천지의 도를 사람의 도로 삼지 않는다. 오로지 천지의 도를 사람의 도로 삼는 것은 노씨老氏의 무리이다"라 하여, 천지지도天地之道와 인지도人之道의 구별을 강조하고, "귀신에 묻는다는 것은 복서卜筮를 말하니, 옛 사람은 한 가지 일을 일으키고 한 가지 책모를 낼 때는 반드시 복서卜筮하여 귀신에 물어서 의문을 질정하는 것은 천도를 받들어 감히 어기지 않는 것이다"[97]라고 하여, 옛 성왕에 상고할 수 없는 새로운 대책을 제안할 때는 귀신에 묻고 훗날에 올 성인을 기다리는 것이라 했다. 이처럼 오규 소라이는 성인은 천지를 받들고 어기지 않지만, 인지도人之道는 천지지도天地之道와 구별되는 치도로서의 독자적 영역을 갖는 것임을 강조하고, 새로운 상황에 대응하여 치도를 제시할

---

96) 《여전》[2], 권4, 58, '중용강의보', "行道之本在民從, 民從之本在民信, 不悖無疑, 明斯民之於斯道, 所宜信從也. 李德操云, 聖人貴徵者, 以其信於民也, 苟信於民, 無徵何傷乎."
97) 《중용해》, 56쪽, "天地非人也, 故聖人之於天地, 奉順而不敢違已, 不敢以天地之道爲人之道焉, 專以天地之道爲人之道者, 老氏之徒也, 古人措辭之間, 有所斟酌可以見已, ……質諸鬼神, 謂卜筮也, 古人欲興一事出一謀, 必卜筮而問諸鬼神而質其疑, 所以奉天道而不敢違悖也."

때는 귀신에 물어 천지지도天地之道에 어긋나지 않게 하고 백세에 올 성인에게도 의혹이 없게 한다는 것이다. 그것은 성인에서 상고하거나 천지와 귀신에 물어 치도의 정당성을 확보하고자 하지만, 기본적으로 치도는 치자治者의 판단에서 제시되는 것으로 구체적 현실에서 실현하는 데 주의를 기울이고 있음을 보여준다.

6.《중용》과 치도治道의 성격

다산은《중용》의 도道를 인식하면서 도의 근원과 실현이라는 본本과 말末의 두 세계를 전체로 파악하는 관점을 일관되게 지키고 있다. 그가《중용》이라는 경전의 성격을 전반적으로 규정하면서 이벽의 견해를 끌어들여, "《중용》의 글이란 구절마다 모두 천명天命을 따라서 나오고, 구절마다 모두가 천명에 돌아가 이른다. 그러므로 도의 근본과 지말이 여기에 갖추어져 있다"[98]고 하여,《중용》전체가 천명에 근원하고 귀결되는 것이며 천명으로 관철되는 것임을 역설하고 있다. 이것은 바로 다산이《중용》에서 치도의 성격과 실현 과정을 이해하는 과제에서도 치도의 근원으로서 수신修身의 기반을 확인하고 천명과 성性을 확립하는 자세를 철저하고 일관되게 지켰던 사실을 말해 주는 것이다.

----

98)《여전》[2], 권4, 23, '중용강의보', "夫中庸之書, 節節皆從天命而來, 節節皆歸致於天命, 故道之本末, 於是乎該."

치도治道의 인식 체계에 대한 이해에서 다산과 오규 소라이의 차이를 주목해 보면 바로 다산이 지닌《중용》의 치도에 대한 이해의 기본 특성이 더욱 선명하게 확인될 수 있다. 먼저 다산은 치도의 원리로 수신修身을 강조하면서, '서恕' 내지 '이인치인以人治人'에 대해서도 자신을 돌아보고 스스로 고치는 수신修身의 방법으로 주목하여, 오규 소라이가 '이인치인以人治人'을 남의 허물을 다스리고 남을 고치게 하는 행위로 인식하는 것과 분명한 차이를 보여주었다. 또한 다산은 수신修身의 근원으로 '지천知天'을 강조하고 신독愼獨과 '성誠'의 주체적 태도를 중시했는데, 오규 소라이가 수신修身에 근본하는 덕으로 치도의 실현을 강조하는 점에 비해 치도에서 주체의 근원성을 확보하는 데 큰 비중을 두었다. 또한 치도의 방법으로 인륜의 이해에서도 다산은 그 주체적 근거로서 '성誠'을 강조하는 데 비해, 오규 소라이는 자신의 내면에서 배양하는 '효孝·제弟의 덕'과 바깥에서 주어지는 '선왕의 도'를 연결시키는 매개로서 '성誠'을 인식했다. 이와 더불어 예제禮制의 문제로서 종묘 제사에 대해서도 다산은 의례 절차의 의미에 관심을 기울이고 있다면, 오규 소라이는 종묘 의례가 지닌 치도의 기능을 주목하고 있다. 그만큼 선왕이 제정한 예법을 모두 받들고 따라야 할 통치 질서의 권위로서 강조하는 점에서 관심의 차이를 뚜렷하게 보여주고 있다.

나아가 치도의 주체로서 성인을 인식하는 면에서도 천명을 받아 제왕의 지위에 오른 옛 성왕聖王과 대덕大德을 이루었지만 천명을 받지 못한 공자의 경우에 대해, 다산은 지위가 중요한 것이 아니라 성인으로서의 덕이 중요함을 강조하는 데 비하여, 오규 소라이는 공자를 배워서 이룬 성인으로 옛 성인의 도를 계승하고 후세에 전수한 자로서 그 위치를 제한하고 있다. 곧 다산은 공자를 성인의 덕을 드러내는 중심 존재로서 파악하고 있다면, 오규 소라이는 요·순을 성인의 덕이 수립되는 시원적 기준으로 확인하여 제왕으로서의 지위를 중시하는 입장을 보이고 있는 것이다. 또한 치도의 실현 과제로서 '구경九經'의 조목을 해석하면서 다산은 조선 사회의 현실적 모순을 성찰하고 해결책을 제시하는 실학적 관심을 보여주고 있다. 다산은 치도의 실현에서 주체적 덕을 강조하고 그 근원으로 하늘을 확인하는 기반 위에서 백성의 교화(化民)를 실현하는 체계를 제시하여 근원과 현실 사이에 본本·말末 상응의 구조를 확립하는 데 일관된 관심을 보이고 있다. 이에 비해 오규 소라이는 인군人君의 덕치로서 백성을 교화함을 강조하여 군덕君德이 근본이 되지만 언제나 교화가 관심의 초점을 이루고 있다는 점에서 치도의 실현이 중심이고 치도의 근본은 그 배경적 기반을 이루는 것이라 할 수 있다.

《중용》의 치도에 대한 인식에서 다산과 오규 소라이 사이의 이러한 차이점들은 기본적으로 다산과 오규 소라이의 경학적 관점의 차이를 드러내는 것이요, 그것은 경학적 관점이 입각하는 세계관과 현실 인식이라는 토대의 차이를 의미하는 것이라고 할 수 있다. 다산은 치도의 현실적 문제를 접근하면서도 경전이 지닌 전체적 구조가 인간 주체의 인격성을 중심으로 정립하고 그 근원으로서 하늘과 그 실현으로서 사회의 양극적 세계를 통일시키는 데 주의를 집중하고 있다. 따라서 어떤 현실의 구체적 문제도 그 근원이 인격적 주체성과 하늘의 궁극성까지 연결되고 있음을 끊임없이 재확인하는 것이다.

이러한 점에서 다산은 오규 소라이가 중시하는 성왕의 도로서 권위화된 덕이나 예禮를 기반으로 하여 치도의 직접적 실현에 초점을 맞추는 입장과는 달리, 인격적 성실함으로서 '성誠'과 인간관계의 주체적 원리로서 '서恕'를 떠나서는 지천知天도 지인知人도 불가능하고, 수신修身도 치인治人도 실현할 수 없는 것으로 본다. 그만큼《중용》의 치도에 대한 다산의 이해는 근원과 주체와 현실 사이에 전체적 구조의 유기적 연결 위에서 치도가 이루어질 수 있다는 인식에서 그 핵심적 특성을 확인할 수 있는 것이라 하겠다.

제4장

대학지도大學之道와 덕德의 개념

1.《대학》의 과제와 성격

주자朱子는 《논어》·《대학》·《중용》·《맹자》로 구성되는 이른바 '사서四書'의 주석을 완성하여 경학적 체계로 정립하면서 송대 도학을 유교 사상사에 새로운 획을 긋는 단계로 자리잡게 했다. 즉, 공자(《논어》)→증자(《대학》)→자사(《중용》)→맹자(《맹자》)로 이어지는 '도통道統'을 확인하는 것이요, 도통 의식을 선명하게 천명함으로써 도학의 정체성을 견고한 기반 위에 수립할 수 있게 하였던 것이다. 특히 《대학》과 《중용》은 《예기禮記》(49편) 가운데 수록되어 있는 것이었지만, 정자를 거쳐 주자에 의해 표출되면서, '사서四書'에서도 독특한 위치를 확인받고 있다.

곧 주자는 "《논어》·《맹자》는 일에 따라 문답한 것으로 요령을 알기 어려운데, 오직 《대학》은 공자가 옛 사람이 학문하는 기본 방법을 말씀한 것을 증자가 서술하고, 문인들이 또 전하여 서술함으로써 그 취지를 밝혔으며, 앞뒤로 서로 근거하여 체제와 계통이 모두 갖추어 있으니, 이 책을 깊이 음미하여 옛 사람의 학문하는 방향을 알 수 있으면 오히려 《논어》·《맹자》를 읽는 것도 편하고 쉽다"[1]라고 하여, 《대학》이 학문의 방법과 방향을 아는 데 가장 요령 있는 경전이라고 지적한다. 또한 주자는 "나는 사람들에게 먼저 《대학》을 읽어 그 규모를 정하고, 다음으로 《논어》를 읽어 그 근본을 세우며, 다음으로 《맹자》를 읽어 그 높이 오름을 보고, 다음으로 《중용》을 읽어 옛 사람의 미묘한 자리를 구하도록 요구한다"[2]고 하여, 사서四書 가운데서도 《대학》을 가장 먼저 읽어서 전체의 규모를 정립할 것을 강조하고 있다. 나아가 《대학》은 경전에서도 '학문하는 강령과 조목' 爲學綱目'이라 하기도 하고, '학문의 시작과 끝' (學之初終)이라 하여, 학문의 전체적 체계가 제시되고 있는 것임을 역설했다.

주자는 스스로 평생의 정력을 《대학》에 가장 많이 기울였음을 밝혔으며, 도학 전통에 가장 강력한 도전 세력으로 등장한 인물인 명 대明代의 왕양명王陽明도 주자의 《대학장구》를 거부하고 《고본대학古本大學》을 제시하면서 자신의 입장을 정립하였던 것이 사실이다. 이러한 맥락에서 주자의 경학 체제를 넘어서려고 시도하였던 조선 후기 실학자들도 《대학》의 해석에 특별한 관심을 기울였던 사실을 확인할 수 있다.[3] 특히 다산 정약용은 《대학공의大學公議》를 통해 주자

---

1) 《대학장구대전大學章句大全》, '독대학법讀大學法', "朱子曰, 語孟隨事問答, 難見要領, 惟大學是
曾子述孔子說古人爲學之大方, 而門人又傳述以明其旨, 前後相因, 體統都具, 翫味此書, 知得古人
爲學所向, 却讀語孟便易."
2) 《주자어류朱子語類》, 권14, '대학', "某要人先讀大學, 以定其規模, 次讀論語, 以立其根本, 次讀孟
子, 以觀其發越, 次讀中庸, 以求古人之微妙處."

의《대학》해석을 전면적으로 재검토하여 독자적 경학 체계를 제시
한 경우라 할 수 있다.

　다산의《대학》해석은 '경전으로 경전을 증거하는'(以經證經)의
고증학적 방법을 철저히 수행하면서, 주자의 의리적義理的 해석에서
탈피하여 경전의 본래 의미를 드러내는 데 깊은 관심을 기울이고 있
다. 이에 따라 그는 여러 경전에서 사례를 끌어들여 논증하는 '인증
引證'과 선유先儒들의 여러 해석을 비판적으로 검토하여 바로잡는
'고정考訂'에 치밀한 노력을 기울였던 것이다. 바로 이 점에서 다산
과 매우 가까운 입장에 서 있는 인물로서 다산보다 100년 먼저 활동
하였던 일본 고학파의 오규 소라이가《대학해大學解》를 통해 '고문사
학古文辭學'을 내세우며 주자의《대학》해석을 전면적으로 비판하였
던 것을 다산의 경우와 비교하여 주목할 필요가 있다.

　《대학》의 해석에서 다산과 오규 소라이를 비교해 보는 것은 두 사
람의 해석이 주자를 탈피하고자 하는 긴밀한 공통점을 갖고 있으면
서도 접근과 지향에서 뚜렷한 차이를 드러내고 있다는 점에서 더욱
흥미롭다고 할 수 있다. 경전 자체로 돌아가서 재해석한다는 공통적
인 관심에도 불구하고 서로 얼마나 다른 문제 의식과 해석의 독자적
체계를 구성하고 있는지 비교할 수 있다면, 다산이나 오규 소라이의
해석 체계가 지닌 특징적 성격과 의미를 더욱 분명하게 파악할 수
있을 것이다. 다산은 오규 소라이의《논어징論語徵》을 관심 있게 읽
고 세심하게 평가한 일은 있지만,《대학해》를 읽었던 자취를 찾기는

---

3) 서계西溪 박세당朴世堂은《사변록思辨錄》에서 '물物·사事'나 '격물格物'의 개념 등에 대한 주
　자의 핵심적 견해를 정면으로 비판하고 있으며, 백호白湖 윤휴尹鑴는《독서기讀書記》에서《대학
　장구大學章句》를 버리고《고본대학古本大學》을 받아들이고 있다.

어렵다. 따라서 다산과 오규 소라이의 《대학》 해석은 각각의 독자적 견해인만큼, 공통점과 차이점을 대비함으로써 그 사유 체계의 특성을 드러내고자 한다.

2. 태학太學의 제도와 대학지도大學之道

(1) 《대학》의 성격과 태학의 제도

1) 다산의 '경經'설과 오규 소라이의 '기記'설

다산은 《대학》을 하나의 일관된 주제로 서술된 '경經'으로 보고 있다. 곧 《대학》을 경1장經─章과 전10장傳十章으로 분석하는 주자의 《대학장구》 체제를 거부하고, 《고본대학》을 받아들여 전체를 하나의 주제로 일관하는 경전으로 파악하며, 설명의 편의에 따라 27절로 나누어 해석하고 있다. 이에 비해 오규 소라이도 《대학》을 경經과 전傳으로 구분하기를 거부하며, 《고본대학》을 따라서 전체를 8장으로 구분했다.[4] 특히 《고본대학》에서 '성의誠意' 절에 잇달아 인용되고 있는 《서경》과 《시경》에서 인용된 여러 글들을 주자가 《대학장구》에서 전1-4장에 배당하여 전6장인 '성의誠意' 절 앞으로 옮겼는데, 이에 대해 다산은 〈기욱淇奧〉·〈열문烈文〉의 시는 성의誠意의 공공工夫이 자수 自修하고 화민化民할 수 있으며, 모두 지선至善에 머물 수 있음을 밝힌 것이라 하고, 이어서 《서경》의 〈강고康誥〉·〈태갑太甲〉·〈제전帝 典〉(堯典)·〈탕지반명湯之盤銘〉·〈강고康誥〉와 《시경》의 〈문왕文王〉(大

雅)·〈현조玄鳥〉(商頌)·〈면만緜蠻〉(小雅)·〈문왕文王〉의 9문장은 성의誠意의 공공功이 자명하고 신민新民하여 지선至善에 머물 것임을 밝힌 것이라 하고, 이어서 〈청송장聽訟章〉(論語)을 인용한 것은 수신修身이 근본임을 밝혀 아래의 '정심수신正心修身' 절을 일으키니 '성의誠意' 절이 갑자기 끼여든 것이 아니고 앞에서 제시된 삼강령三綱領이 뒤로 거꾸로 떨어진 것이 아니며, 경經에 착오가 없음을 확인했다.[5] 그만큼 《고본대학》을 순서가 뒤집힌 착간錯簡이나 문장이 빠진 궐문闕文이 없는 온전한 경전임을 철저히 확신하고, 《대학장구》의 체제를 거부하는 입장을 밝히고 있는 것이다.

4) 주자의 《대학장구》와 다산의 《대학공의大學公議》와 오규 소라이의 《대학해大學解》에서 《대학》의 장·절을 구분한 체제를 도표로 대비시켜 보면 다음과 같다.

주자	다산	오규 소라이	《고본대학》 본문
經1章	1-6절	제1장	大學之道, 在明明德, 在親民, ……則近道矣
	7-8	제2장	古之欲明明德於天下者, ……國治而后天下平
	9		自天子以至於庶人……其所薄者厚, 未之有也.
傳5章			此謂知本, 此謂知之至也.
傳6章	10	제3장	所謂誠其意者, 毋自欺也, ……故君子, 必誠其意.
傳3章②	11-12	제4장	詩云瞻彼淇奧, ……此以沒世不忘也
傳首章	13		康誥曰克明德, ……帝典曰克明峻德, 皆自明也.
傳2章	14		湯之盤銘曰苟日新, ……君子無所不用其極.
傳3章①	15		詩云邦畿千里, 維民所止, ……與國人交止於信
傳4章	16		子曰聽訟, 吾猶人也, ……大畏民志, 此謂知本
傳7章	17	제5장	所謂修身在正其心者, ……此謂修身在正其心
傳8章	18	제6장	所謂齊其家, 在修其身者, ……不可以齊其家.
傳9章	19-21	제7장	所謂治國, 必先齊其家者, ……此謂治國在齊其家
傳10章	22-27	제8장	所謂平天下在治其國者, ……以義爲利也.

5) 《여전》〔2〕, 권1, 22, '대학공의', "繼引淇奧·烈文之詩, 以明誠意之功, 可以自修, 可以化民, 皆可以止於至善, 繼引康誥等九文, 又明誠意之功, 自明而新民, 以止於至善, 繼引聽訟語, 又以明修身爲本, 以起下正心修身之節, 誠意非徑入也, 三綱領非落倒也, 經豈有誤哉."

　　여기서 오규 소라이는 '경經'과 '전傳'은 말이 다른 것이라 하고, 공자가 〈십익十翼〉을 지은 것도 '전傳'이라 하는 것은 말이 다르기 때문이라 하며, 후세 사람이 공자가 효孝를 말한 것을 편집하여 '경經'(《효경》)이라 하거나 《논어》를 '경經'이라 하는 것은 잘못된 것이라 하며, 《대학》도 '경經'이나 '전傳'이 아니라 '기記'라고 규정한다.[6] 곧 오규 소라이는 성인이 지은 것이 '경經'이요 현인이 지은 것이 '전傳'이라는 이른바 '성경현전설聖經賢傳說'을 거부하고, 경經에도 성인이 짓지 않은 것이 있음을 지적하며, '경經'은 국가가 제도를 세운 대강령이라 하고, '전傳'은 제자가 스승의 전하는 바를 기록한 것이라 한다.[7] 따라서 《대학》을 '기記'라 한 것은 선왕의 전장제도典章制度에 대한 기술이라 인식하고 있음을 말해 준다. 또한 오규 소라이는 《대학》에서 '소위성기의자所謂誠其意者'·'소위수신재정기심자所謂修身在正其心者'·'소위제기가재수기신자所謂齊其家在修其身者'·'소위치국필선제기가자所謂治國必先齊其家者'·'소위평천하재치기국자所謂平天下在治其國者'의 다섯 구절이 모두 제자의 질문이고, 그 다음에 이어지는 말이 스승의 대답으로 옛 태학에서 양로養老의 의례를 행할 때 스승과 제자가 부자·군신·장유의 도리에 대해 문답한 기록이라 한다. 이러한 전통은 한漢·육조六朝를 거쳐 수·당 때까지 석전釋奠에는 강학講學의 의례가 있었으며, 집경執經·집강執講·집독執讀의 관직을 세워서 집독執讀이 경經을 해석하고, 집강執講이 질

6) 《대학해》, 9쪽, "夫經傳異辭, 故孔子作十翼, 猶且謂之傳, 辭殊也, 後人輯孔子言孝者爲經, 《論語》爲經, 陋矣哉. 故大學之爲書, 記也, 非經也, 非傳也. 體裁殊也."
7) 오규 소라이荻生徂徠, 《변명辨名》, '경권經權', "弟子記其師所傳, 故謂之傳, ……經者, 國家立制度大綱領."

문하고, 집경執經이 대답하는 제도가 남아 있었으며, 후세에 시강侍講·시독侍讀의 관직이 있었던 것도 이에 근원하는 것이라 한다. 여기서 그는 송유宋儒들이 옛 의리를 잃어서 경의 해석(釋經)을 강론으로 여기면서 이 예법이 은폐되고 말았다는 것이다.[8] 이렇게 《대학》의 중간 이하 대부분을 태학의 의례 때 스승과 제자의 문답을 기록한 것이라 보는 것도 그가 《대학》을 '경經'이 아니라 '기記'로 보는 사실을 뒷받침해 주고 있는 것이라 하겠다.

2) 《대학》의 작자

《대학》의 작자에 대해서 주자는 증자가 경1장을 짓고 그 문인門人이 전10장을 지었다고 제시하였는데, 다산은 이에 대해 주자가 공자의 도통을 증자→자사→맹자로 이어지는 것으로 설정하면서 자신의 생각에 따라 《대학》을 증자의 저술로 규정하여 도맥道脈에 연결시킨 것일 뿐이지 전거典據는 없는 것이라 지적하여,[9] 《대학》의 작자가 누구인지 단정할 수 없다는 입장을 밝히고 있다. 이에 비해 오규소라이도 "그 문장을 음미해 보면 〈계사繫辭〉보다 질박하고, 〈중용〉보다 순수하여, 맹자 이후로 변론할 수 있는 것이 아니다. 이것은 반드시 (공자의) 70제자 가운데 격이 높은 제자가 전한 것이다"라고 하여, 공자의 제자에 의해 기술된 것으로 유추하였으며, 《대학》 가운

---

8) 《대학해》, 20-21쪽, "古養老有語, 蓋師生問答, 以言父子君臣長幼之道也, 漢六朝至于隋唐時, 釋奠有講學之禮, 立執經·執講·執讀之官, 執讀釋經, 執講發問, 執經答之, 古之遺也, 後世有侍講侍讀之官, 亦本諸, 宋儒失古義, 乃以釋經爲講, 其禮遂隱矣."
9) 《여전》[2], 권1, 1, '대학공의', "朱子謂曾子作經一章, 曾子之門人作傳十章, 亦絶無所據, 朱子以意而言之也, 朱子以爲孔子之統, 傳于曾子, 以傳思孟, 而思孟有著書, 曾子無書, 故第取此以連道脈耳."

데 증자의 말이 인용된 것은 증자의 제자들이 전한 것으로 스승의 말을 중간에 기록하여 넣은 것이라 보았다.[10] 이처럼 오규 소라이는 《대학》의 작자를 공자의 문인들에 의해 전수된 것이라 하고, 증자의 문인들이 첨가한 것도 있다고 지적하고 있다.

3) 태학太學의 교육 대상

'대학'의 성격에 대해 주자는 "《대학》이라는 책은 옛날 대학에서 사람을 가르치는 법도이다"[11]라고 하여, 학교로서 대학(太學)에 연관된 것임을 밝혔다. 또한 주자는 왕공王公 이하 서민의 자제가 모두 8세에 '소학小學'에 입학하고, 천자의 원자元子·중자衆子와 공경公卿·대부大夫·원사元士의 적자嫡子와 백성의 준수俊秀한 자가 모두 15세에 '대학'에 입학한다고 하여, 학교에는 나이에 따라 입학하는 소학과 대학의 두 등급이 있음을 제시했다.

이에 대해 다산은 "대학이란 국학國學이요, 주자胄子를 머물게 하여 가르친다"[12]라고 하여, '대학'이 '주자胄子'를 가르치는 학교로서 국학이라 하고, 따라서 '대학'을 주자가 '대학'이라 읽는 것은 잘못된 것이며 '태학太學'으로 읽어야 한다고 강조한다. 또한 오규 소라이도 "대학이란 천자와 제후의 도읍에서 사람을 가르치는 학궁學宮이다"라고 하고, 대재大宰·소재小宰나 대사도大司徒·소사도小司徒에서 '大'의 발음이 '태泰'임을 들고 '大學'의 '大'는 옛 발음인 '泰

---

10) 《대학해》, 9쪽, "味其文, 質於繫辭, 而純於中庸, 非孟子而下所能辨也, 是必七十者高第弟子所傳也, 中有曾子言, 亦必曾子之徒傳之, 錄其師說於中者."
11) 朱熹, 〈대학장구서〉, "大學之書, 古之大學所以敎人之法也."
12) 《여전》[2], 권1, 1, '대학공의', "大學者, 國學也, 居胄子以敎之."

의 뜻을 "존칭으로 성인의 가르침을 높여서 배우는 것"이라 하여,[13] 주자가 유흠劉歆의 발음에 따라 '대'로 읽은 것을 반대하고 있다.

여기서 먼저 학교로서 '대학(太學)'이 누구를 가르치는 곳인지의 문제가 하나의 쟁점이 되고 있으며, 대학과 소학의 관계에 관한 것도 또 하나의 쟁점이 되고 있음을 주목할 필요가 있다. 다산은 태학에서 교육하는 대상이 누구인지를 밝히는 데 매우 깊은 관심을 보였다. 곧 그는 '태학'의 옛 제도에서는 모든 사람을 가르치는 것이 아니라 '주자冑子'라는 특정 신분의 인물을 교육 대상으로 삼고 있음을 강조했다. 그는 태학에서 가르치는 '주자'란 '태자太子'요, 《주례》에서 대사악大司樂·악사樂師·사씨師氏·보씨保氏가 교육을 담당하는 '국자國子'와 동일시하며, 천자의 모든 아들(嫡·庶)과 제후·공경·대부의 세계世系를 이어갈 적자(맏아들)만을 가리키는 것이라 한다. 이들은 다음날 가문을 다스리고 나라를 다스리며 혹은 천하에 임금이 되고 혹은 천자를 보필하여 백성을 이끌어 태평을 이룰 사람이라는 것이다.[14] 따라서 서민의 자제들은 태학에 입학할 수 없는 것이 옛 제도라고 파악한다.

다산은 〈요전堯典〉에서 설契이 사도司徒가 되어 백성을 가르치고 기夔가 전악典樂이 되어 주자冑子를 가르친다는 언급과 《주례》에서 대사도가 향삼물鄕三物로 만민을 가르치고 대사악이 삼교(樂德·樂

---

13) 《대학해》, 7쪽, "大學者, 天子諸侯之都敎人之宮也. ……大舊音泰, ……泰尊稱, 學以尊聖人之敎."

14) 《여전》[2], 권1, 3, '대학공의', "天子之太子, 將繼世爲天子, 天子之庶子, 將分封爲諸侯, 諸侯之適子, 將繼世爲諸侯, 公卿大夫之適子, 將繼世爲公卿大夫, 斯皆他日御家御邦, 或君臨天下, 或輔弼天子, 道斯民而致太平者也."

語·樂舞)로 국자國子를 가르친다는 언급을 전거로 삼아 주자(國子)를 교육하는 제도와 일반 백성을 교육하는 제도가 확연히 다르고, 옛 법도에서는 일반 백성이 태학에서 교육을 받지 않는 것임을 입증하고 있다.[15] 그러나 그는 "지금은 작위가 세습되지 않고, 인재가 문족으로 선발되지 않으니, 한미하고 비천한 문족도 경상卿相에 올라가 임금을 보좌하고 백성을 다스린다. 선유先儒들이 이러한 습속을 익숙히 보고 옛 제도에 익숙하지 않아서 태학을 만민이 나가 배우는 자리라 하고, '태학지도太學之道'를 만민이 말미암는 길이라 한다"[16]라고 하여, 주자를 비롯한 선유들이 후세의 제도로 '태학'의 교육제도를 잘못 해석하고 있음을 지적한다. 여기서 그는 "지금 세상의 법도는 문족에 귀천이 없으니 모두 이 경經(《대학》)에 힘쓰는 것이 옳다"[17]고 하여, 당시의 현실에서는 '태학'이 만민에게 개방되어 있고 《대학》도 누구나 배울 수 있는 것임을 인정하지만, 옛 제도와 당시의 현실 사이에 신분 제도의 변천이 있었음을 인식하도록 요구하고 있다.

또한 다산은 대사악大司樂이 관장하여 주자胄子를 가르치는 태학國學과 달리 대사도大司徒가 관장하여 만민을 가르치는 향학鄕學으로 〈학기學記〉에서 말하는 가家(25家:閭)의 '숙塾'과 당黨(500家)의 '상庠'과 술術(12,500家:遂)의 '서序'를 들고 있다. 다산은 《예기》의 〈왕제王制〉 편에서 악정樂正이 선비를 배양함에는 왕대자王大子, 왕자王

---

15) 같은 곳, "寒門賤族, 古法原屬之司徒, 不關於太學, 確分二等, 不相混雜, ……其敎法之公私大小, 絶然不同."
16) 같은 곳, "今也爵不世襲, 才不族選, 寒門賤族, 亦可以蹴到卿相, 佐人主而治萬民, 先儒習見此俗, 不櫊古制, 故以太學爲萬民所游之地, 以太學之道爲萬民所由之路."
17) 《여전》[2], 권1, 5, '대학공의', "今世之法.族無貴賤.咸於此經致力焉可也."

子, 군후群后의 대자大子, 경卿·대부大夫·원사元士의 적자뿐만 아니라 국가에서 선발된 선비, 즉 준선俊選(選士·俊士)를 모두 배양하며, 입학은 나이로 한다는 언급을 주목했다. 이에 대해 다산은 〈왕제〉편을 한漢 문제 때의 박사博士가 기록한 것으로 한유漢儒들이 옛 제도와 당시의 제도를 참작하여 한나라 법제를 만든 것이요, 〈요전〉편의 기夔(典樂)와 설契(司徒)을 하나로 합쳐 놓고《주례》의 대사악과 대사도를 하나로 합해 놓은 것이며, 순舜의 법제나 주周의 법제와 전혀 다른 것이라고 지적한다. 이에 따라 다산은 "주자가 오로지 〈왕제〉편에 의거하여 (《대학장구》의) 서문을 지었는데, 오늘날 학자들이 모두 선왕의 법도가 본래 이러하다고 하여, 드디어 태학의 도를 만민을 가르치는 법도로 인식하는데 전혀 그렇지 않다"[18]고 지적하여, 주자가 태학의 도를 만민을 가르치는 법도로 제시한 것이 옛 법도가 아니라 〈왕제〉편에서 제시된 한漢 이후의 법제임을 확인한다.

4) 대학과 소학

다산은 주자가 책의 명칭인 '태학太學'을 '대학大學'으로 고쳐 읽고 '대인지학大人之學'이라고 해석하며, 동자童子의 학문과 대비시켜 '대학'과 '소학'으로 상대시키고 천하의 모든 사람에게 통용되는 학문으로 삼고 있는 사실을 검토하고 있다. 여기서 다산은 '대인大人'이란 말은 위대자位大者·덕대자德大者·엄부嚴父·체대자體大者의 네

18) 《여전》[2], 권1, 5-6, '대학공의', "朱子專據王制以作序文, 今之學者, 皆謂先王之法, 本來如此, 故太學之道, 遂認爲教萬民之法, 殊不然也."

가지 용례가 있을 뿐이요, 관례冠禮를 한 성인成人을 가리키는 경우
가 없음을 고증하면서, 옛날에 소학·대학의 구별은 원래 도예道
藝·학업學業의 크고 작음이나 학교의 크고 작음을 나누는 구별이요,
관례冠禮를 하였는지 여부에 따라 동자童子와 대인大人을 구별하여
입학시키는 것이 아니라 본다.[19)]

다산은 '소학'에서 배우는 소예小藝란 글씨와 계산 등이요, 소도
小道란 〈곡례曲禮〉·〈소의少儀〉 등이라 하여, 주자가 '소학'에서 배
우는 과제로 제시한 쇄소灑掃·응대·진퇴의 절도나 가정에서 부모
를 섬기고 학교에 들어가 스승을 섬기는 것이란 그 직분을 닦는 것
일 뿐이요, 예藝나 업業이나 도道라고 할 수 없는 것이라 한다. 또한
그는 예악사어禮樂射御도 8세의 동자가 할 수 있는 것이 아니라 하
여, 소학이 소인의 학문이 아닌 것처럼, 대학도 대인의 학문이 아니
라고 지적한다.[20)] 나아가 다산은 '대묘大廟'(태묘)·'대사大社'(태
사)의 경우처럼 '대학大學'(태학)도 모든 학교들 가운데 가장 높여
지고 가장 큰 것이라 하며, 학교를 '태학'이라 한다면 책의 명칭도
'태학'이라 읽는 것이 공정하다고 주장한다.[21)] 이처럼 다산은 주자
가 소학과 대학을 나이에 따라 소인(童子)·대인(成人)이 입학하는

---

19) 《여전》[2], 권1, 2, '대학공의', "古者小學大學之別, 原以藝業之大小, 黌舍之大小, 分而二之, 若
其年數, 或稱十五, 或稱二十, 冠與不冠, 仍無所論, 豈必大人入太學乎."
20) 《여전》[2], 권1, 6, '대학공의', "小藝者, 書計之類也, 小道者, 曲禮少儀之類也, 若夫灑掃應對進
退之節, 在家事父, 入學事師, 修其職分而已, 不可曰藝, 不可曰業, 不可曰道, ……至於禮樂射御,
尤非八歲童子所能爲者, 總之大學小學之別, 在於道藝之大小. 學舍之大小, 年齒多少, 非所問矣, 小
學非小人之學.則大學豈大人之學乎."
21) 《여전》[2], 권1, 2, '대학공의', "諸學之中, 其最尊最大者, 謂之大學, ……大廟大社, 旣讀爲泰,
則惟獨大學讀之爲大, 定無是理, 大學之大, 旣讀爲泰, 則惟獨大學之書, 讀之爲大, 抑又何義, 夫旣
以太學敎人之故, 名是書曰大學, 而彼曰泰, 此曰大, 非公言也."

것으로 구분하는 제도가 경전에서 제시하는 옛 제도가 아님을 확인하고 있다.

이에 비해 오규 소라이는 대인·소자의 학문에 다름이 있다는 견해가 크게 잘못된 것이라고 비판하면서, "학궁學宮에 대소가 있다고는 들었지만, 학문의 도에 대소가 있다고 듣지는 못했다"라고 하여,[22] 대학·소학이란 학궁의 대소로 구별되는 것일 뿐이고 학문 내용이 다른 것이 아니라고 한다. 그는 〈왕제〉 편에서 소학은 공궁公宮의 남쪽 원편에 있고, 대학은 교郊에 있다는 언급을 근거로, "소학이 이미 공궁公宮의 근처에 있으며, 가의賈誼도 오직 세자世子를 말하니, 어찌 여항閭巷(민간)에서 사람을 가르치는 곳이겠는가"[23]라고 하여, '소학'도 일반 백성을 가르치는 곳이 아니라는 인식을 보여주고 있다. 또한 그는 주周나라가 쇠퇴한 다음부터 상庠·서序·학學·교校의 정사政事가 폐지되었고, 그 이후로 선비들이 경계를 넘어서 유학游學하게 되었으며, 진秦·한漢 이후로 궐리闕里(魯)·직하稷下(齊)의 춘추시대 유풍을 따르게 되어 학교에서 널리 학사學士를 기르게 되었던 것은 선왕의 옛 제도가 아니라고 확인한다. 따라서 그는 주자가 경전을 자세히 고증하지 않고 가볍게 후세의 제도로 삼대三代를 규정하여, 〈대학장구서〉에서 대학·소학의 가르치는 법도를 말한 것은 자기 의견으로 지어낸 것이요 옛 법도가 아니므로 따를 수 없다고 밝혔다.[24] 그만큼 오규 소라이도 학교가 신분에 따라 입학시켰

---

22) 《대학해》, 7쪽, "至於以大人小子學問有異爲說, 有大不然者矣, 蓋聞學宮有大小焉, 未聞學問之道有大小焉."
23) 같은 곳, "王制曰, 小學在公宮南之左, 大學在郊, ……小學旣近公宮, 賈誼亦專言世子, 則豈閭巷敎人之所乎."

던 것이 옛 제도임을 확인하고 있는 것이다.

이처럼 다산과 오규 소라이는 주자가 소학·대학을 분별하는 견해를 거부하면서 옛 제도를 고증하여 밝히는 공통적인 입장과, ‘태학’의 교육 대상과 옛 제도에 대해서도 공통된 견해를 보여주고 있다. 다만, 다산이 정밀한 관심을 기울여 고증하고 있는 것과는 달리 오규 소라이는 가볍게 지적하는 정도에 그치고 있는 정도의 차이를 확인할 수 있다.

(2) 대학지도大學之道와 태학의 교육

1) 태학의 교육 내용

《대학》이 태학에서 사람을 가르치는 법도(太學敎人之法)라고 하면, 그 교육 내용이 실제로 무엇이었는가를 파악하는 것이 《대학》의 성격을 해석하는 데 직결되는 문제라고 할 수 있다. 다산은 《주례》와 《예기》의 〈왕제王制〉·〈제의祭義〉·〈문왕세자文王世子〉 편, 및 《대대례大戴禮》의 〈보부保傅〉 편 등 경전의 언급을 근거로 옛날의 태학에서 예악禮樂·시서詩書·현송弦誦·무도舞蹈·중화中和·효제孝弟를 가르쳤으며, 주자가 말하는 ‘명심부성明心復性’·‘격물궁리格物窮理’·‘치지주경致知主敬’ 등의 주제는 옛 경전에는 전혀 그림자도 없는 것이라 부정하고, 《대학》에서 말하는 ‘성의정심誠意正心’도 학교의 조례條例로서 분명하게 밝힌 글이 없다고 지적했다.[25]

---

24) 《대학해》, 8쪽, "周衰, 庠序學校之政廢, 而後士始有越其竟游學者, 秦漢以後, 踵闕里稷下之遺, 而黌舍稟員, 廣養學士, 豈先王舊制乎, 朱熹乃不深考經傳, 率以後世視三代, 其序中所言大小學敎法, 皆其意見所造, 非古也, 不可從矣."

여기서 다산은 태학에서 가르치는 주자胄子를 다음날 임금으로 천하를 다스리거나 천자를 보필하여 백성을 이끌어 태평을 이루는 사람이라 하여, "(주자를) 태학에 입학시켜 치국治國 · 평천하平天下의 도리를 가르치니, 이것을 대학의 도가 명명덕明明德에 있고 친민親民에 있다고 말한다"[26]고 밝히고 있다. 곧 나라를 다스리고 군왕을 보필할 주자胄子가 태학에서 교육받게 되는 대학지도大學之道는 바로 치국治國 · 평천하平天下의 도리요, 그것이 명명덕 · 친민하는 데 있는 것이라 한다. 따라서 그는 "치국治國 · 평천하平天下가 이 경經(《대학》)이 주장으로 삼는 것이며, 수신修身 · 제가齊家는 그 근본으로 거슬러 올라가 말한 것이고, 성의誠意 · 정심正心은 그 근본의 근본으로 거슬러올라가 말한 것이다. 주장으로 삼는 바가 치국治國 · 평천하平天下에 있으므로, 치국治國 · 평천하平天下의 두 절에 이르러서 그 절목節目이 상세하며, 그 위의 몇 절은 대략 주위 모았고 자세히 논하지 않았다"[27]라고 하여, 대학지도大學之道가 치국治國 · 평천하平天下를 위주로 하는 것임을 역설하고 있다.

또한 다산은 《주례》에서 국자國子(胄子)를 가르치는 내용으로 대사악大司樂은 삼교三敎(樂德 · 樂語 · 樂舞)로 가르치고, 사씨師氏는 삼덕三德(至德 · 敏德 · 孝德) · 삼행三行(孝行 · 友行 · 順行)으로 가르치

---

25) 《여전》[2], 권1, 2, '대학공의', "古者太學敎人之法, 敎以禮樂, 敎以詩書, 敎以弦誦, 敎以舞蹈, 敎以中和, 敎以孝弟, 見於周禮, 見於王制, 見於祭義, 見文王世子, 大戴禮保傅等篇, 而所謂明心復性 · 格物窮理 · 致知主敬等題目, 其在古經, 絶無影響, 並其所謂誠意正心, 無明文可以爲學校之條例者."

26) 《여전》[2], 권1, 3, '대학공의', "斯皆他日御家御邦, 或君臨天下, 或輔弼天子, 道斯民而致太平者也, 故入之于太學, 敎之以治國平天下之道, 斯之謂大學之道在明明德在親民也."

27) 같은 곳, "治國平天下, 爲斯經之所主, 而修身齊家, 乃泝其本而言之, 誠意正心, 又泝其本之本而言之, 其所主在治平也, 故至治國平天下二節, 其節目乃詳, 其上數節, 略略提掇而已, 不細論也."

고, 보씨保氏는 육예六藝(禮·樂·射·馭·書·數)·육의六儀(祭祀之容·賓客之容·朝廷之容·喪紀之容·軍旋之容·車馬之容)로 가르치는 사실을 열거하고 있다.[28] 그러나 다산은 국자國子를 가르치는 이러한 내용의 차이를 분석하여 검토하지는 않고, 이를 태학에서 가르치는 '대학지도' 요, 치국治國·평천하平天下의 도로 받아들이고 있음을 보여준다.

이에 비해 오규 소라이는 "옛날에 '학學'이라 말하는 것은 시詩·서書와 육예六藝를 배우는 것일 뿐이다. ……가의賈誼가 말하는 대절大節·소절小節·대사大事·소사小事라는 것도 오직 시詩·서書와 육예六藝에 나아가 그 역량이 미치는 것을 헤아려 수업하는 절도로 삼는다"[29]라고 하여, 모든 학교에서 교육 내용을 '시詩'·'서書'와 '육예(禮·樂·射·御·書·數)'로 집약시켜 제시하고, 가르침의 내용

---

28) 《주례》에서도 직관職官에 따라 국자國子(胄子)를 가르치는 교육 내용이 다르게 제시되고 있다. 이를 만민을 가르치는 내용과도 대비시켜 도표로 만들어 보면 다음과 같다.

직관職官	대상	교육 내용	
春官/大司樂	國子	三敎	樂德: 中·和·祇·庸·孝·友 樂語: 興道·諷誦·言語(乞言合語之禮) 樂舞: 舞一雲門·大卷·大咸·大磬·大夏·大濩·大武
地官/師氏	國子	三德 三行	至德·敏德·孝德 孝行·友行·順行
地官/保氏	國子	六藝 六儀	禮·樂·射·馭·書·數 祭祀之容·賓客之容·朝廷之容·喪紀之容·軍旋之容?·車馬之容
地官/大司徒	萬民	鄉三物	六德: 知·仁·聖·義·忠·和 六行: 孝·友·睦·媤·任·恤 六藝: 禮·樂·射·御·書·數

29) 《대학해》, 7쪽, "古所謂學, 學詩書六藝而已矣, ……賈誼所謂大節·小節·大事·小事者, 特就詩書六藝, 量其力所能及, 以爲授受之節也."

이 다른 것은 아니라고 확인한다. 이처럼 그는 옛 제도에서 학교의 차이를 인정하면서도 교육 내용의 차이를 인정하지 않는 입장을 제시하고 있다. 또한 그는 《대학》에서 제시되는 '격물格物 · 치지致知 · 성의誠意 · 정심正心 · 수신修身'도 본래 의론議論하는 말이요, 반드시 학문하는 방도라 할 수 없는 것이라 본다.[30] 그것은 주자가 《대학》의 8조목을 학문 방법으로 중시하는 견해를 거부하는 입장을 보여주는 것이다.

2) 태학太學의 양로의례養老儀禮

오규 소라이가 태학의 교육 내용을 제시하면서 가장 예민하게 주목하고 있는 점은 양로養老 · 향사鄕射의 의례를 행한다는 것이다. 그는 《맹자》(滕文公上)에서 '상庠'이란 배양(養)의 뜻이고, '서序'란 활쏘기(射)를 뜻하는 것이라는 설명에 근거하여 양로養老 · 향사鄕射의 의례가 바로 학교 교육의 과제인 인륜을 밝히는 방법이라고 지적한다. 그는 옛날의 교육은 후세에 한결같이 의리를 가르치는 것으로 가르치는 것과 다르다고 지적하며, 상庠 · 서序 · 학學 · 교校는 그 행하는 의례가 각각 달라 학궁의 제도도 달리하는 것이라고 규정하고 있다.[31] 곧 상庠 · 서序 · 학學 · 교校라는 학교의 명칭이 다른 것은 각 학교에서 행하는 의례의 차이에 따른 것이라 하여, 학교에서 가르치는 내용으로 의례를 핵심적 과제로 파악하고 있음을 보여준다.

---

30) 같은 곳, "本篇格物致知誠意正心修身, 本爲議論之言, 而非必皆爲學之方乎."
31) 《대학해》, 8쪽, "孟子曰庠者養也, 序者射也, 養老鄕射之禮, 所以明人倫也, 古之敎也, 非如後世一以講義理爲敎也, 庠序學校, 所行之禮各殊, 而其宮室之制, 因以不同."

또한 오규 소라이는 《맹자》(告子下)에서 "요·순의 도는 효孝·제
弟일 따름이다"라고 언급한 것이나, 《예기》〈왕제〉 편에서 선대의
양로의례養老儀禮를 열거하면서 먼저 유우씨有虞氏를 들고 있는 것은
양로의례가 요·순에서 시작하는 사실을 들어서, 《대학》의 가르침
이 요·순에서 가르치기 시작한 효孝·제弟의 도리와 양로의례를 갖
추고 숭상하는 것으로 파악한다. 이에 따라 그는 "교육은 요·순에
서 시작되고 교육의 방도는 궁교躬敎를 높이 여긴다"라고 하여, 말씀
으로 가르치는 것이라기보다 몸소 행함으로써 가르치는 궁교躬敎를
중시하며, 나아가 《대학》의 성격을 규정하여 "이 편(《대학》)은 걸언乞
言·합어合語의 기록이요, 오로지 양로養老·서치序齒의 의리를 말한
것이다. 관冠·혼昏·연燕·빙聘·향사鄕射의 의례 그 의리가 있으나
그 의리를 해석하지 않고 모방하여 말한 것이니, 걸언乞言·합어合語
의 실체가 되는 것이다"[32]라고 제시한다.

곧 오규 소라이는 태학의 교육이 효孝·제弟를 가르치거나 양로의
례를 가르치거나 실행의 모범을 보여 교육하는 것이요, 논설로서 이
론적 교육을 하는 것이 중심이 될 수 없는 것임을 강조한다. 따라서
《대학》은 양로의례를 행하는 과정에서 노인에게 좋은 말씀을 청하
는 '걸언乞言'과 의례가 끝난 뒤에 술잔을 주고받으면서 그 의리를
설명한 '합어合語'의 기록이라는 것이다. 즉, 태학의 가르침에서 양
로의례가 중심이 되고, 《대학》이라는 책은 양로의례에 따르는 '걸
언·합어'의 내용을 기록한 것이라고 규정하는 것이다. 바로 여기에

---

32) 《대학해》, 8-9쪽, "敎者昉於堯舜, 敎之道, 躬敎爲上. …… 故此篇爲乞言合語之記, 專言養老序齒
禮之義, 猶之冠昏燕聘鄕射之禮有其義, 而不直釋其義, 依傍以言之者, 亦乞言合語之體爲爾."

그가 《대학》을 '경經'이나 '전傳'이 아니라 '기記'라고 규정하는 이유가 드러나고 있으며, 《대학》을 양로의례에 대한 '기記'라고 인식하고 있음을 확인할 수 있다.

나아가 오규 소라이는 《대학》의 취지는 "임금을 주인으로 삼아 말한 것이요, 덕에 근본하는 것이 옛날의 가르침"이라 지적하고 있다. 또한 주자에 대해 "말을 다듬지 못하고 옛 것에 어두워 성리性理의 설說을 지어서 해석하며, 사람마다 성인이 되는 것으로 주장을 삼아 찢어놓고 꿰매어 고문古文을 어지럽히는 것으로 학설을 이루었으니 따를 수 없다"[33]고 하여, 주자의 《대학》 해석을 전반적으로 옛 제도에 어긋난 것으로 거부했다.

다산이 《대학》의 가르침에서 치국治國·평천하平天下의 도리를 중심 주제로 강조하고 있는 데 비해, 오규 소라이가 《대학》이 양로의례를 가르치는 것으로 강조하고 있는 차이는 치자治者에게 요구되는 과제로서 치국治國·평천하平天下를 주목하는 것이요, 치자가 덕을 기르는 방법으로서 양로의례를 주목하는 차이로 볼 수 있다. 그만큼 다산이 치도治道를 중시하고 있다면 오규 소라이는 치술治術로서 '예禮'를 중시한다고 볼 수 있겠다.

---

33) 《대학해》, 9쪽, "其旨主人君以言之, 本乎德焉, 古之敎爾. 朱子不修乎辭, 昧乎古, 乃以其所枘性理之說解之, 主人人爲聖人言之, 割裂補綴, 紊亂古文, 以成其說, 不可從矣."

3. 명덕明德의 개념과 실현 방법

(1) 명덕明德의 개념

1) 명덕심체설明德心體說의 비판

다산은 《대학》의 첫머리에 '대학지도大學之道'로서 '명덕明德' · '신민新民(親民)이나 '수신修身 · 제가齊家 · 치국治國 · 평천하平天下'를 말한 것은 《서경》의 〈요전堯典〉과 〈고요모皐陶謨〉 편에서 언급된 내용과 부절符節이 합하듯이 일치하는 것이라고 강조한다.[34] 곧 '대학지도'는 요 · 순에서 제시된 확고한 연원이 있음을 확인하는 것이다. 그는 '명명덕明明德(밝은 덕을 밝힌다)'의 '명덕明德(밝은 덕)'을 '효孝 · 제弟 · 자慈'라 하여, 도덕 규범에 의해 정의했다.[35] 그것은 주자가 '명덕明德'을 "사람이 하늘에서 얻은 것으로 허령하고 어둡지 않아서, 모든 이치를 갖추고 모든 일에 대응한다"(人之所得乎天, 而虛靈不昧, 以具衆理而應萬事者也)라고 정의한 것을 버리고, 경전에서 근거를 찾아 새롭게 정의한 것이다. 그는 주자가 '명덕明德'의 개념을 '허령불매虛靈不昧'로 정의하거나 '심통성정心統性情'으로 설명하거나 '이理 · 기氣'나 '명明 · 혼昏'으로 심체心體(마음의 본체)로서 해석하는 것이 결단코 옛날 태학에서 가르치는 주제나 조목이 아니라고 비판했다.[36]

---

34) 《여전》[2], 권3, 8, '중용자잠'. "仲尼之學, 源於堯舜, 故大學之明德新民, 其在堯典, 曰克明峻德, 以親九族, 以平百姓, 以協萬邦, 其在皐陶謨, 曰愼厥身修, 敦叙九族, 庶明勵翼, 邇可遠在玆, 皆是修身齊家治國平天下之說, 前聖後聖之言, 若合符節."

35) 《여전》[2], 권1, 6, '대학공의'. "明德也, 孝弟慈."

36) 《여전》[2], 권1, 7, '대학공의'. "虛靈不昧, 心統性情, 曰理曰氣, 曰明曰昏, ……斷斷非古者太學

또한 다산은 성리학의 입장에서 심체가 허명虛明하기 때문에 '명덕明德'이라 하고, 심체가 때로 어두워지는 것을 사람이 다시 밝히므로 '명명덕明明德'이라 한다고 주장함으로써, '효孝·제弟'란 본래 허명한 것이 아니므로 '명덕明德'이 될 수 없고, 또 때로 어두워지는 것이 아니요 다시 밝히는 것도 아니니 '명명덕明明德'이 아니라는 반론을 설정하고서, 그 대답으로 《시경》·《서경》·《주역》·《춘추좌전》 등 '명덕明德'을 언급한 경전의 여러 사례를 끌어들여 모두 심체를 말하는 것이 아님을 밝혀 반박했다.[37] 이처럼 다산은 일차적으로 성리학적 해석이 옛 경전에 근거가 없다는 사실을 들어서 경전에 대한 올바른 해석이 될 수 없다는 실학자로서의 경학적 입장을 밝히고 있다. 나아가 그는 효孝·제弟로서의 '덕德'을 '명덕明德'이라 일컫는 사실에 대해, 신에게 제사드리는 물을 '명수明水'라 하고, 하늘에 감통하는 방을 '명당明堂'이라 하는 것처럼 덕행이 신명神明에 통하는 것을 '명덕明德'이라 한다고 하며, "효孝·제弟가 덕이 됨이 신명에 통하므로 '명덕明明德'이라 한다"라고 하여, 허령虛靈한 것이 아니더라도 '밝다'(明)고 말할 수 있음을 제시한다.[38]

2) 다산의 명덕효제자설明德孝弟慈說

다산은 '명덕明德'을 효孝·제弟·자慈의 규범으로 인식함으로써

　　　敎人之題目."
37) 다산이 인용하고 있는 '명덕明德'을 언급한 경전의 구절은 《시경》(大雅·皇矣)의 "予懷明德", 《주역》(晉卦)의 "自昭明德", 《서경》(君陳)의 "明德惟馨", 《춘추좌전》(定公4年)의 "選建明德, 以藩屛周"과 "分魯公以大路大旂, 以昭周公之明德"이다.
38) 《여전》[2], 권1, 10, '대학공의', "凡德行之通乎神明者, 謂之明德, 如祭神之水, 謂之明水, 格天之室, 謂之明堂, 孝弟爲德, 通乎神明, 故謂之明德, 何必虛靈者爲明乎."

《대학》의 전체적 성격을 올바르게 파악할 수 있는 것으로 본다. 그는 1791년 내각內閣의 월과月課에서 임금의 책문策問에 대답하면서, "《대학》의 극치와 《대학》의 실용이 효孝·제弟·자慈 세 가지를 벗어나지 않으니, 《대학》의 요지를 밝히고자 하면 반드시 먼저 효孝·제弟·자慈 세 글자를 말끔하게 밝혀낸 다음에 한 편의 전체全體와 대용大用을 밝힐 수 있다"[39]고 역설했다. 이처럼 효孝·제弟·자慈로서 '명덕明德' 개념을 떠나서는 《대학》의 지극한 깊이나 실제의 활용을 이룰 수 없고, 《대학》의 전체와 대용을 인식하기 위해서도 효孝·제弟·자慈의 규범을 떠날 수 없는 것임을 주장하고 있는 것이다.

여기서 다산은 '명덕明德'을 '효孝·제弟·자慈'로 파악할 수 있는 경전의 근거를 논증하면서, 《주례》에서 대사악大司樂이 '육덕六德' 곧 '중中·화和·지祗·용庸·효孝·우友'로 국자國子를 가르친다는 '육덕六德' 가운데, 중中·화和·지祗·용庸은 《중용》의 가르침이요, 효孝·우友는 《대학》의 가르침이라고 구분하며, 태학에서 대사악大司樂이 주자冑子를 가르치는 조목으로 '효孝·우友'를 덕으로 삼는 것이 바로 《대학》에서 말하는 '명덕明德'이요, '효孝·우友'가 '효孝·제弟·자慈'임을 밝히고 있다.[40] 또한 《효경》 첫머리에서 선왕의 지덕至德·요도要道를 말하고서 "효孝는 덕의 근본이다"라고 언급한 사실에 따라, 정현이 '명덕明德'을 '지덕至德'이라 해석했던 '지덕至德'이 바로 효孝·제弟라고 지적한다.[41] 이와 더불어 《서경》 〈강고康誥〉

<hr>

39) 《여전》[2], 권1, 8, '대학공의', "大學之極致, 大學之實用, 不外乎孝弟慈三者, 今欲明大學之要旨, 必先將孝弟慈三字, 疏滌表章, 然後一篇之全體大用, 乃可昭也."
40) 《여전》[2], 권1, 7, '대학공의', "周禮大司樂, 以六德敎國子, 曰中和祗庸孝友, 中和祗庸者, 中庸之敎也, 孝友者, 大學之敎也, 大學者, 大司樂敎冑子之宮, 而其目以孝友爲德, 經云明德, 豈有他

편에서 먼저 "문왕이 능히 덕을 밝혔다"(文王克明德)고 말하고서, '불효'와 '불우不友'를 경계하면서 '자식이 아비를 공경하지 않음'과 '아우가 형에게 공손하지 않음'과 '아비가 자식을 사랑하지 않음'을 징벌하도록 말하는 것이 바로 '명덕明德'이 효孝·제弟·자慈임을 밝혀 주는 증거로 확인한다.[42]

또한 다산은 태학에서 가르치는 도리로서 명덕明德이 '효孝·제弟·자慈'로 일컬을 수 있는 사실을 《서경》〈요전〉편에서 "삼가 오전을 아름답게 한다"(愼徽五典) 하고, "공경하여 오교를 펼친다"(敬敷五敎)라고 언급한 '오전五典'과 '오교五敎'를 부의父義·모자母慈·형우兄友·제공弟恭·자효子孝라 하며, 여기서 부의父義·모자母慈는 합하여 말하면 '자'요, 형우兄友·제공弟恭은 합하여 말하면 '제弟'라 하여, '오전五典'과 '오교五敎'를 총괄한 것이 바로 효孝·제弟·자慈임을 확인하고 있다.[43] 또한 다산은 《맹자》(滕文公上)에서 "학學(太學)이란 명칭은 삼대가 함께 썼으며, 모두 인륜을 밝히는 것이다"라고 한 말에서, 바로 '인륜을 밝힌다'(明人倫)는 것이 효孝·제弟를 밝히는 것이라 하여,[44] '인륜'과 '명덕明德'을 효孝·제弟·자慈의 도덕 규범으로 일치시키고 있다. 이와 더불어 다산은 선왕이 사람을 가르치는 법도의 세 가지 큰 조목으로 덕德·행行·예藝가 있음을 들

哉."

41) 같은 곳, "孝經首章, 日先王有至德要道, 以順天下, 旣而日孝德之本也, 鄭康成以明德爲至德者, 至德乃孝弟也."

42) 같은 곳, "康誥所戒, 亦惟在不孝不友, 子弗克祗厥父, 弟弗克恭厥兄, 父不能字厥子, 是懲是罰, 而首告之曰文王克明德, ……所謂明德, 孝弟慈也."

43) 같은 곳, "五典五敎者, 父義母慈兄友弟恭子孝也, ……然兄友弟恭, 合言之則弟也, 父義母慈, 合言之則慈也, 然則孝弟慈三字, 乃五敎之總括."

44) 같은 곳, "孟子曰學則三代共之, 皆所以明人倫也, 明人倫, 非明孝弟乎."

면서, 대사도大司徒가 가르치는 향삼물鄕三物(六德·六行·六藝)에서 덕德(忠和)과 행行(孝友)을, 대사악大司樂이 주자胄子를 가르치는 삼 물三物(樂德·樂語·樂舞)에서 덕德으로 통합하여 일컫는다 하여 덕 德과 행行이 서로 통하여 일컬어지는 것이라 하며, 예藝'(詩書禮樂· 弦誦舞蹈·射御書數)에 여러 가지를 익히더라도 그 가르침의 근본은 효孝·제弟일 뿐이라고 확인한다.[45] 나아가 다산은 원元의 옥계玉溪 노효손盧孝孫, 명明의 유원경劉元卿, 명의 내지덕來知德을 비롯하여, 우 리나라 백호白湖 윤휴尹鑴와 동원東園 이덕흠李德欽을 들어 '명덕明德' 을 효孝·제弟·자慈로 해석한 경우가 선유先儒들 가운데서도 있었던 사실을 제시하여, 자신의 견해를 뒷받침하고 있다.

3) 다산의 심본무덕설心本無德說

'명덕明德'의 개념에 대한 해석에서 '명덕明德'이 심체心體가 아니 라 '효孝·제弟·자慈'의 도덕 규범이라는 주장과 더불어, 다산이 제 기한 또 하나의 새로운 견해는 '마음에는 본래 덕이 없다'(心本無 德)는 주장이다. 그는 공영달孔穎達이 '명명덕明明德'을 해석하면서 "몸에 명덕이 있어서 다시 밝게 드러내는 것"(身有明德.而更章顯之) 이라는 언급을 비판하면서, "마음에는 본래 덕이 없으며, 오직 곧은 성품이 있다. 나의 곧은 마음을 행할 수 있는 것을 덕이라고 한다. 선을 행한 다음에 덕이라는 명칭이 성립하니, 어찌 몸에 명덕이 있 겠는가?"[46]라고 밝혔다. 그것은 다산이 덕의 선천적 내재성을 주장

---

45) 같은 곳, "彼以忠和爲德, 孝友爲行, 而大司樂通謂之德者, 德行可互稱也, 詩書禮樂·弦誦舞蹈· 射御書數, 皆藝也, 雖其恒業之所肄習, 在於諸藝, 而其本敎則孝弟而已, 明德非孝弟乎."
46) 《여전》[2], 권1, 8, '대학공의', "心本無德, 惟有直性, 能行吾之直心者, 斯謂之德, 行善而後德之

하는 성리학적 입장을 거부하고, 실행 이후에 성과로서 얻어지는 것으로서 '덕德' 개념을 새롭게 해석하고 있음을 말해 준다. 이러한 '덕' 개념은 마테오 리치가 《천주실의天主實義》에서 "의지를 따르거나 그만둘 수 있어야 그 다음에 덕도 있고 사특함도 있으며, 선도 있고 악도 있다"(有能縱止其意者, 然後有德有慝有善有惡焉) 하고, "성性의 선함은 타고난 선이요, 덕의 선은 익힌 선이다"(性之善爲良善, 德之善爲習善)라고 구별하며, "의로운 것을 보고 곧 행하는 것이 덕이 될 뿐이다"(見義而卽行之, 乃爲德耳)라고 언급하여, 덕을 의지에 따라 실행한 다음에 익혀진 것으로 제시하는 견해와 긴밀하게 연결되는 것이라 볼 수 있다.

주자학에서는 《대학》의 강목을 분석하면서 의意·심心·신身이 덕의 조목이요, 가家·국國·천하天下는 민民의 조목으로, 선왕이 의意·심心·신身의 덕을 밝히는 것을 '명명덕明明德'이라 하고, 가家·국國·천하天下는 민民을 새롭게 하는 것을 '신민新民'이라 한다는 입장에서 효孝·제弟·자慈를 명덕明德이라 할 수 없다는 반론을 제기할 수 있다. 다산은 이에 대해 "의意·심心·신身은 선과 악이 결정되지 않은 사물이니 어찌 곧바로 덕이라 할 수 있겠는가? ……의意·심心·신身이 덕이 아니라 한다고 성의誠意·정심正心·수신修身을 덕이 아니라 할 수는 없다. 그렇다면 대학지도大學之道는 '덕에 있다'고 할 수는 있으나 '덕을 밝히는 데 있다'고 할 수 없으며, '밝은 덕에 있다'고 할 수는 있으나 '밝은 덕을 밝히는 데 있다'고는 할 수 없으니, 반드시 성誠·정正·수修의 한겹 바깥에 또 한겹의 공부가

名立焉, 不行之前, 身豈有明德乎."

있은 다음에 '밝은 덕을 밝힌다'고 말할 수 있을 것이다"[47]라고 하여, 의意·심心·신身이란 대상적 사물로서의 덕이 아니라 확인하고, 의意·심心·신身의 대상을 성誠·정正·수修하는 성의誠意·정심正心·수신修身은 덕이 될 수 있지만 덕을 밝히는 것이 아님을 확인함으로써, 성의誠意·정심正心·수신修身을 '명명덕'의 조목으로 삼을 수 없음을 역설하였던 것이다. 따라서 다산은 태학의 조례를 강목으로 분석한다면 강綱은 '명덕明德'이요, 목目은 효孝·제弟·자慈일 뿐이라고 제시하여,[48] 주자의 삼강령팔조목三綱領八條目 체계를 기본적으로 거부하고 있다.

4) 오규 소라이의 명덕明德과 현덕玄德

오규 소라이는 '대학지도'에서 "도라고 하는 것은 예禮요 곧 선왕의 도이다"라 하고, "천자·제후가 세운 학궁學宮(태학)에서 양로養老의 의례 등 예로서 사람을 가르치는 것이요, 그 의도는 덕을 힘쓰는 데 있다"[49]고 하여, 태학에서 가르치는 것이 예를 통해 덕을 힘쓰게 하는 것임을 밝히고 있다. 여기서 그는 '명덕明德'의 개념을 드러난 덕으로서 '현덕顯德'이라 하여 감추어진 덕인 '현덕玄德'에 상대시켜 말한 것이라 하고, 순舜이 초야에서 한 지방의 선비일 때 그가 '성인의 덕(聖德)'을 지녔더라도 백성들이 알지 못하는 상태를 '현덕玄德'

<hr>

47) 《여전》[2], 권1, 8-9, '대학공의', "意心身者, 善惡未定之物, 烏得徑謂之德乎, …… 若云意心身非德, 而誠意正心修身, 不可曰非德, 則是大學之道, 可曰在德, 不可曰在明德, 可曰在明德, 不可曰在明明德, 必於誠正修一重之外, 又有一重工夫, 然後乃可曰明明德."
48) 《여전》[2], 권1, 9, '대학공의', "若其太學條例, 則綱曰明德, 目曰孝弟慈而已."
49) 《대학해》, 10쪽, "此言天子諸侯所以建學宮行養老等禮於其中教人者, 其意在務德焉, 謂之道者, 是禮卽先王之道也."

이라 하고, 임금의 자리에 올랐을 때는 지위가 높아 그 덕을 백성이 모두 우러러보며 말 한 마디를 하고 한 가지 일을 행해도 뚜렷하여 천하가 모두 알아서 감출 수 없는 것을 '명덕明德'이라 대비시키며, 그 사례를 《시詩》·《서書》·《좌전左傳》의 경전에서 확인할 수 있는 것이라 지적한다.[50] 그것은 같은 덕이지만 지위에 따라 뚜렷이 드러난 경우와 감추어진 경우로 명덕明德과 현덕玄德을 구분함으로써, 명덕明德을 인군人君의 덕으로 제시하고 있는 것이다. 따라서 오규 소라이는 덕을 효孝·우友(孝·弟)로 설명하는 것이 옛 전문학자 사이에 전수된 것임을 인정하면서도, "명명덕明明德의 가르침을 효孝·제弟라고 말하는 것은 그 실지로 명덕明德의 바른 해석이 아니다"라 하여, 명덕明德을 제왕의 드러난 덕으로 해석하는 자신의 입장을 재확인한다. 이에 따라 그는 주자가 '명덕明德'을 '허령하여 어둡지 않다'(虛靈不昧)고 해석한 것은 근거가 없는 말이라고 단호하게 비판했다.[51]

여기서 다산이 '명덕明德'의 개념을 태학에서 주자冑子를 가르치는 주제라 보면서도 모든 인간이 지켜야 할 도덕 규범인 '효孝·제弟·자慈'로 규정하고 있는 데 반해, 오규 소라이는 '제왕의 드러나는 덕'이라 하여 명덕의 주체가 제왕임을 강조하여, 다산의 견해와 뚜렷한 차이를 보이고 있다. 곧 다산이 '명덕明德'을 인간관계의 규범으로 실천을 통해 성취되어야 할 것을 중시한다면, 오규 소라이는

---

50) 같은 곳, "明德猶顯德, 對玄德言之, 方舜之在下, 一鄕之士也, 雖有聖德, 民莫得識之, 故書謂之玄德, 幽闇之辭也, 君上之德, 崇高之位, 民所具瞻, 出一言, 行一事, 顯然乎天下皆知之, 難可隱蔽, 故謂之明德, 徵諸詩書左傳皆爾."
51) 같은 곳, "以明明德之敎孝弟云爾, 其實非明德正訓也, 朱熹虛靈不昧, 無稽之言也."

통치의 주체인 제왕이 예의 실행을 통해 백성에게 드러내는 치자治
者의 조건으로 한정시키는 것이다. 그만큼 오규 소라이는 '명덕明德'
의 개념을 통해 《대학》 전체를 치자治者인 제왕을 주체로 인식하는
입장을 철저히 관철하고 있는 것이다.

(2) 명덕明德의 실현 방법

1) 명명덕明明德과 명인륜明人倫

다산은 《서경》〈요전堯典〉편에서 요 임금에 대해, "큰 덕을 밝힘
으로써 구족九族을 친애하고, 백성을 빛나게 하며, 만방을 화합하게
했다"는 언급이 바로 《대학》에서 말하는 수신修身·제가齊家·치국治
國·평천하平天下라 하며, "요는 효孝·제弟·자慈의 덕을 밝힘으로
써, 수신修身의 공부를 다하고 제가齊家·치국治國·평천하平天下를
이루는 것이니, 요가 허령불매虛靈不昧의 덕을 밝혀 구족九族을 친애
했다고 할 수 없다"[52]고 밝히고 있다. 그것은 다산이 《대학》의 사유
체계가 〈요전〉에 근원하는 것으로 명덕을 밝히는 실천의 방법이 효
孝·제弟·자慈의 도덕 규범을 밝히는 것이요 허령불매한 심체心體를
밝히는 것이 아님을 확인하는 것이며, 명덕明德을 밝히는 실천의 효
과는 수신修身·제가齊家·치국治國·평천하平天下로 확정되어 드러
나는 것임을 제시한 것이다.

또한 다산은 《맹자》에서 학교를 "모두 인륜을 밝히는 것이다"라고

---

52) 《여전》〔2〕, 권1, 7, '대학공의', "堯典曰克明峻德, 以親九族, 以章百姓, 以和萬邦, 此卽斯經所謂
修身齊家, 而至於治平也, 蓋堯克明孝弟慈之德, 以盡修身之工, 而家齊國治, 天下遂平, 不可曰堯克
明虛靈不昧之德, 以親九族也."

언급한 사실과, 지금도 나라 안의 태학과 향교에는 외당外堂에 '명륜당明倫堂'이라 현판을 걸고 있는 사실을 들어, 태학지도太學之道로서 '명명덕明明德'이 바로 '명륜明倫(明人倫)이요 효孝·제弟·자慈의 규범을 밝히는 것이지 '명심明心'이 될 수 없다는 것을 확인한다.[53] 이처럼 다산은 명덕을 밝히는 과제를 구체적 인간관계의 도덕 규범이요, 국가와 천하를 다스리는 현실에서 실현되는 것임을 지적함으로써 주자학에서처럼 내면의 심체를 밝히는 명심明心의 과제로 보는 견해를 거부하고 있다.

'명明'(밝힌다)이라는 말의 뜻을 다산은 '밝게 드러낸다'(昭顯之)고 해석하지만, 오규 소라이는 "밝힌다는 것은 일에 시행하여 백성들에게 밝게 보여주는 것을 말한다"라고 하여, 실제의 사무에서 백성들에게 밝히는 것이라는 실천적 의미를 더욱 구체적으로 제시하고 있다. 이에 따라 오규 소라이는 "주희의 해석에 '연마하여 밝힌다'(磨而明之)고 말하는 것은 정이程頤의 천리인욕설天理人欲說에서 나온 것으로 불교의 진여무명설眞如無明說일 뿐이다. 그러나 불교에서 지智를 덕의 지극함이라 하는 것은 그 뜻이 통하지만, 정주학에서 반드시 지知·행行을 겸하여 덕은 반드시 지知·인仁을 갖추었다고 하는 것은 그 의리가 끝내 성립하지 않는다"[54]라고 하여, 주자학에서 내면의 심체를 밝히는 방법을 거부하면서 그 근거를 불교의 진여

---

53) 《여전》[2], 권1, 10, '대학공의', "孟子歷言庠序學校之制曰, 皆所以明人倫, 今國之太學, 郡縣之鄕校, 其外堂皆揭明倫堂三字, 明倫非明孝弟乎, 太學之道, 在於明倫, 故曰太學之道, 在明明德, ……明心固亦吾人之要務, 但此經之云明明德, 必非明心."
54) 《대학해》, 10쪽, '明之者, 施行諸事以明示於民之謂也, ……朱熹之解, 磨而明之之謂, 古者莫有是義, 而出自程頤天理人欲之說, 乃佛氏眞如無明之說耳, 然佛氏以智爲德之至, 則其義可通矣, 程朱學必兼知行, 德必具知仁, 則其義終不成矣."

무명설眞如無明說로 규정하고 있을 뿐만 아니라, 덕에 지각(知)의 인식적 요소를 끌어들여 해석하는 것은 불교에서 지혜(智)로 해석하는 것보다 못한 것이라 지적한다. 이처럼 오규 소라이는 덕을 행行의 문제로 보며 지知로 보는 견해를 거부하는 입장을 천명하고 있는 것이다.

2) 다산의 명덕明德 실현과 치국治國·평천하平天下

다산은 《대학》에서 '명덕明德'의 실천 방법을 설명하는 첫머리에서, "옛날에 명덕明德을 천하에 밝히고자 하는 자는 먼저 그 나라를 다스린다"고 언급한 구절을 인용하면서, "고문에서는 모두 일으키는 말로서 대조하고 상응시키니, '명명덕明明德'에 대한 온전한 해석은 마땅히 '치국治國·평천하平天下' 절에서 찾아야 한다"[55]고 하여, 명덕明德을 밝히는(明明德) 과제가 치국治國·평천하平天下의 실천에서 드러나는 것임을 강조한다. 또한 그는 '치국필선제기가治國必先齊其家' 절의 "효孝는 임금을 섬기는 것이요, 제弟는 어른을 섬기는 것이요, 자慈는 대중을 부리는 것이다"라는 언급과, '평천하재치기국平天下在治其國' 절의 "위에서 노인을 노인 대접하면 백성들에 효가 일어나고, 위에서 어른을 어른 대접하면 백성들에 제弟(우애)가 일어나고, 위에서 고아를 구휼하면 백성들이 배반하지 않는다"라는 언급을 들고서, "두 절의 종지宗旨가 모두 효孝·제弟·자慈 세 글자를 벗어나지 않으니, 이것이 명덕明德을 밝히는 바른 뜻이다"[56]라고 하여, 명

---

55) 《여전》[2], 권1, 7, '대학공의', "古文皆有引起照應, 則明明德全解, 當于治國平天下節求之矣."
56) 같은 곳, "兩節宗旨, 俱不出孝弟慈三字, 是則明明德正義也."

덕明德을 밝히는 실천 방법이 효孝 · 제弟 · 자慈의 규범을 실현함으로써 나라를 다스리고(治國), 천하를 태평하게 하는(平天下) 일을 성취하는 것임을 확인하고 있다. 같은 맥락에서 그는 임금의 책문에 대답하면서도, "명덕明德을 밝히는 일의 귀착하는 곳이 반드시 '평천하平天下' 절에 있다 하고, 효孝 · 제弟를 일으키는 법도와 고아를 긍휼히 하여 백성이 배반하지 않는 교화가 과연 명명덕明明德의 진면목이 아니겠는가"[57]라고 하여, 명덕明德을 밝히는 참 모습을 효孝 · 제弟 · 자慈의 규범으로 천하를 태평하게 하는 데서 볼 수 있는 것임을 역설한다.

3) 오규 소라이의 양로의례養老儀禮와 궁교躬敎

다산이 명덕明德을 효孝 · 제弟 · 자慈의 규범으로 천하에 밝히는 실천 과제에 관심을 집중적으로 해명하고 있다면, 오규 소라이는 태학에서 양로養老의 예를 행하여 온 나라 사람이 알게 하는 것으로 실천양상의 전형을 제시하는 대조적 양상을 보여주고 있다. 오규 소라이는 《예기》〈문왕세자文王世子〉 편에서 세자가 태학에서 높은 지위에도 사양하고 나이에 따라 차례를 정하여 의례를 행하는 것을 백성들이 보고서, 부자父子 · 군신君臣 · 장유長幼의 도리를 알게 된다는 언급이나, 〈제의祭義〉 편에서 대학에서 삼로三老(三公의 벼슬에서 물러난 노인) · 오경五更(孤 · 卿의 벼슬에서 물러난 노인)에 음식을 대접하는데, 천자가 팔을 걷고 희생犧牲을 베거나, 술잔을 잡고 잔을 올리며,

57)《여전》〔2〕, 권1, 8, '대학공의', "明明德歸趣, 必在乎平天下一節矣, 興孝興弟之法, 恤孤不倍之化, 其果非明明德之眞面目乎."

면류관을 쓰고 춤을 추는 것이 제후에게 '제弟'를 가르치는 것이라는 언급에 근거하여, "태학에서 몸소 양로의례를 하며 나이에 따라 사양하면, 백성들이 우리 임금의 덕이 효孝·제弟임을 환하게 알 것이다. ……어찌 휩쓸려 교화되지 않을 수 있겠는가? 이것이 임금의 몸소 가르침이요, 이것을 명덕明德을 밝히는 것이라 한다"[58]고 하여, 태학에서 세자나 천자가 양로의례를 행하여 몸소 노인을 공경하는 모범을 보임으로써 모든 백성들 속에 효孝·제弟의 도리가 일어나는 것을 교화의 실현 방법으로 제시한다. 이처럼 제왕이 예禮(양로의 예)를 실행함으로써 궁교躬敎(몸소 가르침)하여 백성을 가르치는 것이 명덕明德을 밝히는 기본적 실천 방법으로 파악하고 있는 것이다.

오규 소라이는 태학에서 의례를 행하는 것이 백성을 교화하는 중요한 방법임을 주목한다. 곧 종묘나 조정에서 행하는 의례는 백성들이 볼 수 없는 것이고, 들판에서 사냥하며 군사 훈련을 하는 것은 효孝·제弟만을 하는 의례가 아니지만, 태학에서 행하는 의례는 임금과 세자의 지존한 신분으로 백성들과 함께 행하는 것이고, 그 의례에서 벼슬이 아니라 향촌의 젊은이들 사이에서처럼 나이로 차례를 정한다는 사실이 그 의례를 둘러싸고 구경하는 백성들에게 임금이나 세자의 덕을 가장 뚜렷하게 드러나게 하는 것이라 하고, 바로 이 때문에 《대학》에서 명덕明德을 밝히는 일을 특별하게 말하는 것이라고 지적한다.[59]

---

58) 《대학해》, 11쪽, "人躬養老齒於學, 則民曉然以知吾君之德爲孝弟也, ……安能不靡然以化乎, 是人君之躬敎也, 此謂之明明德."

59) 같은 곳, "唯大學之禮, 以人君世子之尊, 而與國人行之, 其禮不以爵而以齒, 如鄕人子弟然, 學宮之制, 環之水, 以節觀者, 則雖國人不與其禮者, 亦得縱觀之, 故凡人君之行事, 莫有不明其德者, 而

4) 명덕明德과 천명天命

명덕明德을 밝히는 문제와 천명天命을 밝히는 문제의 연관성에 대해, 다산은 "어린아이도 어버이를 사랑하는 데 이르지 않음이 없는 것은 사람의 효孝·제弟가 천명天命에 근본하는 것이다"[60]라고 하여, 명덕明德으로서 효孝·제弟·자慈가 인간관계 속에서 실천되는 규범이면서 그 근본이 천명에 있음을 지적함으로써 도덕 규범으로서의 근원적 정당성을 확립하고 있다. 이에 비해 오규 소라이는 "천명이 아닌 것이 없지만, 천자가 천하를 다스리는 것이 뚜렷이 밝게 드러나서 백성이 모두 우러러보기 때문에 '밝은 천명'(明命)이라 한다"[61]고 하여, 명덕明德의 근본으로서 천명의 자리를 제시하지만, 천명을 모든 인간이 공유하는 도덕 규범으로 제시하기에 앞서서 천명이 가장 잘 드러난 대표적 양상으로서 천자의 덕을 표출시키고 있는 사실은 인군人君을 주체로 삼는 그의 관점이 지닌 특징을 확인할 수 있게 한다.

물론 다산의 경우도 《대학》에서 명덕明德을 밝히는 것을 '스스로 밝히는 것'(自明)이라는 언급에 대해, "주자冑子가 다른 날 모두 만물을 성취시키고 백성을 교화하는 책임이 있으니, 그러므로 경계하여 스스로 밝히게 하는 것이요, 천하에 명덕明德을 밝히는 자는 먼저 스스로 닦지 않고서는 남에게 명덕明德을 강권하지 않을 것이다"[62]라고 하여, 명덕明德을 밝히는 주체를 '주자冑子'로 확인하고 있다.

唯大學爲其至者, 是以此篇特言之耳."

60) 《여전》〔2〕, 권1, 24, '대학공의', "孩提之童, 無不至愛其親, 則人之孝弟, 本天命也."

61) 《대학해》, 26쪽, "莫非天命而爲天子治天下, 此顯然著明, 民所具瞻, 故謂之明命."

62) 《여전》〔2〕, 권1, 24, '대학공의', "冑子他日, 皆有成物化民之責, 故戒之以自明, 恐明明德於天下者, 不先自修而强人之明德也."

그러나 다산은 명덕明德을 밝히는 주체의 지위를 강조하는 데 중점을 두기보다는 인륜의 도덕 규범으로서 명덕明德이 어디에서 어떻게 실현되는가를 밝히는 데 중점을 두고 있는 것이 사실이다. 또한 자신이 명덕明德을 스스로 밝히는 것을 강조하여, 스스로 명덕을 밝힘으로써 도덕적 모범을 이루는 것을 교화와 통치의 기본 방법으로 확인하는 점에서는 다산과 오규 소라이의 견해가 일치하는 것을 알 수 있다.

4. 친민親民과 지지선止至善

(1) 친민親民 · 신민新民의 해석

1) 민民의 범위

'명명덕明明德'과 더불어 대학지도大學之道로서 제시된 '친민親民'의 과제에서는 먼저 '민民'의 범위를 어떻게 파악하는지를 확인할 필요가 있다. 주자는 '신민新民'(親民)의 강령에 '제가齊家 · 치국治國 · 평천하平天下'를 조목으로 소속시킴으로써, 가족과 백성을 포함하는 인간 일반으로 '민民'을 가리키는 것으로 볼 수 있게 한다. 이에 비해 다산은 '신민新民'의 민民을 하민下民을 가리켜 말한 것으로 부모 · 형제가 있는 가정을 '민民'에 포함시킬 수 없음을 확실하게 지적하고 있다. 다산은 〈요전〉 편에서 "큰 덕을 밝혀서 구족九族을 친애하고 백성을 빛나게 한다"고 하여, 구족과 백성을 구별하여 말하고 있는 사실을 주목하고, '신민新民'이란 '백성을 빛나게 하는 것'(章百姓)이요, 가정에서 부모에게 효孝하고 형에게 제悌하는 것으로서 남들에게 '내가 백성을 새롭게 했다'고 말할 수 없는 사실을 들어,[63] 가家와 민民을 구별할 것을 강조한다.

오규 소라이의 경우에서도 '민民'은 나라 사람(國人)이라 하고, 가정에 계신 부모(嚴君)를 민民으로 볼 수는 없는 것이라고 강조하며, "태학은 예의禮義가 나오는 곳인데, 명분과 언어가 바르지 않으니, 옛날에 어찌 이런 의리가 있었겠는가?"라고 하여, 주자가 가정·국가·천하를 민民으로 총칭하는 것은 잘못된 것이라 비판했다.[64] 이처럼 주자의 견해와 달리 민民의 범위에서 가정을 분리시키는 점에서 다산과 오규 소라이는 일치된 입장을 보인다. 이러한 사실은 예법이나 치도를 가정과 국가에 전체적으로 적용하는 것이 아니라, 가정과 국가에 독자적으로 적용시킴으로써, 가법家法과 국법國法 사이의 차이를 확보하는 입장을 가능하게 하는 것이다.

2) 친민설親民說과 신민설新民說

'친민親民'의 문제에서 가장 큰 쟁점은 정이천程伊川에 의해 '친親'자를 '신新'자로 고쳐 신민설新民說이 제시된 이후, 왕양명은 '친親'자가 잘못되지 않았다 하여 친민설親民說로 맞서고 있는 것이 사실이다. 다산은《대학》에서 "명덕明德을 천하에 밝힌다"고 하는 것이 바로 '친민親民'이라 하고,《맹자》가 "위에서 인륜을 밝히면 아래서 소

63)《여전》[2], 권1, 9, '대학공의', "新民二字, 亦主下民而言, 不可曰家在民中, 父母兄弟, 可云民乎. 堯典曰克明峻德, 以親九族, 以章百姓, 新民者, 章百姓也, 親九族, 尙當別言, 況孝於父悌於兄者, 語人曰我新民可乎."
64)《대학해》, 11쪽, "民者, 國人也, 朱熹以家國天下總稱, 非矣, 夫家有嚴君, 父母之謂也, 安得以民視之乎, 大學禮義之所出, 而名言之不正, 古豈有是義乎."

민小民이 친애한다"는 언급에서 '명명덕明明德'은 '인륜을 밝힌다'는
것이요, 친민親民은 '소민小民이 친애한다'는 것이라고 상응시키고
있다.[65] 또한 다산은 《효경》의 "백성에 화목을 쓴다"(民用和睦)하고,
"백성에게 친애를 가르친다"(敎民親愛)고 하는 언급이나, 《예기》
〈제의〉편의 "백성에 화목함을 가르친다"(敎民睦)하고, "백성에 유
순함을 가르친다"(敎民順)고 하는 언급들이 모두 백성의 친애함을
말하는 것이라 하여, '친민親民'의 근거를 경전에서 확인하고 있다.
따라서 다산은 백성을 효孝·제弟·자慈로 가르치면 백성들이 부
자·형제·장유 사이에 서로 친애하게 된다는 사실을 들어 태학의
도가 '친민親民'에 있음을 지적했다. 아울러 《대학》에서도 인용하고
있는 〈반명盤銘〉·〈강고康誥〉·〈주아周雅〉의 글이 '신민新民'의 확실
한 증거가 되는 사실을 인정하면서, "친親과 신新의 두 글자는 형상
이 이미 서로 가깝고 뜻이 서로 통하니, 친애(親)하는 것이 새롭게
하는(新) 것이다. ……묶어서 보면 두 가지 뜻은 한쪽을 폐지할 수
없으니, 이제 아울러 전개하여 아는 이를 기다린다"[66]라고 하여, '친
민'·'신민'의 어느 쪽으로 단정하기보다는 양쪽 모두 성립하는 것
이라는 포용적 입장을 보여주고 있다.

이에 비해 오규 소라이는 "태학의 의례는 국인國人의 미천한 사람
도 임금이 부모로 섬기며 세자가 이들과 더불어 나이로 차례를 정하
니, 이것은 친근하게 하여 감히 멀리하지 않는 것이요, 또한 효로 봉

---

65) 《여전》[2], 권1, 10-11, '대학공의', "明明德者, 明人倫也, 親民者, 親小民也, ……明明德於天下
　　者, 親民也."
66) 《여전》[2], 권1, 11, '대학공의', "若云盤銘·康誥·周雅之文, 爲新民之明驗, 則親新二字, 形旣
　　相近, 義有相通, 親之者新之也, ……總之兩義不可偏廢, 今幷陳之, 以侯知者."

양하는 것이 친애親愛의 지극함이다. 그러한 다음에 국인國人이 교화되고 효孝·제弟와 경敬·양讓이 아래에서 행하여지며 백성이 친애하고 화목하며 윗사람도 부모처럼 친애하는 것이니, 이것을 친민이라 한다"[67]하여, 태학의 양로養老의례에 의해 임금과 세자가 친애함의 모범을 보여 백성들 사이에 효孝·제弟와 경敬·양讓의 덕으로 친애함이 일어나는 것으로 '친민'을 해석했다. 따라서 그는 "정이程頤가 고문사를 알지 못하고 아래 글에서 '작신민作新民'을 인용한 것으로 잘못 이 글(在親民)을 해석하여 망녕되게 '친親'을 '신新'으로 고쳤으니, 특히 신민이 혁명의 말임을 알지 못한 것이다.《대학》은 수성守成의 임금이 받드는 것이니 어찌 이런 말이 있겠는가?"[68]라고 하여, 정주程朱의 신민설新民說을 거부했다. 여기서 오규 소라이가 '신민新民'을 혁명을 뜻하는 말이라 하여 친민親民이 지닌 친애의 뜻과 전혀 다른 것으로 인식하고 있는 것은 친민설親民說을 주장하는 그의 논거를 명확하게 보여주는 것이다.

3) 자신自新과 혁명

《대학》에서 인용한 탕湯의 반명盤銘에 새겨진 '구일신苟日新'과, 〈강고康誥〉편의 '작신민作新民'과《시경》(大雅·文王)의 '기명유신其命維新'에 나오는 '신新'자에 대해, 다산은 "신신이란 옛 것을 버리는 것이니, 백성이 모두 스스로 새로워지면 그 나라도 새로운 나라

67)《대학해》, 11쪽, "大學之禮, 國人之賤者而人君父事之, 世子與之齒, 是親近之而不敢遠之, 又從而孝養之, 親愛之至也, 夫然後國人化之, 而孝弟敬讓行乎下, 百姓親睦, 亦親其上如父母, 此之謂親民."
68) 같은 곳, "程頤不識古文辭, 誤以下文引'作新民'而謂釋此文之言, 妄改親爲新, 殊不知新民者革命之辭, 而大學者守成之君所奉也, 豈有是言乎."

인 것과 같다” 하고, “이 경經(《대학》)에서 인용한 것도 백성이 새로워지면 나라도 새로워진다는 것을 말할 뿐이지 천명을 받아서 왕업이 일어난다는 뜻을 취한 것이 아니다”[69]라고 하여, 백성이 도덕적으로 새로워져서 나라의 풍속이 새로워지는 교화의 사실을 의미하는 것으로 보며 ‘혁명’을 뜻하는 것이 아님을 강조한다. 다산의 이러한 해석은 주자의 견해와 거의 일치하는 것이요, 오규 소라이와는 상반되는 것이다.

그러나 탕의 반명盤銘에서 ‘반盤’을 주자나 다산은 ‘욕기浴器’로 보고 있는 것과는 달리, 오규 소라이는 탕의 묘廟에 간직된 ‘제기祭器’로 보고 있다. 따라서 오규 소라이는 반명盤銘도 탕이 자신의 욕기에 스스로 새긴 것으로 보는 주자의 견해를 거부하고, 탕의 후손이 제기에 새겨넣은 것으로 파악한다. 또한 반명盤銘의 ‘구일신苟日新’에서 ‘구苟’ 자에 대해서도, 《시경》(商頌 · 長發)의 ‘성경일제聖敬日躋’에 근거하여 ‘경敬’ 자에서 편방偏旁이 떨어져 나간 것이라 하여, ‘경일신敬日新’으로 보는 것도 오규 소라이의 독자적 해석이다. 나아가 오규 소라이는 〈강고〉 편의 ‘작신민作新民’도 주공이 낙읍을 세우고 강숙康叔을 보내서 다스리게 할 때 말한 것으로, 혁명 때의 일이요, 정삭正朔을 개혁하고 제도를 지어서 옛날의 혼탁한 풍속에 물든 것을 씻어내는 뜻이라 하여, 주자나 다산의 경우처럼 백성이 스스로 새로워지는 계기로 해석하는 것을 거부하며, 《시경》(大雅 · 文王)의 ‘기명유신其命維新’도 새로 천명을 받아 천자가 된 것을 말하는 것이라

---

69) 《여전》[2], 권1, 25쪽, ‘대학공의’, “新, 棄舊也, 民皆自新, 則其國若新國然, …… 此經所引, 亦謂民新則國新而已, 非取受命興王之意也.”

하여 혁명의 뜻으로 해석한다.[70] 특히 오규 소라이는 "양로養老는
요·순에서 시작하였지만, 그 의례는 혁명을 한 군주가 제정하였으
며, 혁명은 탕보다 앞서지 않으니 먼저 탕(盤銘)을 인용하고, 다음으
로 문왕(〈문왕〉 詩)과 주공(〈강고〉)에 미쳤으니, 이 의례가 선왕의 성
덕盛德으로 세운 것이요 백성을 새롭게 하여 천명을 받은 것을 말한
다"[71]고 하여, 태학에서 행하는 양로의례가 혁명을 한 선왕에 의해
제정된 것으로 혁명을 뜻하는 '신민新民'을 받아들이고 있는 것이라
본다.

4) 구염舊染의 의미

주자학에서는 '신민新民'의 '신新'을 설명하여, 허령虛靈한 심체心
體가 기품氣稟에 얽매이고 인욕人欲에 가려져서 때로 어두워지는 것
을 '구염舊染'이라 하여 이를 새롭게 밝히는 것을 '신新'이라 해석하
고 있다. 이에 대해 다산은 '염染'에는 악인에 익숙하여 물든 것과
악속惡俗에 익숙하여 물든 것의 두 가지가 있음을 제시하고서, 공자
의 "성품은 서로 가깝고 습관은 서로 멀다"는 언급도 악인이나 악속
惡俗에 물들어 서로 멀어지는 것이라 하며, 어려서 바른 도리로 배양
하면 악인이나 악속惡俗에 물드는 일이 없다고 한다. 따라서 다산은
주자가 말하는 '구염舊染'이란 악인이나 악속惡俗에 물든 구염舊染이
아니라, 기품과 인욕으로 물드는 것으로 기품과 인욕人欲에 얽매이

70) 《대학해》, 26쪽, "康誥, 周公旣建洛邑, 而俾康叔往治而誥言者, 是革命時事, 革正朔, 作制度, 以此
洗其舊染汚俗, ……洗其舊俗以新之, 如新造是民然, 朱熹謂民有自新之機者, 可謂强矣, 不可從焉,
引大雅文王詩, 言新受命爲天子也."
71) 《대학해》, 27쪽, "皆養老昉於堯舜, 而其禮乃革命之君所定, 革命莫先湯焉, 故首引湯, 次及文周,
而言斯禮乃先王盛德所建, 以新其民受天命者."

고 가려지는 것은 상지上知의 인물도 없을 수 없다고 지적한다.[72]

여기서 다산은 주자가 말하는 기품과 인욕人欲에 의한 구염舊染이란 《능엄경楞嚴經》에서 '여래장성如來藏性은 청정본연淸淨本然하다'는 본연지성本然之性이 신훈新薰에 물들어 진여眞如의 본체를 잃는다는 것으로, '신훈新薰'이란 것은 마음의 본체가 허명虛明하지만 새로이 기질의 훈염薰染됨을 입는다는 것이며, '신훈新薰'과 '구염舊染'이 같은 것이요, 《대학》에서 말하는 '친민親民'이나 '신민新民'의 뜻이 아님을 분명하게 밝히고 있다.[73] 곧 주자가 말하는 허령虛靈한 심체心體란 불교에서 말하는 청정본연淸淨本然의 여래장성如來藏性이요, 기질과 인욕人欲에 따른 구염舊染을 새롭게 하여 내면의 심체를 밝힌다는 것은 불교적 사유와 일치하는 것이라 규정하고, 악인·오속汚俗에 젖어 물든 나쁜 관습을 새롭게 하여 한 가정이나 나라에 인仁과 사양辭讓의 풍속을 일으키는 《대학》의 본래 의미와 전혀 다른 것임을 강조하고 있는 것이다.

5) 친민親民의 조목

다산은 '친민親民'의 조목으로 제가齊家·치국治國·평천하平天下를 거부하고, 《대학》에서 언급한 '위에서 노인을 노인 대접하면 백성에 효가 일어나고'(上老老而民興), '위에서 어른을 어른 대접하면 백성에게서 우애(弟)가 일어나고'(上長長而民興弟), '위에서 고아를

---

72) 《여전》[2], 권1, 11, '대학공의', "染有二法, 習於惡人則染, 習於惡俗則染, 此孔子所謂性相近, 而習相遠也, 蒙養以正者, 安有染乎, ……朱子所云舊染者, ……乃氣稟人欲之所染, 所謂上知之不能無者."
73) 같은 곳, "楞嚴經曰如來藏性淸淨本然, 此本然之性也, 本然之性, 爲新薰所染, 乃失眞如之本體, ……謂之新薰者, 本體虛明, 而新被氣質所薰染也, ……此經之親民新民, 必非此義."

구휼하면 백성이 배반하지 않는다'(上恤孤而民不倍)는 세 조목이 백
성들을 친애하게 하는 친민親民의 조목으로 확인한다.[74] 또한《맹자》
(離婁上)에서 "사람마다 그 종족을 친애하고 그 어른을 어른 대접하
면 천하가 태평할 것이다"라고 한 말이 바로 '친민親民'을 말한 것이
라 하고, "백성이 밝히는 것은 허령불매虛靈不昧한 덕이 아님이 확실
하며, 종족을 친애한다는 것은 효孝요, 어른을 어른 대접한다는 것은
제弟이다"[75]라고 하여, '친민'이 허령불매한 심체의 덕을 백성이 밝
히는 것이 아니라 효孝 · 弟제 · 자慈의 규범을 실현하는 것임을 확인
한다. 이처럼 다산은 친민親民(新民)도 명명덕明明德의 경우와 동일한
효孝 · 제弟 · 자慈의 도덕 규범을 실행의 조목으로 삼는 것이라 하여
일관성을 역설하고 있으며, 다만 효孝 · 제弟 · 자慈의 규범이 적용되
는 범위에 따라 자신에게서 실행되는 것이 '명명덕明明德'이요, 백성
에게 실현하는 것이 '친민親民(新民)'이라 제시하고 있는 것이다.

(2) 지지선止至善과 지지知止—능득能得의 해석

1) 지선至善의 의미

대학지도大學之道의 세번째 과제인 '지어지선止於至善'에서 '지선至
善'을 주자는 "사리事理의 당연한 극치"(事理當然之極)라고 하였지
만, 다산은 "인륜의 지극한 덕이요, 성하면 지극하다"(人倫之至德也.

---

74) 같은 곳, "經曰上老老而民興孝, 使民興孝者親民也, 經曰上長長而民興弟, 使民興弟者親民也, 經
曰上恤孤而民不倍, 使民不倍者親民也, 何得云親民無條目乎, 家者父子兄弟之所在也, 父子兄弟,
可云民乎."
75) 같은 곳, "孟子此言, 亦親民也, 然則民之所明, 非虛靈不昧之德審矣, 親其親者孝也, 長其長者弟
也."

誠則至)라고 하고, 오규 소라이는 "옛 성인의 도를 찬탄한 말이다"(贊嘆夫古聖人之道之辭)라고 하여, 서로 해석을 달리하고 있다. 곧 주자는 도덕성의 보편적 근거인 '사리事理'에 중심을 두고 있다면 다산은 인간관계의 도덕성으로서 '인륜人倫'에 중심을 두고, 오규 소라이는 도덕성의 모범이요 권위로서 '성인聖人'에 중심을 두고 있는 것으로, 이러한 차이는 《대학》에 대한 세 사람의 인식의 차이를 잘 드러내는 대목이기도 하다.

다산은 《대학》의 "인자人子가 되어서는 효孝에 그치고, 인신人臣이 되어서는 경敬에 그치고 국인國人과 더불어 교류함에는 신信에 그치고, 인부人父가 되어서는 자慈에 그치고, 인군人君이 되어서는 인仁에 그친다"는 구절을 가리켜 '지어지선止於至善'에 대해 설명하고 있는 것이라 지적한다. 따라서 그는 "인륜의 바깥에는 지선至善이 없다"[76]고 역설함으로써, 지선至善의 내용이 인륜의 문제임을 확인하고 있다. 또한 그는 '지지선止至善'이 명덕明德 · 신민新民을 꿰뚫고 있는 것이지만, 그 노력의 방법은 남을 다스려 지선至善에 이르게 하는 것이 아니라 '자수自修'하는 것이라 하고, 요 · 순도 몸소 먼저 자신을 닦아 백성을 이끌어갔을 따름이지 백성이 지선至善에 머물도록 억지로 시킨 것이 아님을 강조하고 있다.[77] 이처럼 치자治者의 '자수自修'를 강조하는 것은 바로 유교적 치도治道의 근본 원리는 치자治者가 모범을 보임으로써 대중을 교화하는 것이지 대중을 억지로 이끌고 가는 것이 아님을 확인하고 있는 것이다.

---

76) 《여전》[2], 권1, 12, '대학공의', "凡人倫之外, 無至善也."
77) 같은 곳, "止至善一句, 雖爲明德新民之所通貫, 而若其用力, 仍是自修, 非治人使止於至善也, ……堯舜身先自修, 爲百姓導率而已, 强令民止於至善, 無此法也."

여기서 다산은 지선至善에 대한 주자학의 입장에 따라, "천리天理의 공公을 극진히 하고 털끝만큼도 인욕人欲의 사私를 없게 함으로써 심체를 허명하게 하여 본연을 회복하는 것이요, 내가 이미 이렇게 되면 백성도 그렇게 하게 하는 것이 지선至善이다"라는 주장으로, 지선至善을 인륜이라고 한 자신의 견해에 대한 반론에 유의하고 있다. 그는 이에 대답하면서, "내가 말한 것은 경전의 말이지 나의 말이 아니다"라고 하여, 지선至善을 인륜으로 보는 것은 자신의 견해가 아니라 경전에 근거하는 것임을 전제로 하고, "마음과 성품을 다스리는 것은 군자의 긴요한 임무이지만, 성인의 말씀은 차례가 있으니 서로 혼잡시킬 수 없다. 혹은 《맹자》처럼 심성을 논하고, 혹은 《중용》처럼 천도天道를 논하고, 혹은 이 경經(《대학》)처럼 덕행을 논하여, 각각 주장함이 있고 의도가 다르다. 심성론心性論이 비록 고묘高妙하고 정미精微하지만 이 경經과는 끝내 상관이 없으니, 어찌 본론本論이 고묘하다고 하여 이 경經과 서로 어긋나는 것을 말하지 않겠는가"[78]라고 하여, 심성론이 오묘하고 정밀함을 인정하더라도, 《대학》의 의도와 전혀 상관없는데 덮어씌워 《대학》의 본래 의미를 혼란시킬 수 없는 것임을 역설한다. 이처럼 그는 《대학》에 대해 주자의 심성론적 해석과 자신의 인륜론적 해석의 입장이 서로 다른 것임을 명확히 대조시키고, 《대학》의 근본 의도가 인륜을 밝히는 데 있음을 확인하고 있는 것이다.

---

78) 《여전》〔2〕, 권1, 12-13, '대학공의', "我所言者, 經也非我也, 治心繕性, 固亦君子之要務, 然聖人之言, 有倫有序, 不相混雜, 或論心性如孟子, 或論天道如中庸, 或論德行如此經, 各有所主, 意趣不同, 心性之論, 雖高妙精微, 於此經了不相關, 豈可以本論之高妙, 而不言其與此經相違乎."

2) 다산의 자수自修와 신교身敎

다산은 성인의 도로서 자신을 이룸(成己)과 사물을 이룸(成物)이
란 모두가 스스로 닦는 '자수自修'이며, 이를 통해 교화의 모범을 보
이는 것을 '신교身敎'라 제시한다. 따라서 그는 《대학》에서 '지지선
止至善'을 말하면서도 치자의 '자수自修'를 말하였을 뿐이지 백성이
닦는 것은 말하지 않았으며, 《대학》에서는 '임금의 성덕盛德이 지선
至善함을 백성이 잊을 수 없다'고 말하였지 백성의 지선至善을 논의
한 일이 없다고 하여, 주자학의 주장처럼 '내가 치심治心하고 또 민
심도 다스려 지지선止至善을 기약한다'는 것은 《대학》에서 말하지 않
은 것임을 강조한다.[79] 그만큼 《대학》에서 제시한 치도가 인주人主의
'자수自修'에 기초하는 '신교身敎'로서, 감화의 교육적 방법에 중심
을 두고 있는 것이요, 인간의 보편적 심성을 근거로 대중을 지선至善
까지 이끌어가는 이념적 태도를 내포한 것이 아님을 지적하고 있는
것이다.

3) 오규 소라이의 '민民의 심지心志를 일치시키는 도道'

오규 소라이는 '지선至善'이란 말이 다른 경서에 보이지 않고 오
직 《대학》에 언급되고 있는 사실을 주목하여, '지선至善'이 학궁學宮
에 연관된 것이기 때문이라고 지적한다.[80] 그는 《예기》〈문왕세자〉
편에서 천자가 시학視學하여 행하는 의례에 대해, "양로의례를 말하

---

79) 《여전》(2), 권1, 13, '대학공의', "聖人之道, 雖以成己成物爲始終, 成己以自修, 成物亦以自修, 此
　　之謂身敎也. ……我旣治心, 又治民心, 偕期於止至善, 豈經文之所言乎, ……乃經惟曰人主之盛德
　　至善, 民不能忘, 而民之至善, 仍無所論."
80) 《대학해》, 12쪽, "至善它書所不見, 而獨此篇言之者, 亦爲學宮故也."

는 것이니, 모든 선이 모이고 순수한 아름다움이 극진한 것이다. 어리석은 백성들은 오직 위를 바라보니, 위에서 좋아하는 것을 아래서 반드시 더욱 심하게 좋아할 것이다. ……백성들은 효孝·제弟의 덕이 천하의 지선至善임을 깨달아 다시 다른 것을 찾지 않게 된다. 그 가르침의 감화가 어찌 유행하지 않겠는가. 이것을 지선至善에 머무르는 것이라 하니, 백성의 심지를 하나로 하는 도道이다"[81]라고 해명한다. 곧 임금이나 세자가 태학에서 양로의례를 통해 드러내는 옛 성인의 지선至善한 도로서 효孝·제弟의 덕을 백성들이 우러러보고 따르게 된다는 것이요, 이러한 교화가 백성의 심지心志를 일치시키는 도요, '지어지선止於至善'을 실현하는 것이라 지적하고 있다.

여기서 오규 소라이는 주자가 지선至善을 '사리事理의 당연한 극치'라 하고, 사람마다 스스로 사물의 이치에서 지선至善을 찾게 한다는 견해를 비판하면서, "우주가 생긴 이래로 수천 년을 지나면서 수십 명의 성인이 심력心力을 다하고 지교知巧를 극진히 하여 도를 세운 것을 지선至善이라 하는데, 하루 아침의 지각으로 갑자기 얻는다면 어찌 범인凡人이 성인의 권위를 빼앗는 것이 아니겠는가? 참람하지 않으면 망녕된 것이니 자신을 헤아리지 못함이 심하다"[82]라고 비판하여, 지선至善의 덕을 범인凡人이 스스로 얻을 수 없는 것이요, 성인만이 이룰 수 있는 권위로 강조하고 있다. 따라서 오규 소라이는

---

81) 《대학해》, 12-13쪽, "此言養老之禮, 爲衆善之會, 粹美之極也, 夫氓之蚩蚩, 唯上是視, 上之所好, 下必有甚焉者, ……民曉然以知孝弟之德爲天下至善, 而不復它求, 是其敎之化, 安能不流乎. 此謂之止於至善, 乃一民心志之道也."
82) 《대학해》, 13쪽, "夫宇宙以來, 歷數千年數十聖人, 竭其心力, 極其知巧, 建之道, 故謂之至善, 而欲以一旦之知驟得之, 豈非凡人而奪聖人之權乎, 非僭則妄, 亦不自揣之甚也."

주자가 보편적 이치로서 누구나 추구해야 할 것으로 지선至善을 해석하는 것은 임금이 학교를 세워 백성의 심지를 일치시키는 도리로서 '지어지선止於至善'의 뜻을 어지럽혔다고 격렬하게 비판했다. 이렇게 하여 오규 소라이는 성인의 예법을 행하여 백성을 이끌어가는 교화의 주체로서 제왕의 권위를 강조하는 자신의 입장을 더욱 선명하게 드러내고 있는 것이다.

주자가 명명덕明明德·친민新民·지어지선止於至善을 《대학》의 강령이라 하여, 대학의 기본 구조로서 '삼강령'을 제시한 데 대해, 다산은 이를 수용하고 있지만 오규 소라이는 이에 전혀 언급하지 않는 무관심한 태도를 보인다. 다만 주자가 '삼강령'에 따른 조목으로 격물格物·치지致知·성의誠意·정심正心·수신修身·제가齊家·치국治國·평천하平天下를 '팔조목'으로 제시하고 있지만, 다산은 '삼강령'을 받아들이면서도 '팔조목'은 거부하였으며, '삼강령'에 대한 조목을 기본적으로 효孝·제弟·자慈의 도덕 규범으로 제시하고 있다. 곧 다산은 《대학》의 기본 체계를 인륜으로 인식하는 점에서 주자의 《대학》 구조에 대한 인식과 차이점을 가장 뚜렷하게 보여주고 있다.[83]

4) 지지知止-능득能得의 의미

지지知止→유정有定→능정能靜→능안能安→능려能慮→능득能得의 여섯 단계는 '대학의 도道'를 실천하는 방법으로서 중요한 의미가

---

83) 다산이 삼강령三綱領과 조목條目을 도표로 제시한 내용을 요약해 보면 다음과 같다.
　明明德 : 孝(事君)·弟(事長)·慈(事衆)
　親(新)民 : 老老(民興孝)·長長(民興弟)·恤孤(民不倍)
　止至善 : 人子(止於孝)·人臣(止於敬)·國人(止於信)·人父(止於慈)·人君(止於仁)

있다. 먼저 주자와 다산과 오규 소라이가 '지지知止 · 정定 · 정靜 · 안安 · 려慮 · 득得'에 대해 정의한 것을 대비시켜 보면 다음과 같다.

	주자	다산	오규 소라이
知止	知所當止之地 · 至善之所在	知人倫成德之所極	(承上文止於至善而言其效)
定	志有定向	志有定向	民心志定乎一
靜	心不妄動	志壹而不動	不擾亂／莫有左道邪說之惑
安	所處而安	居之爲本分	安其敎／安其學之義
慮	處事精詳	量度其本未	出謀發慮／學優而仕者之事
得	得其所止	得其所宜先	得其所慮

　'지지知止'의 '지止'를 지어지선止於至善으로 파악하는 점에서는 세 사람의 견해가 일치하지만, 다산은 특히 인륜의 성취된 덕이 극진한 곳이라 하여, 인륜으로 '지선至善'을 파악하는 입장을 재확인하고 있으며, 오규 소라이는 여섯 단계를 전체적으로 '지어지선止於至善'을 이어서 그 효과를 말한 것이라고 규정하고 있다. '정定' · '정靜'의 단계에 대한 해석도 별다른 차이를 보이지 않는다. 그러나 '안安'에 대한 해석에서는 주자가 머무는 곳에 편안함을 말하고, 다산은 머무는 곳을 본분으로 삼는다 하여 유사하지만, 오규 소라이는 그 가르침(배움)에 편안하다고 하여, 가르침을 받는 의미로 해석하고 있다. 또한 '려慮'에 대해서는 주자가 일을 처리함이 정밀하고 자세하다 하였지만, 다산은 본말을 헤아리는 것이라 하고 '물物에 본本 · 말末이 있고 사事에 종終 · 시始가 있다'는 구절이 '려慮'자의 주석이라 언급하였으며, 오규 소라이는 계책을 내고 생각을 펴내는 것으로

배움이 뛰어나 벼슬에 나간 사람의 일이라 했다.

끝으로 '득得'에 대해서는 주자가 그칠 곳(至善)을 얻는 것이라 하였지만, 다산은 마땅히 먼저 할 바를 얻는 것이라 하여, 각각 끝과 시작을 가리키는 상반된 입장을 드러내고 있으며, 오규 소라이는 벼슬하는 사람이 계책을 내고 생각을 펴내는 일을 성취하는 것이라고 규정한다. 여기서 주자와 오규 소라이가 얻은 내용으로서 '지선至善'의 의미는 전혀 다르지만 최종적 단계를 성취하는 것으로서 결과를 얻는 것이라 보는 점에서 같은 입장을 보인다면, 다산은 과정의 첫 순서로서 진행 방향의 출발점을 확보하는 것으로 본다는 차이를 드러내고 있다.

이러한 차이는 주자가 사리事理의 당연한 극치로서 지선至善을 성취하는 과정을 제시하는 데 비하여, 다산은 효孝·제弟·자慈의 인륜을 실현하는 조건으로 파악하고 있는 것이요, 오규 소라이는 인군人君이 태학에서 백성의 심지를 일치하도록 이끌어가고 사자士子가 이를 배워 실현하는 과정을 확인하고 있는 것이라 할 수 있다. 여기서 오규 소라이는 정定에는 '있다(有)'고 말한 것은 위에서 양로의례로 가르치는 것을 의미하고, 정靜·안安·려慮·득得에는 '할 수 있다'(能)고 말한 것은 배우는 사람이 시서예악詩書禮樂의 가르침을 따르는 것으로 구별하며, "대학의 도는 인군人君을 위주로 말한 것이지만 학사學士가 성취하기를 기약하여 계책을 내고 생각을 펴내어 그 직무를 받드는 것이다"[84]라고 하여, 인군人君과 사자士子가 태학에서 가

---

84) 《대학해》, 14쪽, "心志之定, 上之所使也, 故曰有, 靜安慮得, 則在學者矣, 故曰能, ……大學之道, 主人君言之, 而學士之期成, 乃止於出謀發慮以供其職."

르치고 배움을 성취하는 과정으로 해석하고 있다.

5) 다산의 지선至善으로 가는 득로得路

다산은 지선至善을 실천하는 방법으로 인자人子로서 효孝를 하는 것이나 인군人君으로서 인仁을 하는 것이 지선至善임을 아는 것으로 '지지知止'에서 시작하여, 의지를 확고하게 결정하고 부동하게 하여 반석盤石처럼 편안하게 하는 '정定 · 정靜 · 안安'의 단계를 거쳐, 본本 · 말末과 선先 · 후後를 헤아리는 '려慮'의 과정을 제시한다. 그리고 나서 효孝로 수신修身하고 인仁으로 치평治平을 이루고자 할 때, 치평하고자 하면 먼저 수신修身하고, 수신修身하고자 하면 먼저 정심正心하고, 정심正心하고자 하면 먼저 성의誠意하여, 효孝나 인仁의 실현을 위해 성의로서 입문하고 착수하는 것이 바로 '득得'에 이르는 것이라 한다. 따라서 '선 · 후를 알면 도道에 가깝다'는 구절이 바로 '득得'을 의미하는 것이라 하여, '득得'이란 선 · 후를 알아 들어가기 시작하는 길을 얻는 것이라고 강조한다.[85]

여기서 '지지知止' 이후로 다섯 단계를 거쳐 '득得'이 주자에서처럼 지선至善을 얻는 최종적 성취가 아니라 지선至善으로 가는 길의 출발점을 얻는다는 것이 너무 늦은 것이 아니냐는 비판에 대해, 다산은 '정定 · 정靜 · 안安'의 세 글자는 깊고 옅은 구별이 있다 하더라도 모두 의지를 결정하는 것으로 성인이 입지立志의 확고한 형상을 형용한 것일 뿐이라고 한다. 따라서 그는 "한번 려慮의 헤아림을 거

---

85) 《여전》〔2〕, 권1, 14, '대학공의', "思治平, 不可不先齊吾家, 思齊家, 不可不先修吾身, 思修身, 不可不先正先誠, 於是自誠意入頭, 自誠意下手, 爲仁之始事, 此之謂能得也, 得者得路也, 得其所由自始也."

치고 나서 바로 그칠 곳을 얻는다는 것은 점진적 단계가 없는 것이 아닌가. 그친다는 것은 지선至善이 있는 곳이니, 평생토록 노력을 쌓아가야 이 자리에 도달할 수 있을 것인데, 이제 한번 발을 들어 도달할 수 있다고 한다면 너무 가볍고 갑작스러운 것이 아니겠는가"[86]라고 하여, 지선至善을 향해 평생토록 나아가야 할 점진적 단계의 출발점을 얻는 것이 '득得'의 뜻이라고 강조한다. 이처럼 '득得'을 실천의 출발점으로 길을 얻는 것이라고 보는 다산의 태도는, 대학의 도를 인륜의 규범을 실천하는 교화의 방법을 제시한 것으로 보는 《대학》인식의 일관된 입장을 보여준다고 할 수 있다.

5. 덕德의 인식과 특성

《대학》의 중심 개념은 '덕德'이라 할 수 있다. 정자程子가 《대학》을 "처음 배우는 사람이 덕에 들어가는 문"(初學入德之門)이라 하였고, 오규 소라이도 대학지도大學之道에 대해 "그 뜻이 덕을 힘쓰는 데 있다"(其意在務德)고 하였으며, 다산은 《대학》 첫머리 한 절은 모두 명명덕明明德 세 글자에 모여드는 것으로 둘로 갈라서 볼 수 없다"[87]고 하여 친민親民 · 지어지선止於至善도 명명덕明明德에 귀착되는 것이라 하여 '명명덕明明德'이 중심이 됨을 밝히고 있다. 그러나 '덕德'

---

86) 같은 곳, "纔一揣慮, 遂得所止, 不太無漸乎, 止者, 至善之所在也, 平生積力, 可到此地, 今乃云一
　　蹴可到, 不太陵遽乎."
87) 《여전》〔1〕, 권18, 39, '상엄원서上弇園書', "大學首一節, 都湊著於明明德三字, 不可作兩截看."

개념의 인식과 실천 방법에 관한 이해에서는 상이한 견해가 제기되면서,《대학》에 대한 인식 차이와 더불어 각각의 사유 체계가 지닌 독자적 특성을 드러내고 있는 것이 사실이다.

주자의 경학 체계는 심성이기설心性理氣說에 근거한 이념적 해석의 성격이 강하게 제시되고 있지만, 다산과 오규 소라이는 주자의《대학》해석을 전면적으로 철저히 비판하고 있다. 두 사람 모두 주자의 《대학장구》체계를 거부하고《고본대학》을 받아들이고 있으며, 주자가《대학》의 작자로 증자曾子를 들고 있는 사실과 모든 사람이 태학에서 교육받을 수 있다는 견해와 '삼강령三綱領 · 팔조목八條目'의 구조로 분석하는 체계에 대해서도 부정하고 있다. 다산과 오규 소라이는 주자의 의리론적 경학을 거부하고 옛 경전(古經)에 근거하여 옛 의미(古義)를 밝히겠다는 기본 의도에서도 공통된 입장을 보인다. 그러나 경전을 정밀하게 고증하여 고의古義를 확인하고 이를 근거로 《대학》을 해석하고 있지만, 다산과 오규 소라이의《대학》인식은 엄청난 차이를 드러내고 있는 사실을 간과할 수 없다. 그것은 옛 경전의 근거를 검정하는 작업도 시대와 사회적 배경이나 사상 조류의 영향 속에서 뿌리를 내리고 형성되어 온 그 자신의 관심과 사유 체계를 벗어나는 것이 아님을 말해 주는 것이다.

다산은 명덕明德을 광범하고 치밀한 경전의 고증을 토대로 효孝 · 제弟 · 자慈의 규범이요 인륜으로 인식하고, 인륜의 실현이 태학에서 추구하는 교육의 주제요 목적임을 일관되게 주장하고 있다. 이에 비해 오규 소라이는〈변명弁名〉에서 '도道' 개념을 '옛 성왕이 세운 것' (古先聖王所立焉)이라 하고, '덕德' 개념도 '사람이 각각 도에서 얻어 지닌 것' (人各有所得於道)이라 하여, 덕이 성왕이 지은 법도로서 예禮를 따르는 것으로 받아들이고 있다. 오규 소라이는 '명덕明德'을 '군상君上의 덕'이라 언명하고 있는데, 이것도 도덕 규범으로서 인륜을 가리키는 다산의 경우와는 전혀 다르게 군주를 덕의 주체로 확인하고 있는 것이다. 이러한 '명덕明德'이란 개념을 인식함에 있어서도, 주자는 심체의 내면적 덕 개념을 통해 인간의 보편적 도덕성의 실현을 추구하고 있다면, 다산은 효孝·제弟·자慈라는 인간관계 속의 인륜적 도덕 규범을 추구하여 실천의 결과로서 덕의 실현을 추구하고 있으며, 오규 소라이는 군주의 교화적 모범과 권위에 따름으로써 사회적 덕의 실현을 추구하여, 《대학》 인식의 서로 다른 방향을 보여주고 있다.

다산이 군주의 자수自修를 강조하고 모범으로 교화하는 '신교身敎'를 말한 것이나, 오규 소라이가 같은 의미에서 '궁교躬敎'를 말한 것은 매우 긴밀한 유사성을 보여준다. 그러나 다산이 제시한 인간관계의 인륜으로서 덕은 인군人君과 민民 사이에 차이가 없는 동일한 규범이라면, 오규 소라이가 주목한 성왕이 제정한 예법을 따라 인군人君의 권위로 교화되는 덕이란 군주와 백성 사이의 지배 질서에서만 성립할 수 있는 것이라 할 수 있다. 양쪽이 모두 군주의 치도로서 교화 방법에 관심을 두고 있지만, 다산은 인간관계의 상호적 조화가 실현된 도덕적 사회를 그려내고 있다면, 오규 소라이는 군주의 치자治者로서 권위와 역할이 확고하게 정립된 지배 질서를 지향하고 있는 것으로 보인다.

사실 다산은 효孝·제弟·자慈의 인륜 규범을 실행한 다음에 덕을 이룰 수 있는 것이니, 명명덕明明德·親民(新民)의 실천이 바로 덕을 실현하는 방법이 되는 것이라고 보았으며, 지선至善의 목표를 알고 그 방향으로 나가는 길을 얻어서 실행해 나가는 것이 바로 《대학》의 가장 중요한 과제라고 보았다. 그만큼 다산이 덕德 개념을 해석하면서 행사行事한 다음에 덕이 성립한다는 인식을 역설한 것은, 《대학》전체를 덕의 실천을 과제와 방법으로 인식하는 기본 입장을 보여주는 것이다. 이에 비해 오규 소라이는 치자治者로서 인군人君이 백성을 교화하는 방법을 해명하고 확인하는 데 일관된 관심의 초점을 보여주는 데 그 특성이 있는 것이라 하겠다.

제5장

《대학》의 덕德과 실현 과제

1. 덕德의 실현 과제

다산 정약용은 《맹자》의 주제를 '심성心性'이라 하고, 《중용》의 주제를 '천도天道'라 하고, 《대학》의 주제를 '덕행德行'이라 하여, 경전들의 중심 개념을 대비해 제시했는데, 이는 《대학》은 '덕을 밝히는 것'(明明德)을 기본 과제로 하고 있음을 강조하는 것이다. 따라서 《대학》의 이해를 위해서는 덕을 밝히기 위하여, 먼저 덕이 무엇인가를 인식하는 것이 핵심 문제가 되고 있으며, 이와 더불어 어떻게 덕을 밝힐 것인가의 문제, 곧 덕의 실현을 위한 방법과 과제를 해명하는 것이 또 하나의 핵심 문제를 이루고 있다고 하겠다. 여기서는 두 번째 문제인 '덕의 실현 방법과 과제'에 초점을 맞추어 해명하고자 한다.

다산은 일차적으로 주자가 제시하고 있는 '마음에 내재하는 심체

心體로서의 덕德 개념'을 거부하고, 자신이 추구하는 것은 '실행함으로써 얻어지는 성과로서의 덕 개념'임을 확인하고 있다. 다산이 덕의 내용을 인간관계에서 이루어지는 인륜의 규범으로서 효孝·제弟·자慈로 제시했던 것도, 덕이란 인간의 실천적 행위 없이는 성립할 수도 획득할 수도 없는 것임을 확인하고 있는 것이다. 그만큼 다산은 덕이 어떻게 실현되어야 하는가의 실천적 방법과 그 실현을 위한 구체적 과제에 집중적으로 주의를 기울였던 것이다. 또한 덕의 문제에서 실천적 성격을 강조한다는 것은 내면의 근원을 밝히는 치심론治心論(心性·修養論)에 치중하는 것이 아니라, 사회적 현실에서 실현 방법을 확인하는 치도론治道論(治法·行道論)에 주력하고 있다는 것을 의미한다.

덕의 실현 문제에 대한 관심에서 《대학》을 이해하는 것은 다산의 실학적 경학관에 기반하는 것이라 할 수 있고, 바로 이 점에서 주자의 도학적 경학관과 대비해 보면, 근원적 문제의 인식에서나 구체적 용어의 해석에서 큰 차이를 드러내고 있는 것이다. 사실상 다산의 관심은 주자를 반대하거나 벗어나기 위한 의도적 노력으로서 '반反 주자' 내지 '탈脫 주자'를 하자는 것이 아니다. 오히려 그 자신의 세계 인식에 기반하여 새로운 경학 체계를 확립하고자 하는 '다산 경학'의 구축을 추구하고 있는 것이라 하겠다. 이러한 '다산 경학'의 구축을 위해 다산은 자신의 경학적 방법으로서 경經으로 경經을 증거하는 '이경증경以經證經'의 방법에 따라 광범하게 경전을 '인증引證'하고 있으며, 주자를 포함한 한대漢代에서 청대淸代에 이르는 여러 선유先儒들의 해석에 대해 '고정考訂'의 비판적 검토를 하고 있다. 또한 충돌하는 쟁점에 대해 반박하는 '답난答難'을 제시하는 등, 자신의 《대학》 인식의 입장을 일관된 논리로 전개해 가고 있음을 보여준다. 다산이 자신의 《대학》 주석을 《대학공의》라고 이름을 붙인 것도 의리에 따라 이념적으로 해석하는 것이 아니라 경전의 객관적 증거에 근거하여 공정하게 논의하겠다는 경학적 입장을 밝혀 주는 것이다.

가정 · 국가 · 천하라는 사회의 현실 위에서 덕의 실현을 추구하여 《대학》을 실천적 관심에서 접근하는 입장으로는, 다산과 더불어 일본 고학파의 오규 소라이를 주목할 필요가 있다. 오규 소라이는 《대학해》를 통해 '명덕明德'의 개념을 치자治者의 드러난 덕으로 해석하고, 치자治者인 제왕이 주도적으로 실행하는 치도治道로서 《대학》을 해석하고 있다. 바로 이 점에서 주자가 모든 인간의 심성에 내재하는 덕의 보편적 근원성을 덕의 실현을 위한 근본 과제로 중시하고 있다면, 오규 소라이는 치자治者가 주도하는 교화 질서를 근본 과제로 삼음으로써, 두 입장은 양극적으로 대치하는 양상을 보인다.

따라서 다산이 추구한 덕의 실현 방법과 과제를 해명한다는 것은, 《대학》 인식의 사유 기반에서 다산이 주자와 어떻게 달라지는지 차이점을 분명하게 확인하는 계기가 될 것이다. 또한 실천적 성격을 철저히 강화하고 있다는 점에서 다산과 같은 궤도 위에 있음에도 불구하고, 오규 소라이의 《대학》 인식이 다산과 어떻게 다른지 차이점을 비교해 볼 수 있을 것이다. 나아가 이러한 비교 · 해명을 통해, 다산의 《대학》 인식에 깔려 있는 사유 기반의 성격을 점검하고, 실천 방법과 실천 과제의 구체적 해석에서 어떤 특징을 지니고 있는지를 선명하게 드러내고자 한다. 이러한 과제는 다산 경학이 지닌 특성을 확인하며, 경학적 사유 방법들 사이에서 자리잡고 있는 위치를 점검하는 작업이 될 수 있을 것이다.

2. 실천의 조건과 방법

(1) 본말本末 · 선후先後와 격물格物 · 치지致知

《대학》에서 덕德의 실현 방법으로 제시되고 있는 것으로 '격물치지格物致知'와 '혈구지도絜矩之道'를 주목할 필요가 있다. '격물치지'의 문제는 주자가 《대학》에서 격물치지에 대한 언급이 없어졌다고 판단하여 《대학장구》에서 전5장傳五章으로 '보망장補亡章'을 새로 지어서 보충할 만큼 깊은 관심을 기울였던 중심 과제였다. 뿐만 아니라 그후 《대학》 해석에서 '격물치지'를 둘러싸고 다양한 견해들이 끊임없이 제기되어 서로 충돌하면서 핵심 쟁점을 이루었다.

1) 보망장補亡章의 거부와 격치론格致論의 범위

다산은 《대학》을 빠진 글(闕文)이 없는 온전한 경전으로 파악하여 주자의 '격물치지보망장格物致知補亡章'을 인정하지 않는다. 이에 따라 다산은 《대학장구》에서 보면 경1장經一章의 첫머리에서도 첫 구절인 16자(大學之道, 在明明德, 在親民, 在止於至善)를 제외하고, 나머지 경1장 전부(知止而后有定, ……其所薄者厚, 未之有也)와 전5장으로 옮겨놓은 10자(此謂知本, 此謂知之至也)까지 포함한 것이 '격물치지'를 말한 것이라 지적하고 있다.[1] 여기서 다산은 경문經文의 '지지知止' 등 몇 절을 착간錯簡이라 하여 전문傳文의 격물치지장格物

---

1) 《여전》[2], 권1, 17, '대학공의', "自知止而后有定以下至此節, 都是格物致知之說, 格物致知, 不得更有一章."

致知章으로 옮겨놓은 원유元儒 왕백王柏(魯齋)을 비롯하여 조선의 권근權近(陽村)·이언적李彦迪(晦齋) 등의 견해에 대해 퇴계가 이담李湛(靜存齋)에게 보낸 편지 〈답리중구담서答李仲久湛書〉에서 '본채를 헐어내어 곁채를 보완하는 것'(毁正寢而補廊廡)에 비유하여 비판했던 사실에 동조하고 있다. 곧《대학》에 격물치지장으로 옮겨야 할 착간된 구절이 없다는 입장을 확인하고 있는 것이다. 또한 다산은 명대 양명학파의 나여방羅汝芳(近溪)이《대학》을 '한 장으로 된 글'이라 말한 것을 통유通儒의 쾌론快論이라고 극찬했다.[2] 이처럼 다산은《대학》을 빠진 글(闕文)이나 뒤바뀐 곳(錯簡)이 없는 온전한 경전으로 받아들이고 있는 것이다.

다산은《대학》의 구성 체계를 ① 첫머리에서 '대학지도大學之道'를 제시한 부분과, ② 이어서 '격물치지格物致知'를 설명한 부분과, ③ 그 다음으로 '성의誠意·정심正心·수신修身·제가齊家·치국治國·평천하平天下'의 6조목을 구체적으로 해명하는 부분으로, 크게 세 부분으로 나누어 파악하였다. 그만큼 '격물치지'의 문제는《대학》의 전체에서 '대학지도大學之道'의 기본 원칙과 성의誠意에서 평천하平天下까지의 실천 과제 6조목 사이에서 그 양자를 연결시키고 실현하는 방법으로서 의미가 중시되고 큰 비중을 차지하고 있다는 사실을 유의해야 할 것이다.

다산이《대학》에서 '격물치지'의 설명으로 지적한 본문의 범위를 다시 보면, ① 지지知止-능득能得의 6단계(지지知止→유정有定→능정

---

2)《여전》[2], 권1, 20, '대학공의', "王魯齋之大學, 本亦毁上數節, 移之爲傳之五章, 退溪之云毁正寢而補廊廡, 誠確論也, 近日羅近溪謂, 大學只是一章書, 亦通儒之快論也."

能靜→능안能安→능려能慮→능득能得), ② 물物(本·末)과 사사(終·始)의 선후, ③ 천하에 명명덕明明德하는 일에서 출발하여 격물格物하는 데까지 밖에서부터 안으로 그 근원을 거슬러올라가는 판단 과정(명명덕어천하明明德於天下→치국治國→제가齊家→수신修身→정심正心→성의誠意→치국致知·격물格物), ④ 물物을 격格하는 데서 시작하여 천하를 평안하게 하는 데 이르기까지 안에서부터 밖으로 미루어나가는 실행 과정(물격物格→지치知至→의성意誠→심정心正→신수身修→사제家齊→국치國治→천하평天下平), ⑤ 천자에서 서인까지 모두 수신修身을 근본으로 삼는 것과 지본知本·지실知至의 과제까지를 포함하는 것이다. 여기서 다산은 이러한 격물치지의 범위를 확인하고 그 구조를 종합적으로 드러내어 '격치도格致圖'를 제시하고 있다.[3]

다산 자신은 '지지知止'절이 격물치지의 범위에 속하는 것이라고 언급하였지만, 이 '격치도格致圖'에서는 지지知止에서 능득能得까지 6단계가 배제되어 있는 사실이 눈에 띈다. 따라서 '지지知止─능득能得' 6단계와 격물치지의 연관관계에 대한 다산의 이해를 먼저 점검해 볼 필요가 있다. 다산은 '지지知止'의 '지止'를 '지선이 있는 곳'(至善之所在)이라고 하였고, '지지知止'란 '인륜의 성취된 덕이 극진한 바를 아는 것'(知人倫成德之所極)이라 정의하였으니, 그는 '지지知止'와 '격물치지'의 연관성을 전제하면서도 그 차이를 명확히 인식하는 데 일차적 관심을 기울이고 있다.

---

3) 《여전》[2], 권1, 17, '대학공의'. 다산의 〈격치도格致圖〉는 주자의 《대학장구》 체계를 도상화圖象化한 양촌陽村 권근權近의 〈대학지장도大學指掌圖〉(원래 《입학도설入學圖說》에 수록된 것으로 퇴계가 《성학십도聖學十圖》에서 〈대학도大學圖〉로 인용하고 있다)와 비교해 보면, 다산과 주자의 격물치지格物致知에 대한 인식이 어떻게 다른지 선명하게 드러나는 것을 확인할 수 있다.

다산은 '지선知先'·'지지知止'·'물격物格'을 일치시키는 명대 나홍선羅洪先(念菴)의 견해나 '지본知本'·'지선知先'·'지지知止'를 일치시키는 명대 요순목姚舜牧(承菴)의 견해를 잘못된 것이라고 지적했다. 여기서 그는 '지지知止'란 자식은 효孝를 하지 않을 수 없고 임금은 인仁을 하지 않을 수 없다는 도덕적 실천 과제의 기준 내지 지향점을 인식하는 것이라 확인하고, '지본知本'이란 수신修身이 천하·국가의 근본이 된다는 도덕적 실천 영역의 근본 조건을 인식하는 것으로 확인하며, '지선知先'이란 제가齊家·치국治國에 앞서서 수신修身해야 하고 정심正心·수신修身에 앞서서 성의誠意해야 하는 도덕적 실천의 순서를 인식하는 것으로 확인함으로써, 아는 것의 내용이 서로 다르다는 차이를 강조하고 있는 것이다.[4] 또한 남송南宋의 위료옹魏了翁이라는 사람은 '격물格物'은 명덕明德·친민親民을 격格하는 것이라 하고, 그 격格함에서 주장(主)이 있는 것을 '지지知止'라 하고, 순서(序)가 있는 것을 '지선知先'이라 하고, 요령(要)이 있는 것을 '지본知本'이라 구별하였는데, 이에 대해서도 다산은 "격물格物의 이해는 본本·말末이란 글자로 찾아가야 하고, 지선致知의 이해는 선先·후後라는 글자로 찾아가야 하는 것이요, 이른바 지지知止는 곧 《중용》의 명선明善이니, 지본知本이나 지선知先과 다르다"[5]라고 하여, 본말·선후를 아는 실천 조건 내지 실천 방법의 인식과 지선至善이 있는 곳을 아는 실천 목표의 인식이 다른 차이점을 밝히고 있다.

---

4) 《여전》[2], 권1, 19, '대학공의', "知止者, 知子之不可不孝, 知君之不可不仁也, 知本者, 知修身爲天下國家之本也, 知先者, 知修身當先於齊治, 誠意當先於正修也, 三知各自不同, 姚·羅二家之說誤矣."

5) 같은 곳, "蓋格物之解, 當以本末字尋之, 致知之解, 當以先後字尋之, 乃所謂知止者, 卽中庸之明善, 與知本知先不同."

그러나 다산은 "《중용》에서는 성誠을 물物의 끝이요 시작으로 삼으며, 성신誠身의 위에 먼저 명선明善의 한층을 두고 있다. 명선明善이란 지지知止니, 장차 지선至善에 머물 것을 아는 것이 명선明善이 아니겠는가"라고 하여, '지지知止'와 '명선明善'이 일치함을 제시했다. 또한 그는 "《중용》에서는 지지知止·능득能得과 격물格物·치지致知를 합하여 '명선明善'이라 이름한다"[6]고 하여, 《중용》의 '명선明善'의 개념 속에 '지지知止−능득能得'과 '격물·치지'가 통합될 수 있음을 밝힘으로써, 《중용》을 통해 '지지知止'와 '격물치지'가 하나로 묶어질 수 있는 사실을 제시하고 있는 것이다. '지지知止'가 대학지도大學之道의 '지어지선止於至善'을 아는 것이면서, 격물치지의 한 부분으로 연결된다면, 바로 '지지知止'란 《대학》의 구조에서 '대학지도'와 '격물치지' 사이의 연결 고리를 이루는 것으로 이해될 수도 있겠다.

2) 물物과 사事의 본말本末·종시終始와 지知의 선후先後

다산은 '격물치지格物致知'에 대해 '물物'의 본말本末과 '사事'의 종시終始 사이에 성립하는 선후先後의 차례를 인식하는 것으로 해석함으로써 그의 독자적 입장을 선명하게 드러내고 있다.

다산은 먼저 '물物'과 '사事'의 내용을 규정하는 데 주의를 기울인다. 곧 그는 '물物'은 '의意·심心·신身·가家·국國·천하天下'의 6조목을 가리키는 것으로 본本과 말末의 질서가 있다 하고, '사事'는

---

6) 《여전》[2], 권1, 16, '대학공의', "中庸以誠爲物之終始, 而誠身上面, 先有明善一層, 明善者知止也, 知將以止於至善, 非明善乎, 但中庸以知止能得格物致知, 合而名之曰明善."

‘성誠 · 정正 · 수修 · 제齊 · 치治 · 평平’의 6조목을 가리키는 것이요, 종終과 시始의 순서가 있다고 한다. 또한 그는 ‘물物’의 6조목 사이에는 크게 보면 ‘의意 · 심心 · 신身’이 본本이 되고, ‘가家 · 국國 · 천하天下’가 말末이 되지만, 자세히 보면 천하에서부터 내려오면서 그 다음 조목이 차례로 그 본本이 되는 계단 구조의 본말本末 관계가 성립한다고 지적한다. 마찬가지로 사事의 6조목 사이에도 크게 보면 ‘성誠 · 정正 · 수修’가 시始가 되고 ‘제齊 · 치治 · 평平’이 종終이 되지만, 자세히 보면 성誠에서부터 나아가면서 그 다음 조목이 차례로 그 종終이 되는 사슬 구조의 시종始終 관계가 성립한다고 지적한다. 나아가 본本과 시始는 먼저 해야 하는 것이고, 말末과 종終은 뒤에 해야 하는 것이니, 선 · 후의 순서를 아는 것이 실천 과정에서 가야 할 길(곧, 道)을 아는 것이라 한다.[7] 《대학》에서 서술하고 있는 ‘성의誠意 · 정심正心 · 수신修身 · 제가齊家 · 치국治國 · 평천하平天下’ 육사六事의 조목들 사이에 층층이 본本 · 말末의 질서가 이루어지고, 구슬을 꿰듯 시始 · 종始의 순서가 성립되고 있는데, 이 본말本末 · 시종始終의 질서를 헤아리는 것이 ‘능려能慮’요, 이를 통해 가야 할 길을 확보하는 것이 바로 ‘능득能得’이라고 본다.[8]

바로 이 점에서 주자는 ‘명덕明德’이 ‘본本’이요 ‘친민親民’이 ‘말末’이며, ‘지지知止’가 ‘시始’요 ‘능득能得’이 ‘종終’이라 제시하여 명덕明德 · 친민親民을 ‘물物’에 해당시키고, 지지知止 · 능득能得을 사事

---

7) 《여전》〔2〕, 권1, 15, ‘대학공의’, “物者意心身家國天下也, 事者誠正修齊治平也, 本始所先, 末終所後, 知此則知所以起程, 斯近道矣. …… 意心身本也, 家國天下末也, 然修身又以誠意爲本, 平天下又以齊家爲本, 本末之中, 又各有本末也. …… 誠正修始也, 齊治平終也, 其終始之中, 又各有終始, 如本末之例也.”
8) 같은 곳, “六事, 相銜相聯, 層層爲本, 其文如貫珠綴璧, 斯皆能慮之所得也.”

에 해당시켰다. 주자의 이러한 해석은 다산의 입장과 상당한 차이를 드러내고 있다. 곧 다산은 "물物은 스스로 성립하여 형상을 이루는 것의 명칭이요, 사事는 작용함이 있는 것의 명칭이다"라고 정의하여, '물物'을 대상적 존재요, '사事'를 행위와 연관된 것으로 분명하게 구별했다. 따라서 다산은 "덕德이나 민民은 물物이라 할 수 있지만, 명덕明德이나 친민親民은 물物과 사事가 뒤섞인 것이다"라고 하여, 명덕明德·친민親民을 대상적인 존재인 '물物'이라 할 수 없으며, 덕德과 민民도 본말의 관계가 아님을 지적했다. 여기서 한 걸음 나아가 "명덕明德은 효孝·제弟·자慈요, 효孝·제弟·자慈는 원래 본·말이 없으며, 친민親民도 효孝·제弟·자慈가 백성에 있는 것이다. 덕德이라 하고 민民이라 하는 것은 이미 의意·심心·신身·가家·국國·천하天下의 강령이 아니니, 어찌 물物의 본本·말末이 되겠는가"[9]라고 지적함으로써, 명덕明德·친민親民을 본本·말末의 관계로 파악하는 주자의《대학》해석을 정면으로 거부했다.

이에 비해 오규 소라이는 독특한 '물物' 개념을 제시하여 치자治者를 주체로 확립하는 자신의《대학》해석 입장을 관철하고 있다. 곧 그는 "물物은 도道의 한 마디(節)이다. 성인이 세우고 이름 붙인 것으로서 붙잡아 간직하는 것이 마치 한 물건을 가지고 있는 것과 같다"[10]고 언명한다. 곧 성인이 백성을 편안하게 하기 위해 세운 법도로서 '도道'를 예법이나 제도로 구체화시켜 놓은 한 단위를 '물物'이라 하

---

9) 같은 곳, "物者, 自立成象之名也, 事者, 有所作爲之名也, 德民, 可謂之物, 明德新民, 則事物混矣. ……明德者, 孝弟慈也, 孝弟慈, 原無本末, 親民亦孝弟慈之在民者也, 曰德曰民, 旣非意心身家國天下之綱領, 何以爲物之本末乎."
10)《대학해》, 14쪽, "物者, 道之一節, 聖人建而名焉, 可執而有之, 如有一物然."

는 것이며, 이러한 성인의 법도로서 '물物'을 스승이 가르치고 제자가 배운다는 것이다.

오규 소라이는 이러한 '물物'의 예를 들면서 《주례》에서 말하는 향삼물鄕三物(六德·六行·六藝)이나 사오물射五物(和·容·主皮·和頌·興舞)의 '물物'이 이에 해당한다고 본다. 여기서 오규 소라이는 '향삼물'의 경우 덕(六德)·행(六行)이 본本이 되고 육예六藝가 말末이 되는 본·말 구조를 인정하면서, 《예기》〈내칙內則〉편을 근거로 배움에는 반드시 육예로부터 시작되는 사실을 주목했다. 즉, 나무를 넘어뜨릴 때 뿌리가 그 근본이지만 반드시 먼저 그 가지와 줄기를 베어낸 다음에 뿌리까지 이르는 것이 자연스러운 추세임을 제시한다.[11] 이처럼 오규 소라이는 대학지도인 명명덕明明德·친민親民·지어지선止於至善에서 덕이 '본本'이지만, 배우는 사람이 일삼는 '사事'에는 시작을 먼저 하고 나서 끝으로 나가는 선·후의 순서를 따라야 할 때, 먼저 해야 하는 시작(始)은 말末에 속하는 육예이고, 뒤에 해야 할 끝(終)은 본本에 속하는 덕德이라 지적하고 있는 것이다. 따라서 오규 소라이는 "주자가 '본本과 시始를 앞세우고 말末과 종終을 뒤로 한다'고 말하는데, 그 말이 과연 옳겠는가. '물物에는 본本과 말末이 있다'는 한 마디로 족한 것이다"[12]라고 하여, 본本을 먼저 한다는 주자의 견해를 거부하고 있다. 즉, 주자와 다산은 동일하게 본本을 먼저 하고 말末을 뒤에 한다는 선본후말론先本後末論의 입장을 밝히고 있는 반면에, 오규 소라이는 말末을 먼저 하고 본本을 뒤에 한다는 선

---

11) 같은 곳, "本末與始終不同, 如鄕三物, 德行爲本, 六藝爲末, 然稽諸內則, 學之必由六藝始, 段如仆樹, 根其本也, 然必先伐其條幹, 而後及其根, 不爾, 莫有所施其功矣, 是自然之勢也."
12) 같은 곳, "朱熹曰, 本始所先, 末終所後, 果其言之是乎, 物有本末, 一言足矣."

말후본론先末後本論이라는 상반된 입장을 밝히고 있는 것이다.

3) 격물치지格物致知의 개념

주자는 '격格'을 '이른다(至)'는 뜻이요, '치致'를 '극진하게 미루어간다'(推極)는 뜻으로 설명하면서, '격물치지格物致知'를 "사물의 이치를 궁구해 가서 그 지극한 자리까지 이르지 않음이 없고자 한다"(窮至事物之理, 欲其極處無不到也)고 해석하고 있다. 이에 비해 다산은 '격格'을 '헤아린다'(量度)는 뜻이라 하고, '치致'를 '이른다'(至之)는 뜻이라 하여, 처음부터 차이를 드러낸다. 여기서 다산은 '치지致知'를 '그 선先·후後 할 바를 극진하게 아는 것'이라 하고, '격물格物'을 '물物에 본本·말末이 있음을 헤아리는 것'이라 한다.[13]

다산은 먼저 '격格'이 '헤아린다'(量度)는 뜻임을 고훈詁訓의 최고最高요 최정最正이라 인정하는 삼창三蒼(杜林)의 《창힐훈찬蒼頡訓纂》, 가방賈魴의 《창힐방희蒼頡滂喜》, 이사李斯의 《창힐편蒼頡篇》을 비롯한 여러 문헌을 증거로 인용하여 확인했다. 여기서 다산은 '격格'을 물物이 무엇인지 정해진 다음에 의논할 수 있는 것이라 하고, 물物이 심心·신身·가家·국國이라는 것을 확정하면, 옛 문헌의 고훈詁訓에 따라 아我와 물物을 통합하는 것으로 '격물格物'의 뜻을 해석하는 것이 마땅한 이치라 지적한다. 따라서 그는 정현이 '격格'을 '온다'(來)는 뜻이라 하고, 주자가 '이른다'(至)라고 해석하는 것은 아我와 물物을 통합하지 못하는 것으로 옳은 해석이 아니라고 비판하며, 오

---

13) 《여전》[2], 권1, 15, '대학공의', "致, 至之也, 格, 量度也, 極知其所先後, 則致知也, 度物之有本末, 則格物也."

히려 왕양명이 ‘격물格物’을 ‘물物을 바르게 한다’(正物)고 해석한
것은 타당성이 있다고 인정하는 입장을 밝혔다.[14] 다음으로 다산은
‘격물格物’을 ‘물物에 본·말이 있음을 헤아리는 것’이라고 해석하
면서, 그 근거로 이미 명대 양명학자인 왕량王艮(心齋)을 비롯하여
장동초張侗初·육경홍陸鏡泓·학록야郝鹿野·청만거사晴巒居士·학경
郝敬·초횡焦竑 등 선유들의 여러 언급을 근거로 ‘격물格物’의 ‘물物’
이 ‘물유본말物有本末’의 ‘물物’이라 확인하고 있다.[15]

　이에 비해 오규 소라이는 ‘치지致知’의 ‘치致’를 ‘이르게 하는 것’
(使之至)이라 하고, ‘지지知至’의 ‘지至’는 ‘생기는 것’(生)이라고 해
석한다. 또한 ‘지知’는 덕혜술지德慧術知를 의미하는 것이요, 세상 사
람들이 말하는 지각이나 지식으로서의 ‘지知’가 아니라고 구별한다.
곧 오규 소라이는 덕혜술지德慧術知가 생겨난 다음에 인仁을 높여야
할 것으로 알며, 효孝·제弟를 지선至善이 되는 것인 줄을 알고, 천하
의 물物을 높이지 않을 것인 줄을 알게 되는 것이라 한다.[16] 오규 소
라이는 성인이 말하는 ‘지知’는 《논어》(里仁)에서 “지자知者는 인仁
을 이롭게 여긴다”(知者利仁)라고 하는 ‘지知’로서 세속에서 말하는
‘지知’가 아니라 하여, 주자가 ‘치지致知’를 “내 지식을 극진하게 미
루어 다하지 않음이 없다”고 해석하는 것은 세속에서 말하는 지식으

---

14) 《여전》[2], 권1, 16, ‘대학공의’, “物定然後格可議也. 物之爲心身家國. 旣確然可定. 則通執三
　　蒼·爾雅·說文之詁訓. 擇取其合於我物者. 以訓格物. 乃當然之理也. 曰來曰至. 雖皆有古據. 奈與
　　我物不合何哉. 王陽明訓之爲正物. 猶之可也.”
15) 《여전》[2], 권1, 18, ‘대학공의’, “王心齋語錄曰. 格物者. 格其物有本末之物. 致知者. 致其知所先
　　後之知. ……鏞案心齋之說. 明白如此. 世猶以姚江之學而非之. 有公論乎.”
16) 《대학해》, 16쪽, “知者. 德慧術知也. 非世人所謂知也. 德慧術知生. 而後知仁之可尚焉. 孝弟之爲
　　至善焉. 擧天下之物. 莫以尚焉.”

로서의 '지知'라고 하여 거부했다.[17]

또한 오규 소라이는 '격格' 자를 '온다'(來), 또는 '이른다'(至)는 뜻이라 하고, '감응하여 오는 것이 있음'(有所感以來之)을 말한다고 해석하며, 선왕이 가르치는 물物(道의 한 마디)이란 '사오물射五物'인 화和·용容·주피主皮·화송和頌·흥무興舞처럼 오랫동안 힘쓰고 익숙하게 익힌 다음에 이른바 화和·용容·주피主皮·화송和頌·흥무興舞가 이르게 되는 것이요, 이렇게 이른 다음에 저절로 구별되는 것을 덕혜술지德慧術知, 곧 '지知'라고 한다.[18] 그것은 성인이 가르친 도道의 한 마디씩에 노력하여 익숙하게 함으로써 그 도의 한 마디로서 물物이 나에게 이르러 나의 지知가 된다는 것이며, 이렇게 '격물格物'함을 통해 '치지致知'를 이루는 과정을 보여주는 것이다. 여기서 오규 소라이는 "격물格物은 옛 성인이 심력心力과 지교知巧를 다하여 세운 것으로 태학에서 처음 가르친 것이며, 그러므로 이 편(《대학》)에서 특별히 말하고 다른 글에서 보이지 않는다"[19]고 하여, '격물格物'이라는 말이 《대학》에만 나오는 용어로서 성인의 가르침으로 태학에서 가르치는 것임을 강조한다. 이처럼 오규 소라이는 '격물치지'의 해석함에 있어 태학에서 가르치는 성인의 교법敎法으로서 특수화시키는 데 초점을 맞추고 있다고 할 수 있다.

---

17) 《대학해》, 18쪽, "蓋聖人所謂知, 非世俗所謂知也, 故論語曰, 知者利仁, 擇不處仁, 焉得知, 朱熹乃謂推極吾之知識無不盡, 此世俗所謂一物不知爲恥者也."
18) 《대학해》, 16-17쪽, "格者, 來也至也, 有所感以來之之謂也. ……先王之敎之物也, 段如射五物, ……力之久, 習之熟, 而後所謂和者至焉, 容者至焉, 主皮·和頌·興舞者皆至焉, 至焉而後其所見自別矣, 是謂之德慧術知."
19) 《대학해》, 17쪽, "是格物者, 古聖人竭其心力知巧之所建, 大學之始敎也, 故此篇特言之, 而它書不見."

또한 오규 소라이는 주자가 '격물格物'을 '궁리窮理'로 해석하는 것은 견강부회牽强附會라고 하여, 거부 입장을 적극적으로 밝히고 있다. 그는 '궁리窮理'란 복희씨伏羲氏가 총명예지聰明睿知의 덕德으로서 우러러 천문天文을 살피고, 굽혀서 치리地理와 조수鳥獸의 문채를 살펴서, 그 이치를 궁구하여 《역易》을 지은 것처럼 성인이 《역易》을 짓는 일을 말한 것이라 하고, 학자의 일이 아니라고 강조한다. 곧 복희伏羲·신농神農·황제黃帝·제곡帝嚳·전욱顓頊을 거쳐 요·순에 이르도록 수천 년 동안 수십 명의 성인의 심력心力과 지교智巧를 거친 후에 도道가 수립된 것이라 하여, 학자가 자기 마음으로 사물의 이치에서 구하여 도로 삼는 것은 제멋대로 함이 심한 것이라고 경계한다. 따라서 오규 소라이는 옛날의 학자는 반드시 선왕先王의 시詩·서書·예禮·악樂의 가르침을 준수하고 간직하여 익힘으로써 자연히 치지致知하는 것을 '물격이지지物格而知至'라 하고, 선왕의 가르침을 버리고 말미암지 않으며 홀로 자기 마음으로 사물의 이치를 궁구하고자 하는 것은 망녕된 것이라 규정한다.[20] 즉, 이치를 궁구하여 도를 수립하는 일은 성인의 고유한 일이라 지적하고 있는 것이다. 이처럼 오규 소라이는 성인聖人의 가르침으로서 도를 따르고 지혜를 얻어가는 '격물치지格物致知'의 개념을 제시함으로써, 철저히 성인의 가르침을 따르는 질서를 확립하려는 입장을 일관되게 밝히고 있는 것이다.

---

20) 《대학해》, 18쪽, "如格物之爲窮理, 是文無其義者, 可謂牽强已, 且窮理見於易, 乃以贊聖人作易之言. 非學者事矣. ……以至于堯舜, 數千載之久, 數十聖人之心力智巧, 而後道立焉者, 若是其艱哉, 而乃俾學者以己心求諸事物之理以爲道, 則亦不自擅之甚已, 故古之學者, 必遵先王詩書禮樂之敎, 服習之熟, 自然有以致其知, 是之謂物格而知至, 舍先王之敎而不由, 獨欲以己心窮彼事物之理, 亦可謂妄矣哉."

4) 격치육조格致六條와 격물칠조格物七條

주자는 대학지도大學之道의 삼강령三綱領에 대한 조목을 격물格物·
치지致知에서 치국治國·평천하平天下까지의 8조목을 들고 있지만,
다산은 삼강령의 조목을 모두 효孝·제弟·자자慈로 제시하며, 주자가
8조목이라 규정한 것을 거부하고, "의意·심心·신身·가家·국國·
천하天下에 그 본本과 말末이 있음을 밝게 보는 것이 물격物格이요,
성誠·정正·수修·제齊·치治·평平에 그 선과 후가 되는 바를 밝게
인식하는 것이 지지知至다"[21]라고 하여, 격물·치지는 성의誠意·정
심正心·수신修身·제가齊家·치국治國·평천하平天下의 6조목에 선
행하는 조목이 아니라, 그 6조목을 전체로 관장하는 것이라고 파악
한다. 따라서 다산은 성의誠意에서 평천하平天下까지의 6조목을 '격
치의 6조목'으로 규정하고 있다.[22] 그것은 《대학》의 전체 구조에 대
한 인식에서 주자가 '삼강령팔조목三綱領八條目'의 단일한 강목綱目
구조로 제시하고 있는 것이라면, 다산은 '삼강령효제자설三綱領孝弟
慈說'과 '격치육조설格致六條說'을 통해 《대학》을 덕德의 주제로서 '삼
강령'과 덕의 실천 방법과 과제로서 '격치육조'라는 이중적 구조를
보여주고 있는 것이라 하겠다.

이와는 달리 오규 소라이는 "덕을 자신에게 간직하고자 한다면 배
우는 것만한 일이 없으며, 학문하는 방법은 격물格物에서 시작되니
덕의 기초이다"[23]라고 하여, '격물格物'이 위학爲學의 방법이요 덕의

---

21) 《여전》[2], 권1, 17, '대학공의', "意心身家國天下, 明見其有本末則物格也, 誠正修齊治平, 明認
其所先後則知至也."
22) 같은 곳, "文雖八轉, 事惟六條, 格物致知, 不當幷數之爲八, 名之曰格致六條, 庶名實相允也."
23) 《대학해》, 17쪽, "欲德有諸身, 則莫若學焉, 爲學之方始格物, 德之基也."

기초로 표출시키고 있다. 이에 따라 오규 소라이는 "치지致知·성의誠意·정심正心이 모두 위학爲學의 방법이 아니요, 단지 수신修身이 격물格物에서 시작하는 것에 말미암음을 말하는 것이다"라고 강조한다. 따라서 그는 '명명덕어천하明明德於天下'에서 '치지致知'까지 그 선행하는 조목을 들어가다가 마지막으로 '격물'에서만은 '치지재격물致知在格物'이라 하여, '선先'이라 하지 않고 '재在'로 언급하고 있는 사실을 유의하여, 모든 조목의 기초로서 '격물'의 위치를 확인하고 있다.[24] 따라서 오규 소라이는 "주희는 알지 못하여 8가지를 모두 위학爲學의 방법으로 삼으니, 과연 그 말이 옳겠는가. ……비록 주자도 물격格物과 치지致知를 둘로 가르지 못하였으니, 또한 7조목일 뿐이다"[25]라고 하여, 주자의 '8조목설'을 거부하면서 7조목만을 인정하고 있다. 여기서 오규 소라이 자신의 분명한 언급이 없지만, 그는 '물격格物'만을 학문 방법이요, 덕의 기초로 삼는 입장을 전제로 치지致知 이하 평천하까지의 7조목을 실천의 과제로 삼아 '격물 7조목설'을 제시한다고 볼 수 있겠다.

(2) 혈구지도絜矩之道와 서恕

다산은 자신의 견해를 뒷받침하기 위한 '인증引證'으로서, 전언준錢彦儁(升菴)의 《대학》은 격물格物로 시작하고 혈구絜矩로 끝난다. 격

---

24) 《대학해》, 18쪽, "致知誠意正心, 皆非爲學之方也, 特以言脩身之所以始格物之由焉乎爾, 故唯格物而日在."
25) 같은 곳, "朱熹不知之, 乃以八者皆爲學之方, 果其言之是乎, ……且雖朱熹, 不能岐格物與致知二之, 則亦唯七條目耳."

물은 본本·말末을 헤아리는 것이고, 혈구는 인人·기己를 헤아리는 것이다"라는 언급을 인용하고 있지만, '격물치지'와 '혈구絜矩'는 《대학》에서 제시되고 있는 덕德의 실현을 위한 방법으로 주목할 필요가 있다. 여기에서 오규 소라이는 '격물'과 '혈구絜矩'라는 용어는 《대학》에서만 나타나고 다른 경전에서는 볼 수 없는 것임을 강조하기도 했다.

'혈구絜矩'의 뜻으로 정현鄭玄은 "혈絜은 '묶는다'(結)·'이끈다'(絜)는 뜻이고, 구矩는 법도(法)다"라 하고, 주자는 "혈絜은 '헤아린다'(度)는 뜻이요, 구矩는 '네모지게 하는 것'(所以爲方)이다"라고 했다. 또한 다산은 "혈絜은 새끼로 사물을 묶어서 그 대·소를 헤아리는 것(以繩約物, 以度其大小)이요, 구矩는 직각의 척尺으로 네모를 바르게 하는 것(直角之尺, 所以正方)이다"라고 좀더 구체적으로 규정하고 있으며, 오규 소라이는 정현과 주자의 해석 중 어느 쪽이 옳은지 모르겠다고 하면서 판단을 보류하고 있다.

혈구絜矩의 실현 과정에 대해 주자는 "미루어 물物을 헤아려서 남과 나의 사이에 각각 분수와 소원을 얻게 하면, 상하·사방이 고르고 반듯하여 천하가 평안하게 된다" 하고, "구矩는 마음이나, 내 마음이 하고자 하는 바가 곧 남이 하고자 하는 것이다. 내가 효孝·제弟·자慈를 하고자 하면 남이 모두 나처럼 효孝·제弟·자慈를 하게 한다"고 하여, 혈구지도絜矩之道를 나와 남의 일치를 확인함으로써 나의 덕을 남에게서 실현할 수 있다고 보았다.

이와 달리 다산은 구矩가 '직각의 자'라는 사실을 지적하고, 네모 반듯한 그릇은 반드시 육면六面이지만, 그 모서리와 평면이 기울거나 굽거나 튀어나오거나 움푹 파이기도 한 것을 구矩로서 헤아림으로써 바르게 하는 것임을 강조한다. 따라서 다산은 "우리가 서恕에 힘써서 인仁을 구하는 것도 그 법도가 이러하여, 마음을 구矩로 삼아서 상하·사방의 교제를 헤아리고, 그 고르지 않음을 고르게 하며 그 평평하지 않음을 평평하게 하니, 이에 마음과 몸이 모두 바르게 된다. 자신을 바르게 하여 사물을 바르게 하니, 이것이 천하를 평안하게 하는 긴요한 법도다"[26]라고 하여, '구矩'라는 직각의 자로 일그러진 것을 바로잡듯이 자기 마음의 법도를 확립함으로써 다른 사람과 바깥 세계를 바로잡아가는 과정을 혈구지도絜矩之道로서 중시하고 있다. 즉, 다산은 나와 남의 일치라는 보편성의 기반을 확인하는 것에 앞서서, 척도라는 객관적 기준을 확보하는 데 초점을 맞추고 있는 것이다.

또한 다산은 모기령毛奇齡이 대상에 따른 척도의 차이를 중시하여 평구平矩·앙구仰矩·복구覆矩·와구臥矩·환구環矩·합구合矩를 들고 있는 견해를 비판하면서, 혈구絜矩는 대체로 '반우反隅'와 같은 것으로 한 모서리를 들면 다른 세 모서리를 돌이켜 증명하는 것으로서, 모서리는 대상인 사물에 다양하게 있지만 척도인 구矩는 내 마음에 일관하여 있는 것임을 지적하고 있다.[27] 여기서 다산은 사물을 헤아리는 척도처럼 내 마음의 척도가 되는 것이 바로 '서恕'임을 제시한다. 바로 여기에 나의 기준인 효孝·제第·자慈로서 백성이 모두 효孝·제弟·자慈를 원하는 것을 알 수 있으며, 이에 따라 나와 남 사이에 기준이 일치되는 것을 확인하게 된다고 했다.

<hr>

26)《여전》[2], 권1, 41, '대학공의', "吾人之强恕以求仁也, 其法亦然, 以心爲矩, 以絜六合之交際, 齊其不齊, 平其不平, 於是乎心與身皆正矣, 正己以正物, 此平天下之要法也."
27) 같은 곳, "絜矩略如反隅, 擧一隅反三隅者, ……但矩在我心, 隅在物體, 是其異也."

곧 다산은 사람이 이 세상을 살아가는 데 온갖 선과 악이 모두 사람과 사람이 서로 접촉하는 데서 일어나는 것이라 하고, 사람과 사람이 서로 접촉하면서 그 본분을 다하는 것을 '인仁'이라 하며, '인仁'이란 글자는 두 사람(二人)으로 이루어진 것이라 제시한다.[28] 그는 부자·형제 사이의 효孝·제弟·자慈가 모두 '인仁'이요, 부자·형제·군신·부부·장유長幼·민목民牧의 인간관계가 두 사람 사이로서 그 도리가 '인仁'이라 확인한다. 따라서 그는 "인친仁親하고 인민仁民함이 인仁 아님이 없으나, 성인의 말씀은 '서恕를 힘써 행하면 인仁을 구함이 더 가까울 수 없다'고 하였으니, 서恕는 인仁의 도이다. ……하나의 '서恕' 자로서 상하를 관철하고 전후를 관철하며 좌우를 관철하면서, 단지 '자기가 하고자 하지 않는 것을 남에게 베풀지 말라' 하니, 그 도道가 지극히 간결하고 집약되어 있다. 다만 하나의 '서恕' 자로서 풀어놓으면 우주에 가득하고, 우주가 바르다는 것은 곧 구矩로써 헤아릴 수 있는 것이다"[29]라고 언급한다. 이처럼 효·제·자를 포괄하는 규범으로서 '인仁'을 실천하는 방법을 주목하면서, 이 방법을 바로 인간관계의 법도인 '서恕'로 확인하고, 나아가 '서恕'가 혈구지도絜矩之道요, 구矩(척도)로써 헤아려 우주를 바르게 하는 법칙임을 확인하고 있다.

따라서 다산은 나의 효孝·제弟·자慈가 바로 백성이 원하는 것이요, 내가 좋아하는 것이 남도 좋아한다는 나와 남의 일치를 확인하

---

28) 《여전》[2], 권1, 40, '대학공의', "人生斯世, 其萬善萬惡, 皆起於人與人之相接, 人與人之相接而盡其本分, 斯謂之仁, 仁者二人也."
29) 같은 곳, "仁親仁民, 莫非仁也, 乃聖人之言曰, 强恕而行, 求仁莫近焉, 恕者仁之道也. ……一恕字以貫上下, 以貫前後, 以貫左右, 但曰, 己所不欲, 勿施於人, 其爲道至簡至約, 只一恕字, 而放之則彌乎六合, 六合正, 方可絜之以矩也."

게 되고, 이러한 일치를 전제로 태학의 교육이 양로養老·서치序齒·
휼고恤孤의 삼례三禮를 행함으로써 백성의 효孝·제弟·자慈를 일으
키는 것이라고 제시한다. 또한 그는 혈구지도絜矩之道의 실행이 바로
'서恕'임을 확인하고, '구矩로써 헤아리는' 혈구絜矩가 바로 '서恕로
써 헤아리는 것'이며, 이것이 모두 사람과 사람의 교제임을 확인한
다.[30] 이처럼 다산은 혈구지도絜矩之道에서 바로잡는 척도로서 '구矩'
를 강조하고, 나아가 '구矩'의 구체적 실천 과제를 인간관계의 규범
인 '인仁'으로 확인하고 '구矩'의 실천 방법을 인간관계의 일치를 확
장하는 '서恕'로 제시함으로써, 혈구지도絜矩之道, 곧 서恕를 인간관
계의 규범을 실천하는 기본 방법으로 확립하고 있는 것이다.

　나아가 다산은 치도治道로서 '서恕'(推恕)를 특별히 주목하고 있
다. 《대학》에서는 "자기 몸에 간직된 것을 서恕하지 않고서 남을 깨
우치는 자는 있지 않다"(所藏乎身不恕, 而能喩諸人者, 未之有也)라는
구절에서, '서恕' 자를 한번 쓰고 있을 뿐이다. 다산은 이 '서恕' 자에
매우 치밀한 주의를 기울였다. 곧 그는 '서恕' 자를 '인仁'과 연결하
여 해석하면서, "인仁은 인륜의 명덕明德이요 효孝·제弟·자慈의 총
명總名이다. ……서恕는 혈구絜矩의 도道요, 효孝·제弟·자慈로서 인
仁을 이루는 것이다"[31]라고 정의하여, '서恕'를 인仁(孝·第·慈)의
실현 방법으로 제시하고 있는 것이다.

---

30) 같은 곳, "以我之孝弟慈, 知民之亦皆願孝弟慈, 於是就太學行三禮(養老序齒恤孤, 三禮也), 而民
　　果興孝弟慈, 是故知我之所好, 人亦好之, 行絜矩之道, 卽恕也. ……絜矩者, 絜之以矩也, 上下四方,
　　絜之以恕, 皆人與人之交際也."
31) 《여전》[2], 권1, 34, '대학공의', "仁者, 人倫之明德, 乃孝弟慈之總名也, ……恕者, 絜矩之道, 所
　　以謂孝弟慈以成仁者也."

다산은 "서恕에는 두 가지 종류가 있으니, 하나는 추서推恕이고 하나는 용서容恕이다. 옛 경전에 실려 있는 것은 추서推恕가 있는 것에 그치며 본래 용서가 없다. 주자가 말한 것은 대개 용서이다"라고 하여, 주자와 자신의 서恕 개념을 용서와 추서推恕로 구별짓고 있다. 여기서 그는 "추서推恕란 자수自修하는 것이다. 그러므로 맹자가 '서恕를 힘써 행하면 인仁을 찾아감이 더 가까울 수 없다'고 한 것은 사람과 사람이 교제함에는 오직 추서가 긴요한 법도임을 말한다. 추서는 자수自修를 위주로 하며, 자기의 선을 행하는 것이고, 용서는 치인治人을 위주로 하며 남의 악을 관용하는 것이다"[32]라고 하여, 인간관계에서 일어나는 행위를 판단하는 기준으로서 '추서'를 강조하고, 추서와 용서의 차이를 선명하게 제시하고 있다.

또한 '서恕'에 대해 다산은 《대학》에서 "자기에게 있은 다음에 남에게서 구하고, 자기에게 없는 다음에 남을 비난한다"(有諸己, 而后求諸人, 無諸己, 而后非諸人)라고 한 것은, 선성先聖이 "남에게서 찾은 다음에 나에게 있게 하고, 남에게서 그렇지 않은 다음에 나에게 없게 한다"(求諸人, 而后有諸己, 非諸人, 而后無諸己)고 말한 것을 뒤집어 놓고 있는 것임을 지적하면서, 다만 그 경계하는 바는 《대학》의 '서恕'도 추서에 있음을 확인한다. 이처럼 그는 '서恕'(推恕)의 원래 모습과 《대학》에서 변형된 모습의 차이를 면밀하게 관찰하고 있다. 여기서 다산은 《대학》에서 말하는 '서恕'는 "장차 백성을 교화하고자

<hr>

32) 《여전》〔2〕, 권1, 35, '대학공의', "恕有二種, 一是推恕, 一是容恕, 其在古經, 止有推恕, 本無容恕, 朱子所言者, 蓋容恕也. ……推恕者, 所以自修也, 故孟子曰强恕而行, 求仁莫近焉, 謂人與人之交際, 惟推恕爲要法也, ……推恕者, 主於自修, 所以行己之善也, 容恕者, 主於治人, 所以寬人之惡也."

하면 반드시 먼저 스스로 닦아야 하고, 장차 스스로 닦고자 하면 반드시 먼저 간직한 것을 서恕하여야 한다. 서恕는 혈구絜矩(법도로 헤아림)의 도道이다. 혈구絜矩하면 내가 효孝·제弟를 지니고 있으니 백성에게 요구할 수 있고, 혈구絜矩하면 내게 불효가 없으니 백성을 비난할 수 있다"[33]고 하여, 《대학》에서 추서를 뒤집어 말하고 있는 것은 교화를 위한 치도의 방법으로 활용되기 때문이라 해명하고 있다.

다산은 치도로서 서恕(推恕)의 방법이 활용되고 있는 것을 '혈구지도絜矩之道'로 확인했다. 따라서 '서恕'가 본래는 자신을 다스리는 '자수自修'의 방법이지만, 뒤집어 말하면 남을 다스리는 '치인治人'의 방법에 근접하는 것을 인정하면서도, 그렇다고 서恕를 남을 다스리는 치인의 방법이라 규정하는 것은 크게 잘못된 것이라 경계하여, '서恕'의 원형을 명확하게 변론하기를 요구하고 있는 것이다.[34]

이에 비해 오규 소라이는 '혈구'가 다른 경전에 없고 《대학》에만 있다는 사실을 주목하여 특별히 강조하고 있다. 여기서 오규 소라이는 《예기》〈심의深衣〉 편에서 심의深衣의 복제服制가 규規·구矩에 상응하는 사실과 〈왕제王制〉 편에서 심의深衣로 양로의례를 행한다는 언급을 들어서, 혈구지도絜矩之道가 심의深衣 제도에 근거한 옛 법언이라 확인한다.[35] 또한 그는 태학의 의례로서 남의 노인을 노인 대접하고, 남의 어른을 어른 대접하고, 남의 고아를 구휼하는 것을 '서恕'라 하고, 여기에는 수신修身을 본래의 뜻으로 삼는 것임을 지적한

---

33) 같은 곳, "經所言者, 謂將欲化民, 必先自修, 將欲自修, 必先藏恕, 恕者絜矩之道也, 絜矩則我有孝弟, 乃可以求諸民, 絜矩則我無不孝, 乃可以非諸民."
34) 《여전》〔2〕, 권1, 36, '대학공의', "恕之爲物, 本所以自治, 而倒言之則或近於治人, 若遂於此, 認恕爲治人之物, 則大謬, 斯故明辨之."
35) 《대학해》, 35쪽, "絜矩蓋古之法言, 本諸深衣之制歟."

다.[36] 그것은 혈구지도가 심의深衣 제도에 근거하는 의례와 연결된 것이요, 태학의 의례는 '서恕'에 근본하는 것임을 밝힘으로써, 혈구지도와 서恕를 연결시키는 것이며, 나아가 혈구지도와 서恕가 수신修身에 근본하여 실행되는 의례의 실천 방법임을 제시하는 것이다. 이처럼 오규 소라이는 《대학》을 인군人君이 태학에서 의례를 통해 백성을 교화하는 방법으로 파악하는 입장에 따라 혈구지도와 서恕도 의례의 실천 방법으로 해석하고 있는 것이다.

3. 치심治心의 과제

(1) 성의誠意와 신독愼獨

1) 마음속의 '의意'와 시종을 관철하는 '성誠'

다산이 '격치육조格致六條'로 제시한 체계에서 보면, 덕의 실현을 위한 격치의 6가지 실행 과제 가운데서 성의誠意가 가장 근본이 되고 출발점이 되는 것으로 중요한 의미가 있다. 먼저 다산은 "국國으로부터 가家로, 신身으로, 심心으로 가는 방향은 모두 밖으로부터 안으로 도달하는 것인데, 이제 반대로 의意는 심心이 발동한 것이라 하고 의意는 심心의 싹이라 하는 것은 또한 바깥을 향해 회전시킨 것이다. 《대학》을 지은이의 뜻이 반드시 이와 같지 않을 것이다"[37]라고

---

36) 같은 곳, "大學之禮, 老人之老, 長人之長, 恤人之孤, 是恕也, 亦脩身爲本意."

하여, '의意'를 심心에서 작용하여 나온 것으로 파악함으로써 '심의 발동한 것'(心之所發)이라고 한 주자나, '심의 싹'(心之萌)이라고 한 채청蔡清의 견해를 거부했다.

따라서 다산은 의意를 심心에서 한층 더 안으로 들어간 것임을 강조하여, "의意는 심心 속에 숨겨져 헤아리고 운용하는 것이다. 그러므로 무릇 마음속으로 생각하는 것을 의意라고 한다"[38]고 하여, '의意'를 '속마음에 감추어진 생각'(中心之隱念)이라 규정하고 있다. 따라서 성의誠意가 정심正心의 근본이 되는 만큼, '의意'는 심心 속에서 밖으로 드러나지 않고 작용하는 생각으로서 심心의 근본으로 파악하고 있는 것이다. 여기서 그는 연蓮의 씨가 열매(青心) 속의 가장 안에 있는 것을 '의薏'(연밥)라고 하는 경우에서처럼 '의意'는 사思·상想·지志·려慮 등 밖으로 드러나는 마음의 작용을 가리키는 글자와는 달리, 인간의 심心에서도 가장 안에서 밖으로 드러나지 않고 감추어져 남모르게 작용하는 것을 가리키고 있다.

이에 비해 오규 소라이는 '의意'를 좋아가고 미워하는 감정(好·惡)이라 정의하고, 아름다운 빛깔을 좋아하듯이 나쁜 냄새를 싫어하듯이 선을 좋아하는 마음이 속에서 솟아나와 노력하지 않고도 저절로 일어나는 것을 '의성意誠'이라 한다. 따라서 오규 소라이는 마음이 예와 어긋날 때는 마음을 바로잡기 위해서 먼저 의意를 진실하게 해야 하는 것이요, 선을 좋아하는 '의意'를 진실하게 하기 위해서는 먼저 무엇을 높일 것인지를 아는 덕혜술지德慧術知로서 '지知'

---

37) 《여전》〔2〕, 권1, 22, '대학공의', "自國而家而身而心, 皆由外而達於內, 今反云, 意者心之發, 意者心之萌, 則又迴轉向外, 作者之意, 必不如此."
38) 같은 곳, "意者心中之所隱度運用者也, 故凡隱度者謂之意."

를 이르게 해야 한다고 강조했다.[39] 바로 이 점에서 '격치육조'를
제시하여 성의誠意를 실현 과제의 출발로 삼고 있는 다산과 '격물칠
조'의 입장에서 치지致知에 근본하여 성의誠意·정심正心으로 나가
는 오규 소라이 두 사람의 '성의誠意'에 대한 이해의 차이점을 확인
할 수 있다.

다산은 성의誠意를 6가지 실천 과제의 가장 근본이 되는 것으로
강조하면서, 특히 성誠은 '의意'에만 해당하는 것이 아니라, 6조목의
전체에 적용되어 시작부터 끝까지 관철하는 것임을 역설하고 있
다.[40] "'성誠'은 '물物'의 끝이요 시작이다"(誠者物之終始也)라는 《중
용》의 언급에서 시작은 '성기成己'(자신을 이룸)'요 '수신修身'에 해
당하며, 끝은 '성물成物'(사물을 이룸)이요 '화민化民'(백성의 교화)에
해당하는 것이라 한다. 이에 따라 다산은 "수신修身은 원래 성의誠意
를 첫머리의 공功으로 삼고 이로부터 들어가며 이로부터 착수하니,
성의誠意에 앞서서 어찌 이층의 공부(格物·致知)가 있겠는가"[41]라고
하여, 격물·치지는 실천의 방법이요, 실천의 과제로서 공부는 성의
誠意로부터 시작되는 것임을 확인하고 있다. 또한 다산은 "'성誠'하
지 않으면 '물物'이 없다"(不誠無物)는 《중용》의 언급에 근거하여,
성의誠意를 먼저 말하면 의意·심心·신身·가家·국國·천하天下를

---

39) 《대학해》, 16쪽, "意者, 好惡也, 好善之心, 由中而出, 不假勉强, 意誠之謂也, 苟不如是, 則心與禮
違, 故欲正其心者, 先誠其意. …… 德慧術知生, 而後知仁之可尙焉, …… 好善之所以誠也, 故欲誠其
意者, 先致其知."
40) 《여전》(2), 권1, 15, '대학공의', "誠之爲物, 貫徹始終, 誠以誠意, 誠以正心, 誠以修身, 誠以治家
國, 誠以平天下."
41) 같은 곳, "始者成己也, 終者成物也, 成己者修身也, 成物者化民也, 然則修身原以誠意爲首功, 從
此入頭, 從此下手, 誠意之前, 又安有二層工夫乎."

포괄하여 한결같이 성의誠意에 귀결된다"[42]고 하여, 성의가 6가지 실천 과제의 한 조목에 그치는 것이 아니라, 계층적인 구조에서 모든 조목의 가장 바탕에 놓여 있어서 근본이 되고 첫머리가 되는 것이요, 전체에 연결되는 것임을 밝히고 있다.

나아가 다산은《대학》에서 인용한 〈기욱淇奧〉 시를 해석하면서 "지성至誠이 속에 쌓여 위의威儀가 밖으로 드러나니, 속에 쌓인 것은 자수自修하는 것이요 밖에 드러나는 것은 화민化民하는 것이다. 성誠이 자기를 이루고 사물을 이룰 수 있으니, 지극한 이치가 여기에 있다. ……지선至善은 지성至誠이 이루는 것이다"[43]라고 언급한다. 곧 성誠이 속에서 쌓여 밖으로 드러나면 자수自修(修身)와 화민化民(治國·平天下)가 모두 여기서 이루어지는 것이요, 지선至善에 이르는 것도 지성至誠함으로써 이루는 것이라 확인한다. 그것은 성의誠意가 정심正心·수신修身·제가齊家·치국治國·평천하平天下의 근본이 될 뿐 아니라 명명덕明明德·친민親民·지어지선止於至善도 성의誠意에서 가능한 것이며, 그만큼 성誠이 시작에서 끝까지 전체를 관철하는 근본적 실천 과제임을 역설하고 있는 것이다.

이에 비해 오규 소라이는 〈기욱淇奧〉 시를 해석하면서도 덕은 반드시 학學으로써 이루어짐을 말한 것이라 하고, "선왕은 학學으로써 덕德을 이루니, 덕의 성대함은 위의威儀의 사이에 밝게 드러나지만 지선至善이라 할 수 있는 것은 학學에 근본한다"[44]고 하여, '학學'으

---

42)《여전》[2], 권1, 22, '대학공의', "不誠無物, 故先言誠意, 包括意心身家國天下, 一歸之於誠意."
43) 같은 곳, "至誠積於中, 而威儀著於外, 積中所以自修也, 著外所以化民也, 誠之能成己成物, 其至理在此. ……至善者.至誠之所成也."
44)《대학해》, 25쪽, "先王學以成德, 德之盛, 赫著於威儀之間, 所以謂之至善者, 本於學也."

로 해석하고 있다. 이처럼 동일한 〈기욱淇奧〉 시를 해석하면서 다산이 '성誠'으로 해석하여 전체를 관철하는 것으로 보는 것과는 달리, 오규 소라이가 '학學'으로 해석하여 덕의 실현 근거를 확인하는 사실은 '성誠'의 내면적 진실성을 중시하는 다산과 '학學'의 교화적 역할을 중시하는 오규 소라이의 경학적 입장의 차이를 가장 선명하게 드러내는 대목의 하나라 하겠다.

2) 성의誠意의 실현과 신독愼獨

성誠은 참된 것이요 거짓이 없는 것이다. 따라서 다산은 성의誠意를 실행하는 조건으로서 '스스로 속임이 없어야 한다'(毋自欺)는 말에 대해서도, "인간의 성품이 본래 선하니, 선하지 않은 줄 알고서도 행하는 것을 '스스로 속이는 것'이다"[45]라고 하여, 본성에 거슬려 선하지 않은 것, 곧 악한 것을 행하는 것이 자신을 속이는 것이요 성誠하지 못한 것이라 한다. 이에 비해 오규 소라이는 불선不善을 선이라 하는 것은 남을 속이는 것이라 하고, 태학의 양로의례養老儀禮에서 불선不善을 볼 수 없다는 사실을 전제한다. 다만 양로의례에서 자기 집 노인을 노인 대접하는 것이 아니라 남의 노인을 노인 대접하는 것이므로 정성스러운 마음(誠心)이 쉽게 일어나지 않으므로 스스로 자신에게 정성스러운 마음이 엷은 줄을 알고 있으며, 이에 따라 양로의례를 행하는 사람이 마음으로 좋아하지 않으면서 억지로 힘써 좋아하려고 하여 나에게 화합한 기상과 부드러운 모습이 있게 하고자 한다는 것이다. 이러한 태도는 양로의례를 행하는 사

---

45) 《여전》[2], 권1, 21, '대학공의', "人性本善, 知不善而爲之, 是自欺也."

람으로 면하기 어려운 것이라 인정하면서, 이처럼 억지로 힘써서 선을 좋아하는 것처럼 꾸미는 태도를 '스스로 속이는 것'이라 하고, 마음에서 저절로 선을 좋아하는 감정이 솟아나는 것을 성의誠意라고 보는 결론으로 이어진다.[46]

또한 성의誠意는 스스로 자신에 대해 진실함이 확인되어야 하는 것이다. 따라서 자기만이 홀로 있는 자리에서 그 진실함을 확인하는 것으로서 '신독愼獨'이 중시된다. 다산은 '신독愼獨'의 '독獨'을 자기만이 아는 곳(己所獨知)이라 하여 주자의 해석과 일치된 모습을 보인다. 그러나 오규 소라이는 '독獨'을 단지 자신을 가리키는 말이지 남들이 모르고 자신만 아는 자리가 아니라 한다.[47] 이에 따라 오규 소라이는 "열 사람의 눈이 보고 열 사람의 손이 가리킨다"는 증자曾子의 말에 대해서도 태학의 의례를 둘러서서 보고 있는 대중이 엄중히 지탄하는 의미로 해석하고 있지만, 다산은 '천지의 신명이 환하게 베풀어져 있고 빽빽하게 늘어서 있는 것'(天地神明 昭布森列)이라 하여, 신명神明 앞에 홀로 마주선 자리로 해석했다. 홀로 있는 '獨'의 자리가 천지의 신명이 둘러싸고 감시하는 자리로 해석하고 있는 것은 다산이 '신독愼獨'을 신과 인간이 만나는 자리로 인식함으로써 '성의誠意'에 신앙적 의미를 새롭게 제기하고 있는 것이다.

여기서 다산은 '십목十目·십수十手'의 뜻에 대해 오계자吳季子가

---

46) 《대학해》, 21쪽, "夫以不善爲善, 欺人者也, 養老之禮, 人孰謂不善乎, 祇其不老吾老而老人之老, 誠心之不易致也, 亦自知我誠心之薄焉, 故行此禮者, 雖心不好之, 而勉強好之, 以欲我之有和氣婉容也, 是行此禮者之所必不免焉, 是之謂自欺, 是其好與不好, 在己者也, 故心不好之而勉強好之者, 自欺之謂也."
47) 《대학해》, 22쪽, "獨者, 指己而言也, 非謂人所不知而己所獨知之地也."

"어두운 방의 옥루屋漏(방 한가운데)에 깊이 숨어 있는데 한 생각이 일어난다면 남들이 누가 알겠는가. 군자는 여기에서 진실로 천지의 귀신이 밝게 베풀어져 있고 빽빽이 늘어서 있어서 내려와 위에 있고 곁에서 묻고 있음을 본다"고 언급한 사실을 인용하면서 '십목十目·십수十手'를 말한 증자의 뜻과 일치하는 것이라 인정했다.[48] '독獨'이라는 한 글자의 의미를 해석하면서, 많은 사람이 참여하는 의례에서 의례의 주체로서 자기 자신만을 가리키는 것으로 보는 오규 소라이의 사실적인 해석과, 인간이 천지의 신명神明 앞에 마주하고 신명과 더불어 있다는 다산의 신앙적인 해석이 달라지는 것은, 바로《대학》해석에서 다산과 오규 소라이의 중요한 차이점을 이루고 있는 것이다.

다산은《중용》에서 〈정월正月〉(小雅) 시의 "잠기어 엎드려 있으나 또한 매우 밝다"(潛雖伏矣, 亦孔之昭)와 〈억억〉(大雅) 시의 "네가 방에 있음을 보니 오히려 옥루屋漏에 부끄럽지 않다"(相在爾室, 尙不愧于玉漏)를 인용하여 신독愼獨의 성誠을 밝히고, 이어서 〈열조烈祖〉(商頌) 시의 "나아가 신명神明을 감응하여 내려오게 하는 데 말이 없으며 이때에 다툼도 없다"(奏假無言, 時靡有爭)를 인용하여, 신명神明과 만나는 지극히 정성스러움을 제시한 것과,《대학》에서 성의誠意와 지선至善의 뜻을 말하고 나서 '청송聽訟' 절을 인용하여 만민이 교화되어 천하가 평안하게 되는 성의誠意·수신修身의 극진한 효과를 말하고 있는 것 사이에 깊은 이치와 오묘한 취지가 서로 조명하고 있

---

48)《여전》[2], 권1, 22, '대학공의', "惟吳季子之言云, 暗室屋漏之中, 幽深隱奧, 一念將動, 人孰知之, 君子於此, 眞見夫天地鬼神昭布森列, 臨之在上, 質之在傍, 曾子之意, 亶在是矣."

다고 보았다.[49] 이처럼 다산이 《대학》과 《중용》을 연결하여 해석하고 있는 것은, 신독愼獨의 성誠이 신명神明과의 만남을 말하는《중용》과 평천하平天下의 공효로 실현되는 것을 말하는《대학》의 정신을 통합시킴으로써, 성의誠意에서 평천하平天下까지 나가는 실천의 과제가 신명神明을 만나는 신앙적 경건성을 벗어나는 것이 아님을 강조하고 있는 것이라 할 수 있다.

나아가 다산은 '무송無訟'(訟事가 없음)의 상태를 성의誠意와 수신修身의 효과가 극진하게 실현된 것이라 하고, 곧 성인의 도가 지성至誠과 독공篤恭을 행함으로써 천하가 저절로 평안하게 되는 것으로서, 덕德이 실현된 극치의 경지를 제시한 것이라 인식하고 있다.[50] 그러나 오규 소라이는 '청송聽訟'은 사士의 능력으로 재지才智에 속한 것이고, '무송無訟'은 효제孝弟의 교화가 행해지고 백성들에게 예양禮讓의 풍속이 일어난 것으로 성인이 근본을 귀하게 여기는 것을 보여주는 것이라 해명한다.[51] 그것은 다산이 '무송無訟'을《대학》이 제시하는 평천하의 치도治道가 실현된 이상 사회의 모습으로 구체화시켜 중시하고 있다는 데 의미를 두고 있다면, 오규 소라이는 '무송無訟'을 덕화德化의 본本으로 보고 '청송聽訟'을 재지才智의 말末로 대비시키는 데 그치고 있다고 할 수 있다.

---

49)《여전》[2], 권1, 27, '대학공의', "彼經先言潛昭屋漏之義, 以明愼獨之誠, 而繼引奏假之詩, 此經歷言誠意至善之義, 而結之以聽訟之節, 其淵理妙旨, 兩相照也."
50) 같은 곳, "聖人之道, 至誠篤恭, 而天下自平, 皆使無訟之義也, 誠意修身之效極於此."
51)《대학해》, 28쪽, "士之以聽訟稱能, 貴才智也, ……孝弟化行, 民興禮讓, 所以無訟也. 聖人之貴本者如此矣."

(2) 정심正心과 수신修身

1) 다산의 치심治心 방법

다산은 성의誠意 · 정심正心을 《대학》에서 제시하는 큰 주제라 하고, 따라서 선유先儒들이 《대학》을 '심성心性을 다스리는 방법'으로 삼았음을 지적하여, 치심治心의 문제에 깊은 관심을 기울이고 있다. 여기서 그는 "선성先聖의 심성心性을 다스림은 언제나 행사行事에 있으며, 행사行事는 인륜을 벗어나지 않는다. ……의意만으로 참되게 할 수 있는 이치가 없고 심心만으로 바르게 할 수 있는 방법은 없다. 행사行事를 배제하고 인륜을 떠나서 마음이 지선至善에 머물기를 구한다면 선성先聖의 본래 법도가 아니다"[52]라고 지적하여, 치심治心의 방법이 행사行事에서 실현되며 인륜에 근본하는 것임을 확인한다. 곧 진실한 마음(實心)으로 부모와 어른을 섬기고 어린아이를 사랑하는 것이 바로 성의誠意 · 정심正心으로 효孝 · 제弟 · 자慈를 이룬다는 것이다. 이렇게 인륜의 규범을 제가齊家 · 치국治國 · 평천하平天下의 구체적인 일에서 실현하는 것이 바로 다산의 치심治心 방법이 추구하는 기본 원칙이라 할 수 있다.

이에 따라 다산은 불교의 치심治心 방법은 '치심을 사업으로 삼는 것'(以治心爲事業)이지만, 유교의 치심治心 방법은 '사업을 치심으로 삼는 것'(以事業爲治心)이라 하여, 치심治心 방법에서 유교와 불교의 차이를 규정하면서, 치심治心이 행사行事를 벗어나 치심治心 자체에

---

52) 《여전》[2], 권1, 13, '대학공의', "誠意正心, 爲此經之大目, 故先儒遂以此經爲治心繕性之法, 然先聖之治心繕性, 每在於行事, 行事不外於人倫. ……徒意無可誠之理, 徒心無可正之術, 除行事去人倫, 而求心之止於至善, 非先聖之本法也."

빠지는 불교적 치심治心 방법을 경계했다. 곧 성의誠意·정심正心은 언제나 구체적 일에서 의意를 참되게 하고 심心을 바르게 하는 것이지, 벽을 향해 앉아서 마음을 관조하며(向壁觀心) 스스로 허령한 심체(虛靈之體)가 맑고 깊어 텅 비었으나 밝으며 티끌 하나도 더럽히지 않도록 단속하는 것이 성의誠意·정심正心은 아니라고 역설한다.[53]

다산은 당시 사람들이 치심治心을 성의誠意라 하여, 곧바로 허령불매虛靈不昧한 심체心體를 붙잡아 가슴속에 머물게 하고 진실무망眞實无妄한 이치를 돌이켜 관찰하고자 하는 태도에 대해, 이렇게 평생토록 정좌靜坐하여 묵묵히 내관內觀하면 아름다운 경계가 있다고 해도 그것은 좌선坐禪일 뿐이라고 규정한다. 또한 당시 사람들이 치심治心을 정심正心이라 하여, 원숭이나 말을 굴복시키듯 하고 출입을 살펴서 '붙잡으면 간직되고 놓아 두면 잃게 되는'(操捨存亡) 이치를 증험하는 것에 대해서는 이러한 공부가 긴요한 일이기는 하지만 아침저녁으로 일이 없을 때나 마음을 써서 모아들이는 것이 옳을 것이라 한정시키고 있다. 여기서 다산은 "옛 사람이 정심正心이라 하는 것은 일에 대응하고 사물에 접하는 데에 있는 것이지 고요함을 주장하고 침묵으로 응집하는 데 있는 것이 아니다"라고 선언한다.[54] 이처럼 다산은 치심治心이 일(事·行事)에서 이루어지는 것임을 확인하고, 내면의 심체心體를 밝히려는 당시 주자학자들의 주정적主靜的 치심治

----

53) 《여전》[2], 권1, 9, '대학공의', "誠意正心, 雖是學者之極工, 每因事而誠之, 因事而正之, 未有向壁觀心, 自檢其虛靈之體, 使湛然空明, 一塵不染, 曰此誠意正心者."
54) 같은 곳, "今人以治心爲誠意, 直欲把虛靈不昧之體, 捉住在腔子內, 以反觀其眞實无妄之理, 此須終身靜坐, 默然內觀, 方有佳境, 非坐禪而何, 今人以治心爲正心, 制伏猿馬, 察其出入, 以驗其操捨存亡之理, 此箇工夫, 固亦吾人之要務, 曉夕無事之時, 著意提掇焉可也, 但古人所謂正心, 在於應事接物, 不在乎主靜凝默."

心 방법을 불교적인 것으로 비판했던 것이다.

또한 다산은 주자학에서 치심治心 방법으로 중시하는 '존천리存天理 · 알인욕遏人慾'이나 '묵좌默坐 · 반관反觀'도 사람과 사람이 서로 접하는 자리에서 일일이 점검되어야 의거할 수 있게 되고, 나아가 의성意誠 · 심정心正을 이룰 수 있다고 본다. 그러나 주자학에서 강조하는 '마음이 아직 발동하기 이전의 기상氣象'(未發前氣象)을 돌이켜 관조하는 것은 치심治心에 아무런 도움이 되지 않는 것이라 거부한다. 따라서 그는 사람과 사람이 서로 접하는 것이 바로 인륜이며, 지선至善이란 것도 인륜이 덕을 이루어 성誠이 지극한 것이라고 한다.[55] 곧 인간관계의 만남으로서 인륜을 통해 치심治心을 극진히 함으로써 인륜을 성취하고 지선至善을 이룰 수 있는 것임을 강조한 것이다.

다산은 희喜 · 노怒 · 애哀 · 락樂의 감정이 본래 중절中節한 것과 부중절不中節한 것의 두 가지가 있음을 지적하고, 공정한 희喜 · 노怒 · 우憂 · 구懼의 감정은 천명天命에서 발동하여 마음에 병이 되지 않고 몸을 무너뜨리거나 빠뜨리지 않는 것이라 하고, 재색財色 · 화복禍福의 사私에서 발동한 희喜 · 노怒 · 우憂 · 구懼의 감정은 물物에 따르며 어지럽혀 몸이 그 바름을 잃게 된다고 구분했다. 여기서 다산은 주자가 분치忿懥(분노) · 공구恐懼(두려움) · 호락好樂(좋아함) · 우환憂患(근심)의 감정에 대해, "사람에게는 없을 수 없다. 그러나 한 가지라도 있는데 살피지 못하면 그 바름을 잃는다"(《대학장구》)고 언급한 것은 인심人心이 바름을 잃는 것으로 불변의 이치를 삼는 것이라 비

---

55) 《여전》〔2〕, 권1, 13, '대학공의', "人與人之相接, 非卽人倫乎, ……至善者, 人倫之成德, 誠之所至."

판하고 있다. 곧 분치忿懥 · 공구恐懼 · 호락好樂 · 우환憂患의 감정을 불합리한 감정으로 귀속시키지 않고, 주자의 경우 인간에게 고유하게 있는 것으로 보았기 때문에 마른 나무나 불꺼진 재(槁木死灰)가 되어야 마음의 진체眞體를 보존할 수 있다는 입장에 서게 된다는 것이다. 여기서 다산은 주자의 이러한 심체心體는 '살아 있는 사람'의 것이 아니라 지적하고, 더구나 심心의 진체眞體 · 본연本然의 설은 《수능엄경首楞嚴經》에서 나온 것이요, 선성先聖이 심心을 논한 데는 이런 말이 없다고 하여 주자의 치심治心 방법에 대해 철저히 비판하고 있다.[56]

나아가 다산은 주자가 "마음이 간직되어 있지 않으면 몸에는 곧바로 주재가 없는 것이다"(心若不存, 身便無主宰)라고 언급한 것에 대해, 이러한 '존심설存心說'의 문제를 처음 제기한 맹자의 언급과 주자의 언급이 그 취지가 다르다고 지적했다. 곧 맹자에서 마음을 '간직한다'(存之)는 것은 도심道心이 미약하므로 없어지려는 도심道心을 간직하여 인간이 스스로 금수와 구별되는 것을 말할 뿐인데, 선유先儒들은 심체心體가 잘 달아나기 때문에 가슴속에 붙잡아두어야 하는 것으로 보아, 고요히 간직하고(靜存) 묵묵히 간직하는(默存) 방법들이 나오게 되는 것이라 했다.[57] 이처럼 다산은 도심道心을 간직하는 맹자와 심체心體를 간직하는 주자학자들의 존심설存心說이 다르고, 이에 따라 제시되는 주자학자들의 치심治心 방법으로서 정존靜存 ·

---

56)《여전》[2], 권1, 30, '대학공의', "若人心之不能無, 而一有之者必失其正, 則是人心者失正爲常理, 將何以正之. ……忿懥等四情, 不歸於不合理之物, 而戒之以四有所, 則槁木死灰, 乃保眞體, 心體如此, 定非活人, 況眞體本然之說, 本出於首楞嚴, 先聖論心, 本無此語."
57)《여전》[2], 권1, 31, '대학공의', "其云存之者, 謂道心微弱, 故存其將亡, 以自別於禽獸而已, 非謂心體善走, 故捉留之腔子之內也, 先儒看得有差, 遂有靜存默存諸法."

묵존默存은 일에 당하여 치심治心하는 방법이 아니요, 아무 일이 없을 때나 쓸 수 있는 것이라 지적하고 있다. 여기서 다산은 마음을 가슴(腔子) 속에 간직하는 것이라면 보고 듣는 대상에 나가지 못하여 밝게 보고 들을 수 없다는 문제점이 있다고 지적하기도 한다.

또한 그는 《주역》에서 말하는 '경이직내敬以直內'(敬으로 속을 곧게 한다)의 '경敬'은 지향하는 것의 명칭이요, 지향함이 없으면 경敬도 없다고 강조한다. 따라서 보고 듣기를 그치며, 눈을 감고 정신을 집중하며, 마음을 텅 비고 고요한 자리에 깃들이게 하는 것으로 '경이직내敬以直內'라고 하면 심하게 어긋나는 것이라고 비판한다.[58] 그만큼 치심治心이 대상과 연결된 일에서 이루어지는 것임을 강조함으로써, 마음의 내면적 실체를 확립하는 데 치중하는 주자학의 치심治心 방법을 철저히 거부하고 있는 것이다.

다산은 치심治心 방법에서 심心의 병病에 깊은 관심을 기울이고 있다. 곧 마음에 분치忿懥·공구恐懼·호락好樂·우환憂患의 감정이라는 네 가지 병이 있으면 몸을 바르게 할 수 없는 것이라 하여, 정심正心이 바로 정신正身이 됨을 지적했다. 또한 그는 마음에 두 가지 병을 제시하면서, 인심人心이 주장하는 '유심有心'의 병과 도심道心이 주장하지 못하는 '무심無心'의 병을 제시하고, 이 두 가지 병은 다른 것 같지만 실제로는 병이 일어나게 되는 근원은 같은 것이라 했다.[59] 다산이 심心의 병통으로 삼은 것은 인심人心이 주장하고 도심道心이 무

---

58) 같은 곳, "易曰敬以直內, 然敬者, 有所向之名, 無所向, 亦無所敬矣, ……若收視息聽, 瞑目凝神, 棲心於空寂之地, 而命之曰敬以直內, 則所差遠矣."
59) 《여전》[2], 권1, 29, '대학공의', "心有此四病, 則身不得其正, 明正心, 卽所以正身也, ……心有二病, 一是有心之病, 一是無心之病, 有心者, 人心爲之主也, 無心者, 道心不能爲之主也, 二者似異, 而其受病之源實同."

력화되는 현상이며, 이에 따른 치심治心 방법은 도심道心을 드러내어 주장을 삼게 하고 인심人心이 도심道心에 복종하게 하는 것이다. 이 점에서는 주자학의 치심治心 방법과 다를 것이 없다. 그러나 다산은 주자학의 치심治心 방법이 지닌 병통을 주목하면서, "인륜에 의거하지 않고 단지 이 의意를 참되게 하고자 하고 단지 이 심心을 바르게 하고자 한다면, 아득하고 황홀하여 붙잡을 수 없으니 좌선坐禪의 병통에 귀결되지 않음이 드물 것이다. ……선배들의 심학心學(심성 수양)을 하는 초년에 많이 마음의 질병을 얻으니, 이것은 선배들이 스스로 말한 것이다. 일이 없는 의意에서 참되기를 구하고 대상이 없는 심心에서 바르기를 구하면 마음의 질병이 일어남을 이루 다 말할 수 있겠는가"[60]라고 했다. 이처럼 다산은 주자학의 치심治心 방법이 지닌 병통이란 치심治心을 인륜에 근거시키고 행사行事에서 실행하지 못하는 데서 발생하는 것임을 거듭 확인하고 있다.

오규 소라이는 치심治心에 관해 구체적 관심을 보이고 있지는 않지만, "마음으로 마음을 다스리는 것은 성인의 가르침에 없는 것이다"라고 언급하여, '이심치심以心治心'의 치심治心 방법을 불교적인 것으로 비판했다. 여기서 그는 《서경》(〈중훼지고仲虺之誥〉)에서 "예로써 마음을 제어한다"(以禮制心)는 말을 옛 법도로 주목하고 있다.[61] 오규 소라이는 《대학》에서 "먹어도 그 맛을 모른다"는 구절도 양로養老의 의례에서 술과 음식으로 양로養老하는 일을 말한 것이라

---

60) 《여전》[2], 권1, 13, '대학공의', "若不據人倫, 單取此意求所以誠之, 單取此心求所以正之, 則溔漾恍惚, 沒摸沒捉, 其不歸於坐禪之病者鮮矣, ……先輩治心學初年, 多得心疾, 此先輩之所自言也, 求誠於無事之意, 求正於無物之心, 其發心疾, 可勝言哉."
61) 《대학해》, 30쪽, "以心治心, 聖人之教所無也. ……古曰, "以禮制心.""

규정하고, "예로써 마음을 제어하는 것"(以禮制心)을 옛 훈계라 강조함으로써, 의례儀禮로써 《대학》을 일관되게 해석하고 있다. 이처럼 오규 소라이는 정주학의 치심治心을 불교적인 것으로 비판하는 점에서 다산과 일치된 견해를 보이지만, 의례儀禮를 통한 치심治心으로서 '이례제심以禮制心'의 방법을 강조하는 것은 다산이 '치심어행사治心於行事'를 표방하여 행사行事에서 치심治心을 강조하는 것과 대조를 이룬다.

2) 정심正心과 수신修身

다산은 "몸과 마음은 오묘히 결합하였으니 나누어 말할 수 없다. 마음을 바르게 하는 것(正心)이 곧 몸을 바르게 하는 것(正身)으로, 두 계층의 공부가 없다"[62]고 하여, 인간 존재에서 심心·신身의 결합 사실에 근거하여 정심正心과 수신修身도 긴밀하게 결합된 것임을 강조한다. 따라서 분치忿懥·공구恐懼·호락好樂·우환憂患의 불합리한 감정이 있으면 몸이 바름을 얻지 못한다 하고, 몸이 바름을 얻지 못하면 제가齊家·치국治國도 할 수 없으니, 몸을 바르게 하는 정신正身(修身)이 근본 과제로서 중시되어야 한다는 것이다.

《대학》의 원문에는 "신유소분치身有所忿懥……"라 하여, 몸에 분치忿懥·공구恐懼·호락好樂·우환憂患의 감정이 있다고 언급되어 있는데, 이에 대해 정자程子(程頤)가 '신身' 자를 '심心' 자로 고쳐야 한다고 주장했다. 그러나 다산은 이 절이 치심治心의 일을 말한 것인데, '신유身有……'를 '심유心有……'로 고치게 되면 《대학》에는 '수신修

---

62)《여전》[2], 권1, 29, '대학공의', "身心妙合, 不可分言, 正心卽所以正身, 無二層工夫也."

身'의 절이 없는 것이 되고 말 것이라면서, 이렇게 되면 '수신修身'에 대한 보망전補亡傳을 지어야만 《대학》을 온전하게 할 수 있을 것이라고 반론을 제기했다.[63] 여기서 다산은 "원래 신身과 심心은 오묘히 결합되어 둘로 나눌 수 없다. 그러므로 특별히 '신身'자를 써서 신심합일身心合一의 쇠못을 삼았다. 이제 이 못을 뽑아내면 《대학》에는 수신修身이 없게 된다"[64]라고 하면서, 분치忿懥 등의 감정이 심心에서 발동한다는 사실을 알고 있지만, '신身'에 이 감정들이 있다고 함으로써, '신심묘합身心妙合' 내지 '신심합일身心合一'의 근본적 인식을 확립하고 있다고 했다. 그만큼 다산은 치심治心하는 것이 바로 수신修身하는 것으로 통할 수 있음을 확인하고 있는 것이다.

여기서 오규 소라이는 정심正心과 수신修身을 의례를 통해 덕德을 실현하는 과제로 인식하여, 심心을 바르게 한다(正)고 하는 것은 의례에서 한결같이 하는 것을 말하는 것이라 하고, 수기修己(修身)를 하고자 하면 반드시 예로써 하여야 하는데, 의례를 행할 때 마음이 불안하면 덕을 이룰 수 없으므로, 수신修身에 앞서 정심正心이 요구되는 것이라 한다.[65] 그는 정자가 '신身'자를 '심心'자로 고친 것은 신身과 심心을 둘로 분석한 것으로 불교의 견해라고 비판했다. 심心과 신身의 분리를 거부하는 점에서 다산과 오규 소라이는 공통된 입장을 보이고 있다. 또한 오규 소라이는 '수신修身'의 '신身'을 '기己'라 하고 인군人君을 가리키는 것이라 하여, 수신修身의 주체를 인군人

---

63) 같은 곳, "若復以身有之身, 改之爲心, 則大學一部, 遂無修身之節, 眞作補傳, 乃成完書."
64) 같은 곳, "原來身心妙合, 不可分二, 故特下身字, 以爲身心合一之鐵釘, 今拔此釘, 則大學無修身矣."
65) 《대학해》, 16쪽, "心而曰正, 謂其一於禮也, 欲脩己必以禮, 苟行禮而心不安焉, 則德不可得而成焉, 故欲脩其身者, 先正其心."

君으로 확인하고 있으며, "예악禮樂이 자기에게 얻어진 것을 덕德이라 하며 신수身脩라 한다"고 언급했다.[66] 곧 예악禮樂으로 자기 자신에 체득되었을 때 덕이 이루어지는 것이요, 덕이 이루어지는 근본이 바로 수신脩身에 있다는 것이다.

"수신脩身을 근본으로 삼는다"는 《대학》의 언급에 대해, 다산은 "수신脩身한 다음에 아래로 백성을 교화할 수 있고, 위로 임금을 섬길 수 있으니, 아래위로 모두 수신脩身을 근본으로 삼는다"라 하고, '근본을 안다'(知本)는 말은 가정·국가·천하의 근본이 신身에 있음을 아는 것이라 하여, 수신脩身이 근본이 됨을 확인하고 있다.[67] 이에 비해 오규 소라이는 "천자에서 서인에 이르기까지 학문은 모두 격물格物에서 시작한다. ……그 까닭은 격물格物이 덕의 기초이고, 천자에서 서인에 이르기까지 모두 수신脩身으로 덕을 이루는 것을 근본으로 삼기 때문이다. 단지 몸을 근본으로 삼는 것이 아니다"[68] 라고 하여, '격물'이 학學의 시작이요 덕의 기초이지만, '수신脩身'을 통해 덕을 이루기 때문에 '수신脩身'이 덕을 이루는 근본임을 밝히고 있다. 이처럼 다산은 정심正心과 수신脩身의 일체성을 강조하여 수신脩身이 치심治心에서 이루어진다고 보는 데 비해, 오규 소라이는 수신脩身이 예악禮樂을 받아들여 덕을 이루는 것이라 보고 있어, 상반된 방향을 지향하는 '수신脩身'의 실현 태도를 확인할 수 있다.

---

66) 같은 곳, "身者, 己也, 指人君也. ……禮樂得於身, 謂之德, 身脩之謂也."
67) 《여전》[2], 권1, 17, '대학공의', "修身然後可以化下, 修身然後可以事上, 故上下皆以修身爲本也. ……知本者, 知家國天下之本在身也."
68) 《대학해》, 19쪽, "自天子至於庶人, 凡學皆由格物始, …… 何則, 格物德之基也, 自天子至於庶人, 皆以脩身成其德爲本故也, 非徒以身爲本矣."

4. 덕德의 실현 영역

(1) 제가齊家의 과제

1) 제가齊家의 실현과 '평등平等'

다산은 '제가齊家'의 '제齊'를 평등이라 해석하여, 집안을 다스리면서 평등을 잃으면 가족들이 가지런하고 화목할 수 없다고 지적한다. 또한 그는 《중용》에서 "좋아하고 미워함을 같이함은 어버이를 친애함을 권하는 것이다"라고 말한 구절을 성인의 핵심을 아는 말씀이라 강조하고, 제가齊家의 방법은 좋아하고 미워함을 같이하는 것을 넘어서지 않는 것이라고 밝히고 있다.[69] 곧 제가齊家의 기본 방법을 '평등'이라 하고, 평등의 내용을 '좋아하고 미워함을 같이하는 것'이라 구체화시켜 제시하고 있는 것이다. 여기서 오규 소라이는 '제가齊家'의 '가家'를 왕의 궁중으로 종족을 포함하는 것이라 하고 '치국治國'의 '국國'을 제왕이 다스리는 서울(王畿)이라 하며, 가家를 '제齊'한다는 것은 의례를 주장하는 것이요, 국國을 '치治'한다는 것은 정치를 주장하는 것이라고 대조시키고 있다.[70] 그만큼 오규 소라이는 치국治國뿐만 아니라 제가齊家도 임금이 궁중을 다스리는 왕가王家의 일로 규정하는 점에서 다산과의 차이를 보여주고 있다.

---

69) 《여전》[2], 권1, 32, '대학공의', "齊, 平等也. ……中庸曰同其好惡, 所以勸親親也. 親親者, 齊家也. 齊家之法, 無以踰於同其好惡. 此聖人知要之言也."
70) 《대학해》, 16쪽, "國者, 王畿也. ……家者, 王之宮中, 以包宗族也. ……國而曰治者, 主乎政, 家而曰齊者, 主乎禮."

2) ‘벽辟’의 해석—비유譬喻인가 편벽偏僻인가

《대학》에서는 수신修身-제가齊家의 연관성을 설명하면서 사람이 친애親愛·천오賤惡·경외畏敬·애긍哀矜·오타敖惰함에서 ‘벽辟’한다고 언급했다. 여기서 ‘벽辟’자에 대해, 정현鄭玄·육상산陸象山·모기령毛奇齡과 오규 소라이는 ‘비’라 읽고 비유譬喻(깨우치다)의 뜻이라 하지만, 주자와 다산은 ‘벽’이라 읽고 편벽(치우치다)의 뜻이라 하여 해석상의 큰 쟁점이 되고 있다. ‘벽辟’은 ‘비유’로 해석하면 제가齊家의 실천을 위한 판단 방법이 되고, ‘편벽’으로 해석하면 제가齊家를 함에서 경계해야 할 일이 되는 상반된 견해로 충돌하게 된다.

다산은 ‘벽辟’을 ‘비유’로 설명하는 입장에 대해 ‘사물에 견주어 사람을 깨우쳐주는 것’(比物以喻人)이라 규정하고, 두 가지 점에서 비판했다. 첫째, 이러한 해석은 천오賤惡·오타敖惰의 경우에는 들어맞지 않는다는 것이며, 둘째, 그 다음에 나오는 속담과 연결되지 않아서 문리文理가 이루어지지 않는다는 것이다. 따라서 다산은 ‘편벽’으로 보는 주자의 해석을 지지했다.[71] 또한 비譬(깨우치다)로 해석하는 것은 《대학》에서 말하는 ‘혈구絜矩’의 방법이요, 《논어》(雍也)에서 “가까운 데서 취하여 깨우친다”(能近取譬)는 뜻이라는 반론에 대해, 다산은 다섯 가지(親愛·賤惡·畏敬·哀矜·敖惰)의 ‘벽辟’은 대중의 병통을 가리키는 것이라 하여, 대중이 혈구絜矩하여 인仁을 행하고 가까운 데서 취하여 깨우치는 일을 할 수 있다면, 성인이 가르침을 세운 것이 불필요한 것이 되고 말 것이라고 재반박했다.[72]

71) 《여전》〔2〕, 권1, 32, ‘대학공의’, “此說於賤惡敖惰二節, 不能@合, 且與下諺不能聯貫, 不成文理, 當從朱子之說.”

여기서 다산은 "후세의 유학자들이 경박하여 한漢과 송宋의 해석이 다르면 반드시 송宋을 버리고 한漢을 따르려 한다. 의리가 명백하여 성인이 다시 나와도 바꾸지 않을 것인데도, 반드시 흠을 쪼아서 허물을 찾아 비틀린 학설을 이루려고 하니, 어찌 공정한 의론이겠는가"[73]라고 언급하여, 한학漢學을 무조건 높이려는 청대淸代 유학자들의 태도를 경박하다고 비판하고 있다. 따라서 다산은 한학漢學인가 송학宋學인가를 선택의 기준으로 삼는 것이 아니라, 의리 곧 논리적 합리성과 현실적 정당성을 판단의 기준으로 삼음으로써 공론公論을 추구하는 것이 자신의 경학적 입장임을 밝히고 있는 것이다.

오규 소라이는 '벽辟'을 '비유'로 해석하면서, '친애親愛 · 천오賤惡 · 경외畏敬 · 애긍哀矜 · 오타敖惰' 함은 사람들의 가정에 이러한 다섯 종류의 사람이 있다고 했다. 곧 부모와 처자는 친애할 사람이고, 서얼과 노비는 천시하거나 혹은 혐오할 사람이고, 존장尊長은 외경할 사람이고, 과부나 고아는 애긍哀矜할 사람이라는 것이다. 또한 오타敖惰함이란 흉덕凶德으로 헤아리기도 하지만, 오규 소라이는 '오敖'를 공손하지 않음이라 하고, '타惰'를 근면하지 않음이라 하여, 종족宗族 안에도 나이가 낮고 촌수가 먼 사람을 대할 때는 꼭 공손하지는 않으며 맞이하고 전송하기를 부지런히 하지 않는 것이 이치적으로 당연한 것이라 했다.[74]

<hr>

72) 《여전》[2], 권1, 33, '대학공의', "五辟者, 衆人之病也, 如子之言, 則衆人皆能近取譬, 衆人皆自知仁術, 聖人立敎贅矣."
73) 같은 곳, "後儒輕窕, 凡漢宋之異釋者, 必欲違宋而從漢, 雖義理明白, 聖起不易, 而必欲啄毁求疵, 以成其拗曲之說, 豈公論乎."
74) 《대학해》, 31쪽, "所親愛 · 賤惡 · 畏敬 · 哀矜 · 敖惰者, 人家自有此五種之人也, 父母妻子, 其所親愛也, 庶孼奴婢, 其所賤而又或有可惡者也, 尊長, 其所畏敬也, 寡婦孤兒, 其所哀矜也, 敖惰, 或

이처럼 오규 소라이는 종족宗族 안의 다양한 가족 구성원에 대해 차별성을 확인하고, 이에 따라 대응하는 정감의 차이를 명확히 규정하고자 한다. 그것은 차별의 지위를 확립하여 예禮의 질서를 추구하고 있는 것이라 할 수 있는 것이다. 그러나 다산이 '평등'으로 제가齊家를 추구하며 차별적 감정을 제가齊家에서 경계해야 할 조건으로 해석하는 것과 오규 소라이가 '예'로써 제가齊家하며 종족宗族의 구성원 사이에 차별적 지위와 차별적 대응을 확립하려는 태도는 정반대 방향임을 확인할 수 있다. 바로 이 점에서 다산과 오규 소라이의 《대학》 인식이 전체적으로 주자학에서 벗어나는 공통된 입장을 취하고 있음에도 불구하고, 인륜의 도덕성을 근본으로 하는 다산과 예법의 치도治道를 전제로 하는 오규 소라이 사이에는 엄연한 거리를 있음을 확인할 수 있는 것이다.

(2) 치국治國 · 평천하平天下의 실현

1) 치국治國 · 평천하平天下의 실현과 효孝 · 제弟 · 자慈

'명덕明德을 천하에 밝힌다'(明明德於天下)는 대학지도大學之道의 실현 과제는, 다산에 의하면 명덕明德을 효孝 · 제弟 · 자慈의 인륜 규범으로 인식하는 데서 출발한다. 다산은 "효孝 · 제弟 · 자慈는 태학의 가르침이다. 몸이 효孝 · 제弟 · 자慈를 다스려 집과 나라를 거느리는 데는 다른 덕을 별도로 찾을 필요가 없고 오직 이 효孝 · 제弟 · 자慈를 미루어 쓸 따름이다"[75]라고 하여, 수신修身 · 제가齊家 · 치국治

疑其爲凶德, ……敖不恭, 惰不勤, 宗族之齒卑而屬疎者, 待之不必恭, 而不勤送迎, 亦理之常耳."

國·평천하平天下가 모두 효孝·제弟·자慈를 미루어 씀으로써 실현될 수 있는 것임을 밝히고 있다.

여기서 오규 소라이는 "천자天子의 덕이 행사行事에 시행되고 집과 나라에 활용되며 천하에 제시되는데, 천하를 교화하고 효孝·제弟가 풍속을 이루는 것이 왕자王者의 지극한 공로이다. 이를 천하에 명덕明德을 밝히는 것이라 한다"[76]라고 하여, '명명덕어천하明明德於天下'가 실현되는 조건으로서 효孝·제弟(孝·弟·慈)의 풍속이 이루어짐을 강조하고 있다. 이처럼 천하에 명덕明德을 밝히는 것이 효孝·제弟·자慈의 덕을 실현하는 것이라는 인식에서 다산과 오규 소라이는 동일한 입장을 보여주고 있는 것이다. 또한 '갓난아이를 보호하듯이'(如保赤子)라는 구절에 대해, 주자가 나라에서 '자慈'의 덕을 행하는 것으로 백성을 부리는 것(使民)이라 해석하는 것과는 달리, 다산은 "갓난아이를 보호하듯 한다는 것은 지극한 정성스러움이다. 나라를 다스리고 백성을 다스리는 일이 지극히 어렵지만, 오직 정성스러우면 할 수 있다"[77]라고 하여 '성誠'의 뜻으로 해석하고, 오규 소라이도 "태학의 의례는 남의 노인을 노인 대접하는 것이니 근심은 정성스럽지 못함에 있다"[78]라고 하여, '자慈'의 뜻이 아니라 '성誠'의 뜻으로 제시한다. 이처럼 치국治國·평천하平天下에서 효孝·제弟·자慈의 덕을 실현하기 위해 요구되는 가장 중요한 조건으로 '성

---

75) 《여전》〔2〕, 권1, 34, '대학공의', "孝弟慈, 大學之敎也, 身治孝弟慈, 以御于家邦, 不必別求他德, 惟此孝弟慈, 推而用之耳."
76) 《대학해》, 16쪽, "天子之德, 施諸行事, 用諸家國, 以示天下, 天下化之, 孝悌成俗, 王者之極功也, 此謂之明明德於天下."
77) 《여전》〔2〕, 권1, 33-34, '대학공의', "如保赤子, 至誠也, 治國牧民, 其事至難, 惟誠則得之."
78) 《대학해》, 32쪽, "大學之禮, 老人之老, 其患在不誠矣."

誠'을 강조하는 점에서도 다산과 오규 소라이는 일치된 입장을 보이고 있다.

2) 태학삼례太學三禮와 양로의례養老儀禮

《대학》에서는 치국治國 · 평천하平天下를 말하면서, 가장 먼저 위에서 '노로老老'(노인을 노인 대접함) '장장長長'(어른을 어른 대접함), '휼고恤孤'(고아를 구휼함)를 함으로써 백성들 속에서 효孝 · 제弟 · 자慈의 덕이 일어나게 할 것을 제시하고 있다. 여기서 다산은 '노로老老'(養老)를 천자가 기로耆老를 봉양하는 것이요, '장장長長'(序齒)을 세자世子가 태학에서 나이로 차례를 따르는 것이요, '휼고恤孤'를 천자가 고아를 음식 대접하는 것이라 하고, 이 세 가지 의례는 모두 태학이 하는 일이라 지적했다.[79] 여기서 다산은 수신修身이나 제가齊家에서 행하는 덕목은 '자수自修'의 효孝 · 제弟 · 자慈라고 한다면, 치국治國 · 평천하平天下에서 행하는 덕목은 '태학삼례太學三禮'로서 효孝 · 제弟 · 자慈임을 구분하고 있다.

또한 주자가 '노로老老'를 '나의 노인을 노인 대접하는 것'(老吾老)이라 해석하는 데 대해, 다산은 천자나 제후가 자기 부모를 스스로 봉양하는 것을 '노로老老'라 하지 않는다고 하여, '노로老老'가 양로의례養老儀禮에서 남의 노인을 봉양하는 것임을 지적하고 있다. 이처럼 다산은 '노로老老' · '장장長長'이 확실히 태학의 의례에 걸려 있는 것이라 하고, "태학의 도는 밝은 덕을 밝히는 데 있다"는 구절

79) 《여전》〔2〕, 권1, 36, '대학공의', "老老, 謂天子養耆老也, 長長, 謂世子齒于學也, 恤孤, 謂天子饗孤子也, 此三禮, 皆太學之所有事也."

에 대한 바른 해석도 '노로老老 · 장장長長 · 휼고恤孤'의 의례에 있는 것이라 확인한다. 따라서 다산은 '노로老老 · 장장長長 · 휼고恤孤'를 '자수自修'의 효孝 · 제弟 · 자慈로 보면, 효孝 · 제弟 · 자慈의 삼덕은 태학과 관계가 없는 것이 되고, 이 책(《대학》)도 태학의 글이 될 수 없으며, 이 도道는 태학의 도가 될 수 없다고 강조했다.[80] 그만큼 효孝 · 제弟 · 자慈가 '자수自修'의 단계와는 달리 '노로老老 · 장장長長 · 휼고恤孤'라는 '태학삼례太學三禮'로서 실현되는 것임을 확인할 때에 비로소 《대학》과 효孝 · 제弟 · 자慈의 필연적 연관성을 확보할 수 있다는 것이다. 바로 이 점에서 주자는 '노로老老 · 장장長長 · 휼고恤孤'를 다산이 말하는 '태학삼례太學三禮'로 파악한 것이 아니라 '자수自修의 효孝 · 제弟 · 자慈'로 파악한 것이라 할 수 있으며, 그것은 다산과 주자의 해석이 확연히 달라지는 대목이기도 하다.

다산은 "선성先聖과 선왕先王이 주자胄子를 태학太學에 머물게 하고, 주자에게 노로老老 · 장장長長의 의례를 가르쳐 만민에게 노로老老 · 장장長長의 법도를 보여줌으로써, 세대를 이어서 인군人君이 되는 자는 몸소 먼저 효孝 · 제弟하여 천하를 이끌게 하고, 그 시대에 신민臣民된 자는 효孝 · 제弟를 일으켜 모두 큰 교화를 따르게 했다. 그 근본 되는 원리와 법도가 또한 모두 자취를 감추어 드러나지 않으니 그 상실함이 적지 않다"[81]라 하여, '태학삼례太學三禮'를 선성先

<hr>

80) 《여전》[2], 권1, 36-37, '대학공의', "老老長長, 明係太學之禮, 經所云太學之道在明明德, 其正解只在此節, 今以此節爲自修之孝弟慈, 則孝弟慈三德, 仍與太學無涉, 此書不得爲太學之書, 此道不得爲太學之道."

81) 《여전》[2], 권1, 37, '대학공의', "先聖先王, 處胄子於太學, 敎胄子以老老長長之禮, 示萬民以老老長長之法, 使嗣世之爲人君者, 身先孝弟, 以率天下, 使當世之爲臣民者, 興於孝弟, 咸歸大化, 其大經大法, 亦皆湮晦而不章, 其失不小."

聖·선왕先王이 태학에서 주자胄子(太子·國子)를 가르치는 것으로서
치도治道의 기본 방법이 되는 것임을 밝히고 있다. 따라서 다산은 주
자학자를 비롯한 당시 사람들이 《대학》을 읽으면서 '태학삼례太學三
禮'의 의리를 알지 못하는 것은 마치 알맹이를 버리고 껍데기를 갖
는 것과 같다면서, 이른바 '매독환주買櫝還珠'(궤짝을 사고 속에 담긴
진주를 돌려 주는 것)의 어리석음이라고 비판했다.

따라서 다산은 '태학삼례太學三禮'에 깊은 관심을 기울여, 《예기》
의 〈왕제王制〉·〈문왕세자文王世子〉 등 여러 편과 《대대례大戴禮》의
〈보부保傅〉·〈천승千乘〉 편을 비롯한 여러 문헌들에서 태학의 노로지
례老老之禮·장장지례長長之禮·휼고지례恤孤之禮를 고증했으며, "이
세 가지 큰 의례는 태학에서 효孝를 일으키고 제弟를 일으키고 자慈
를 일으키는 근본이다. 이 세 가지 의례를 제거한다면 대학지도大學
之道는 무슨 도인지 알 수 없으며, 경經(《대학》)에서 천하에 밝은 덕을
밝힌다고 말한 것이 무슨 덕인지 알 수 없다"[82]고 하여, 태학삼례太學
三禮가 대학지도大學之道의 핵심적 과제이며 명덕明德의 실현을 위한
근본 방법임을 재확인하고 있다.

여기서 다산은 웅씨熊氏가 양로의례의 대상을 '삼로오경三老五更'
과 '사사자死事者의 부조父祖'와 '공경公卿으로 벼슬을 마친 노인'과
'서인庶人의 노인', 이 네 가지로 구분했던 견해를 거부하고, "양로養
老는 단지 두 등급이 있으니, '삼로오경三老五更'은 원래 공경公卿의
노인이고, '사사자死事者의 조부父祖'는 마땅히 서인의 노인에 속한

<hr>

82) 《여전》〔2〕, 권1, 38, '대학공의', "此三大禮, 爲太學興孝興弟興慈之本, 若去此三禮, 則經所云大
　　學之道, 不知何道, 經所云明明德於天下, 不知何德."

다. 첫째는 국로國老라 하여 태학太學에서 봉양하고, 둘째는 서로庶老라 하여 우상虞庠에서 봉양한다"[83]고 제시했다. '사사자死事者의 조부父祖'란 국가를 위해 죽은 사람의 조부父祖를 말하는 것이다. 또한 그는 '휼고恤孤'의 법도로서 학궁學宮에서 음식 대접을 하는 것은 오직 '사사자死事者의 고아'임을 고증하여 밝히고 있다.

오규 소라이는 처음부터 태학의 교육을 양로養老의 의례를 행하는 것으로 강조했다. 다산은 효孝·제弟·자慈의 덕을 실현하는 과정에서 성의誠意·정심正心·수신修身·제가齊家는 '자수自修'의 단계로, 치국治國·평천하平天下는 '태학삼례太學三禮'의 단계로 구분한 반면에, 오규 소라이는 처음부터 끝까지 《대학》은 태학에서 양로養老의 의례를 통해 효孝·제弟·자慈를 실현하는 것으로 파악하여 다산과 차이점을 드러내고 있다. 오규 소라이는 "태학의 의례는 남의 노인을 노인 대접하는 것이다. 반드시 먼저 나의 노인을 노인 대접한 다음에 나라에 덕이 밝아진다고 하는 것은 그렇지 않다"[84]고 하여, '나의 노인을 노인 대접한다'는 주자의 해석을 거부하는 점에서 다산과 일치한다. 또한 "태학의 의례는 몸소 효孝·제弟의 도를 행하여 만민의 의표儀表가 되는 것이다"라 하고, "노로老老·장장長長·휼고恤孤는 곧 효孝·제弟·자慈이다"라고 하여, 태학의 의례를 통해 인군人君이 백성에게 효孝·제弟·자慈를 실현하는 모범을 드러내는 것이라 제시한다.[85] 여기서 노로老老·장장長長·휼고恤孤를 효孝·제弟·자

---

83) 《여전》〔2〕, 권1, 37, '대학공의', "養老只有二等, 三老五更, 原是公卿之老, 死事者父祖, 當屬庶人之老, 一曰國老, 養於太學, 二曰庶老, 養於虞庠."
84) 《대학해》, 32쪽, "大學之禮, 老人之老者也, 必先老吾老, 而後德明於國. 不爾."
85) 《대학해》, 34쪽, "大學之禮, 躬行孝弟之道, 爲萬民儀表也. ……老老·長長·恤孤, 卽上章孝弟慈也."

慈로 인식하는 점에서는 다산과 오규 소라이가 일치하지만, 다산은 노로老老·장장長長·휼고恤孤를 '태학삼례太學三禮'로 제시하는 데 비하여, 오규 소라이는 '양로의례'에 내포되어 있는 것으로 파악하고 있다는 점에서 그 차이가 주목된다.

3) 치도治道의 과제—입현立賢(得人)과 산재散財(安民)

《대학》의 '평천하재치기국平天下在治其國' 장의 내용에 대해, 다산은 '태학삼례太學三禮'의 절과 '혈구지도絜矩之道'의 절에 이어서 입현지계立賢之戒와 산재지계散財之戒를 거듭 서술한 것이라고 제시한다.[86] 오규 소라이도 이 마지막 장을 "치국治國·평천하平天下의 도道로서 처음에는 혈구絜矩로, 다음에는 득인得人으로 끝에는 산재散財로 말한 것이며, 덕에 근본한다는 의리를 벗어나지 않는다"[87]라고 하여, 득인得人·산재散財를 치도治道의 기본 과제로 제시했음을 밝히고 있다.

다산은 나라를 다스리는 사람에게는 정치의 큰 과제로 '용인用人'과 '이재理財'가 있고, 이 세상을 살아가는 사람에게는 큰 욕망으로 '귀貴'와 '부富'가 있다는 것을 밝히면서, "인재를 쓰는 때에는 그 현賢·우愚와 사邪·정正에 따라 올리고 내리며 물리치고 등용함을 대

---

86) 다산은 《대학》의 끝부분인 "악지군자樂只君子" 이하를 4절로 나누었을 때, 제1절은 입현지계立賢之戒요, 제2절은 산재지계散財之戒요, 제3절은 입현지계立賢之戒를 신언申言한 것이요, 제4절은 산재지계散財之戒를 신언申言한 것이라 하며, 이 절들 사이를 연결하는 방법으로서, 혹은 어맥語脈으로(예:得衆·得國, 有人·有土), 혹은 장법章法으로(예:〈康誥〉·〈楚書〉), 혹은 문례文例로(예:君子有大道, 生財有大道) 연결시키고 있는 사실을 지적하여, 학자들이 쉽게 찾아들어갈 수 없는 작문作文의 묘법妙法이라 감탄하고 있다.(《여전》〔2〕, 권1, 44, '대학공의')
87) 《대학해》, 42쪽, "言治國平天下之道, 初以絜矩, 次以得人, 終以散財, 而不出於本德之義."

중의 마음에 어긋나게 하지 말고, 세금을 거두는 날에는 부세賦稅와 재물을 내주고 받거나 거두고 내보냄을 대중의 마음에 어긋나게 하지 말면, 세상 사람들의 심정이 공평하고 성실하게 되고 나라가 안정된다. 그렇지 않으면 재앙이 곧바로 이른다"[88]라고 하여, ‘용인用人’과 ‘이재理財’를 시행함에서 대중의 마음(衆心)에 어긋나는 것을 절실하게 경계하고 있다. 바로 ‘용인用人’은 현인賢人을 등용하는 입현立賢이요, ‘이재理財’는 재물을 흩어서 대중을 이롭게 하고 대중의 마음을 기쁘게 하는 산재散財를 실현하는 것이다.

또한 다산은 《서경》〈고요모皐陶謨〉 편에서 고요가 ‘지인知人’과 ‘안민安民’을 말한 것은 바로 《대학》에서 입현立賢과 산재散財를 말한 것과 일치함을 주목하여, "〈고요모皐陶謨〉 한 편은 《대학》의 연원이다. 여러 성인들이 서로 전해 준 취지는 이 〈고요모皐陶謨〉에서 시작하고, 《대학》에서 끝나니 살피지 않을 수 없다. ……아래 위로 2천 년이나 멀리 떨어졌지만 그 말씀은 부절符節처럼 합치하니, 이것이 어찌 치평治平의 종지宗旨가 아니겠는가"[89]라고 하여, 《서경》〈고요모皐陶謨〉 편의 ‘지인知人 · 안민安民’과 《대학》의 ‘입현立賢 · 산재散財’가 치도治道에서 일치하고 있는 사실은 바로 여기에 성인이 전해 온 치도治道의 종지宗旨가 제시된 것으로 확인하고 있다.

이에 비해 오규 소라이는 치도治道로서 ‘득인得人’(인재를 얻음)을 중시하여, "대신大臣에 그 인재를 얻으면 군자君子가 진출하고 그 인

---

88) 《여전》[2], 권1, 42, ‘대학공의’, "爲國者, 其大政有二, 一曰用人, 二曰理財, 大凡人生斯世, 其大欲有二, 一曰貴, 二曰富. ……惟其擧用之際, 其賢愚邪正之升降黜陟, 不違於衆心, 其徵斂之日, 賦稅財賄之出納收發, 不違於衆心, 則物情平允, 邦國以安, 如其不然, 菑禍立至."
89) 같은 곳, "皐陶謨一篇, 乃大學之淵源, 千聖相傳之旨, 始於此謨, 終於大學, 不可不察也. ……上下二千年之遠, 而其言若合符契, 斯豈非治平之宗旨乎."

재를 얻지 못하면 소인小人이 진출하므로 대신大臣에 인재를 얻는 것이 그 근본이 된다"[90]고 하여, 먼저 대신大臣으로 적절한 인재를 얻어야 군자들이 진출할 수 있는 길이 열린다는 사실을 중시했다. 또한 오규 소라이는 《대학》의 마지막 장에서 '득중得衆'과 '득재得財'와 '득인得人'을 차례로 말하고 있지만, "치국治國의 도는 득인得人을 우선으로 삼으니, 그러므로 《서경》(皐陶謨)에서 '지인知人에 있고, 안민安民에 있다' 했다. 득인得人하면 민심民心을 얻을 수 있고 재용財用도 결핍되지 않는다"[91]라고 하여, 치도治道에서 '득인得人'을 가장 선행해야 할 근본 과제임을 강조하고 있다. 여기서 다산은 치도治道에서 입현立賢과 산재散財를 두 축으로 중시하고, 그 시행에서 대중의 마음을 일치시키는 것을 기준으로 강조하고 있다면, 오규 소라이는 가장 먼저 대신大臣을 적절한 인재로 찾아내는 '득인得人'을 근본 과제로 중시하여, 두 사람의 관심의 차이를 엿볼 수 있다.

5. 수덕修德 — 치도治道의 연결 방법과 특성

대학지도大學之道로서 명명덕明明德과 친민親民은 덕을 밝히는 수덕修德의 과제와 백성을 다스리는 치도治道의 과제라는 두 영역을 내포하고 있으므로, 《대학》을 해석한다는 것은 이 두 영역을 꿰뚫어 일

---

90) 《대학해》, 39쪽, "蓋大臣得其人, 則君子進矣, 不得其人, 則小人進矣, 故大臣得人爲其本."
91) 《대학해》, 40쪽, "蓋治國之道, 得人爲先, 故書曰在知人, 在安民, 得人則民心可得, 財用不乏."

관되게 설명하는 하나의 논리 체계를 제시하는 것이라 할 수 있다. 주자는 명명덕明明德·친민親民(新民)을 본말本末의 구조로 파악하고 선본후말론先本後末論의 입장에서 내면의 심체心體에서 명덕明德을 밝혀 신민新民의 치도治道로 전개시켜 가는 설명의 틀을 확립했다. 이러한 주자의 심성心性에 내재하는 도덕적 근원을 중시하는 근본주의적 성격은 심성心性의 내면에서 심체心體의 성리학적 해석을 엄밀하게 하고, 심성 수양의 실천을 엄격하게 하는 데 큰 성과를 거두었던 것이 사실이다. 그러나 후대로 내려오면서 주자의 형이상학과 경전 해석에 기반하는 도학적 사유는 현실 문제에 대한 실천의 효율성에서는 문제가 있다는 비판이 일어났던 것도 또 하나의 사실이다.

　다산은 주자의 《대학》 해석을 비판하고 극복하면서 새로운 해석 체계를 제시하여 조선 후기 실학의 경학적 기반을 정립하는 데 중대한 기여를 하고 있다. 곧 다산은 주자의 '삼강령三綱領-팔조목八條目' 체계를 거부하고 명명덕明明德과 친민親民이 본말本末을 이루며 서로 다른 조목條目을 거느린 두 단계로 인식하는 것을 거부하면서, 삼강령이 '효孝·제弟·자慈'라는 같은 조목을 거느린 것이며, 본말本末 관계의 두 단계가 아니라 실천 영역의 다른 범위를 가리키는 것뿐으로 통합시키고 있는 사실이 주목된다. 또한 삼강령이라는 대학지도大學之道의 기본 원리를 기준으로 확인하면서, 그 실천의 방법과 과제로서 격물格物·치지致知와 성의誠意에서 평천하平天下까지의 육사六事를 '격치格致-육조목六條目' 체계로 제시했다. 다산의 '격치육조설格致六條說'은 삼강령의 실현 방법이요, 효孝·제弟·자慈의 실현 과제로서 실천적 역동성을 강화하는 데 초점이 맞추어져 있는 것이라 할 수 있다. 근원적으로는 다산의 '덕德' 개념에 대한 인식도 덕이 심성에 선천적으로 부여되어 있다는 주자의 내재설內在說을 거부하고, 행사行事를 통해 덕이 이루어진다는 성취설成就說의 입장을 밝히고 있는 것이다. 이러한 다산의 실천적 · 행동적 근본 관심에 따른 《대학》 해석은 바로 실학적 경학經學의 핵심적 특성을 드러내는 것으로 주목할 필요가 있다.

다산은 '격물치지格物致知'의 해석에서 주자의 보망장補亡章을 거부하면서도 《대학》 체계 안에서 매우 큰 비중이 있는 것으로 부각시키고 있다. 곧 격물格物로 물物의 본말本末과 사事의 종시終始를 포괄시키고, 치지致知로 선후先後의 실천 순서를 확보함으로써, 육조六條(誠意―平天下)를 실현하는 방법으로 정립하고 있는 것이다. 또한 다산의 《대학》 해석은 명명덕明明德에서 친민親民으로 가는 순서를 강조하는 것이 아니라, 명명덕明明德을 친민親民하는 데서 실현하며, 치국治國 · 평천하平天下에서 실현하는 것으로 수덕修德(修己)과 치도治道(治人)를 통합하는 데 관심의 초점을 두고 있는 것이다. 따라서 다산은 효孝 · 제弟 · 자慈를 자수自修의 단계와 치인治人의 단계로 나누고 있지만, 그 두 단계는 실천에서는 동시적인 것이며 인식에서는 양면적인 것이라 할 수 있다.

여기서 주목해야 할 것은, 다산은 수신修身 · 제가齊家의 단계는 효孝 · 제弟 · 자慈의 자수自修를 실현하는 과정이라면, 치국治國 · 평천하平天下의 단계는 태학삼례太學三禮(老老 · 長長 · 恤孤)를 통한 효孝 · 제弟 · 자慈의 실현 과정으로 제시하고 있다는 것이다. 바로 이 점에서 오규 소라이는 주자의 《대학》 해석을 비판하고 극복하려는 입장에서 다산과 광범한 공통성을 보여주면서도, 《대학》을 바라보는 시야의 입각점이 달라지는 중요한 분기점을 확인하게 하는 것이다. 곧 다산은 수덕修德의 자수自修 과정과 치도治道의 구현 과정을 구분하여 안과 밖(內·外), 나와 남(己·人) 사이에 양립하면서 상호 작용하는 긴장 관계를 실천의 원리로 중시한다고 할 수 있다. 이에 비해 오규 소라이는 《대학》 전체를 태학에서 인군人君(天子·世子)이 양로의례를 행함으로써 효孝·제弟·자慈의 덕을 드러내고 이를 통해 백성을 교화시켜 간다는 단일한 구조로 관철시켜 해명하고 있는 것이다.

치도治道로서 태학太學 의례의 역할을 중시하고 이 점에 《대학》의 본질적 특성과 생명이 있는 것으로 파악하고 있는 점에서 다산과 오규 소라이는 놀라운 일치점을 보여주고 있는 것이 사실이다. 그러나 오규 소라이는 인군人君이 주체로서 예법禮法으로 교화하는 치도治道의 체계로 《대학》 해석을 관철하여 순자적荀子的 특성을 보인다고 한다면, 다산은 인군人君이 주체임을 전제로 하지만 수덕修德과 치도治道를 양립시키는 긴장과 행사行事를 통해 일치시키는 실천의 논리를 제시하여 맹자적 특성을 보인다고 할 수 있다. 이러한 입장에서 다산과 오규 소라이가 주자의 《대학》 해석을 심체心體에 집착하는 정적인 사유의 논리로 보고 불교적인 것이라 비판하는 것은, 비록 주자의 《대학》 해석에 대한 공정한 평가라 할 수는 없지만, 주자의 심체心體를 기반으로 삼는 사유와 다산의 행사行事를 바탕으로 삼는 사유와 오규 소라이의 예법을 기준으로 삼는 사유 사이에 놓인 《대학》 해석이 지닌 성격과 차이를 가장 명확하게 드러내 주는 평가라는 점에서 유의할 필요가 있는 것으로 보인다.